JN076200

地球人ライダー
松尾清晴

【ワルキューレ1500cc】

オートバイ
地球ひとり旅

アジア・オーストラリア編
インドからヒマラヤ・チベット

CHOEISHA

「オートバイ地球ひとり旅・19年・バイクの松尾」
2000・10（平成12年）～2019・10月（令和1年）

ノルカップ Norcup
オランダstart Netherlands
モスクワ
バイカル湖
サハリン
エベレストBC
アラスカ・ブルトベイ BURUTOBEI
ニューヨーク

140ヵ国オートバイ118ヵ国
39万km
陸水路国境238ヵ所

赤道直下4ヵ所
北の果て2ヵ所
南の果て2ヵ所
オートバイ1500cc
ワルキューレ走破

喜望峰・アグラス岬
Cape of Good &
Hope agoras

56才スタート・黄色は70才から75才まで走ったルート
Global trip alone, 19 years and 56 years old-75 years old
140 countries・390,000 km・238 borders・1500 cc of motorcycle
70 years old of yellow-a 75 year old route

アルゼンチン・ウシュア
Argentina・ushuaia

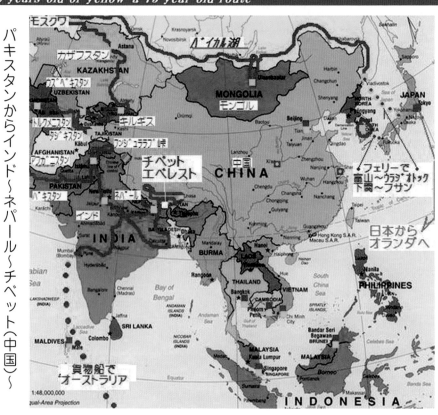

パキスタンからインド～ネパール～チベット（中国）～
インド～オーストラリアに渡る。

パキスタンとインド国境

インドとネパール国境

ネパールとインド国境

2003年8月31日〜9月30日・ネパール・カトマンズから中国チベット
ラサ〜西チベット〜カイラス山〜エベレストベースキャンプへ

ネパール・カトマンズ　オートバイ修理屋さんと仲間の鉄骨屋、通訳の人たち　2004年6月9日　撮影

にぎやかなインドとネパールの国境　ここはインド側、ゲートの向こうはネパール
2004 年 5 月 22 日　撮影

ネパール・カトマンズ　家族で営む食堂の前で　2004 年 6 月 9 日　撮影

ネパールからチベットエベレストへ
引き返そうと思った石ころの山
地元の人9人雇って登る これじゃ道じゃないぞ

ネパールからチベットに向かう道　引き返そうかと思った石ころの山
帰りはこの道をオートバイに乗ったまま下り切った　2004年8月31日　撮影

地元の人たちに助けてもらって乗り越えることができた　2004 年 8 月 31 日　撮影

チベット　ヒマラヤ山脈　「標高 5220m」の標識のある峠　2004 年 9 月 4 日　撮影

チベット・ラサ　あこがれのポタラ宮
2004年9月8日　撮影

チベット・ラサ　ポタラ宮から西のカイラス山へ向かう道中
2004年9月12日　撮影

カイラス山に向かって走行中、ぬかるんだ道でつるっと滑って転倒
2004 年 9 月 14 日　撮影

泥沼にはまって牽引されるトラックを横目にカイラス山へ
2004 年 9 月 14 日　撮影

よううやくたどり着いた仏教の聖地・カイラス山
2004 年 9 月 19 日　撮影

ヒマラヤ 8000m 級の白峰群　エベレストへ向かって走行中
2004 年 9 月 25 日　撮影

エベレスト　標高 5200m のベースキャンプに到着
2004 年 9 月 25 日　撮影

エベレストだけが太陽に照らされて光り輝いていた
2004 年 9 月 25 日　撮影

メールで打ち合わせてインド・バラナシで落ち合った怖さしらずの日本人ライダーたち
岡野秀樹(クロのおやじ)さん、滝野沢優子(ぽこゆうこ)さん、杉野真紀子(鉄馬B女)さんと
2004年11月21日　荒木健一郎さん撮影

インド
バラナシからアジャンタへ走行中
珍しいオートバイに集まってくる
地元の人たち
2004年11月25日　撮影

インド・バラナシ
狭い路地裏で牛とすれ違う
2004年11月23日
荒木（滝野沢）優子さん撮影

オーストラリア
一周半走った

ダーウィンDarwin

ケアンズCairns

日本へ

エアーズロック
ayersRock

ブリスベンbrisbane

シドニー⇔オークランド
飛行機往復

インド・ムンバイ →
India Munbai

パースPerth
2005/2/9〜6/9

メルボルン
Melbourne

シドニーCydney

キャンベラ
Canberra

飛行機

ニュージランド Newzealand

オーストラリア　キャンベラーへ走行中
いたるところに建っているカンガルーの標識　2005年3月15日　撮影

NEXT
1 km

'05 3 15

オーストラリア・ウルル
「ハエよけ」の網帽子をかぶって
エアーズロックに登る
2005 年 4 月 21 日　撮影

オーストラリア・シドニー
「東京ビレッジ」に泊まっている
日本人 4 人でツーリング
2005 年 5 月 1 日　撮影

オーストラリア・ノルマントン　延々と続く大小さまざまな形の蟻塚　2005年4月16日　撮影

シドニーからダーウィンへ
ここの蟻塚は背が高い3m以上
人間建築もごめんなさい

オーストラリア・ダーウィン
巨大な蟻塚
2005年5月7日　撮影

無事オーストラリア一周半走り終え、
パースの宿に到着
2005年5月18日　撮影

はじめに

　パキスタンからインド〜ネパール〜チベット（中国）インド〜オーストラリアに渡る。

　パキスタン、カラコルム山岳地帯に続いてネパール、チベットの山岳地帯を走った。ヒマラヤ山脈越えて平均標高 4000m のチベット。想像もつかないところを走ることになった。5000m を超えるヒマラヤ山脈の峠 5、6 個こえてチベット高原。当時チベットの川には橋がなかった。東のラサから西のカイラス山を目指した。

　カイラス山の近くでセルモーターが故障したまま押しがけしてエンジンかけた。そしてそのままエベレスト、ベースキャンプ 5200m まで駆け上がった。カイラス山に向かうとき滑って転んで右手薬指を骨折したまま走り続ける。チベット走るには四輪駆動に運転手、ガイドが付かないと走行できない。これは一般旅行者も同じ。サポートカーには転倒するたびにお世話になった。一緒に走ったおなじく日本人カユカワさんにも大変助けてもらいお世話になった。チベットは約 1 カ月走った。

　このあとネパールに戻りインドを走ってフェリーでムンバイからオーストラリアにオートバイを渡す。オーストラリア・パースから反時計回りナラボー高原〜メルボルン〜シドニー〜ケアンズ〜エアーズロック〜シドニー〜ダーウィン〜一周半走ってパースに戻った。19 年間ずーっと走り続けているわ

けではない。海外を1年走った後日本に一旦戻って次の大陸に向かうことになる。次に出発するのに半年から2年間ぐらいの準備期間の空白ができる。こまかく調べればわかるが帰国中も日本で走っていたのでこの際走り始めから終わりまでを19年間走行記録とした。海外で走っていたのは実際14年か15年だろうと思う。

　旅の途中帰国は
① ヨーロッパ1年〜アメリカ中南米アラスカ1年帰国。1回目
② シベリア横断、中央アジア、パキスタン、ネパール、チベット、オーストラリアなど走って日本帰国2回目。
③ 東アフリカ、西アフリカ1年間走ってスペインから帰国3回目。
④ 走り残した国中東アラブ首長国〜イラン〜モスクワ〜ヨーロッパ〜中東〜レバノン〜バルト三国〜東欧〜シベリア横断〜サハリン〜稚内帰国4回目
⑤ 東南アジア〜オートバイ引きとる港なし〜「レンタルバイク」で走行

　訪問国140ヵ国。トルコ、イラン、ロシア、フランスなど訪問国は2回、3回、4回、5回訪れている国もあるけれどすべて1回に数えている。オートバイのみで走った国は118ヵ国。39万キロ。国境238箇所。自分の中では最近のことだと思っていたけれどこのチベット編は2004年だからすでに20年も前のことになってしまっている。走り始めは56歳今80歳！
　いやー時が過ぎるのは早すぎる。

推 薦 御 礼

アフリカ篇で推薦してもらった賀曽利隆さん。荒木（滝野沢）優子さん、今回は夫の荒木健一郎さんにも推薦をお願いした。

賀曽利さんは 1968 年（昭和 43）20 歳でアフリカから走り出されている。58 年前だから当時海外に行くのにも躊躇する困難な時期にオートバイを持ち出して名前を聞いただけでビビるアフリカ大陸から走り出しておられる。一般人は今でも走れない中国をはじめ世界の国を走行中。総距離 152 万km超えて 200 万キロに迫る。2024 年現在 76 才相変わらずガンガン走っておられて元気いっぱい。おそろしいライダー。

荒木健一郎ライダー　荒木（滝野沢）優子ライダー夫婦。
「旅の途中でインド、バラナシで松尾さんに会いました。インド人もびっくりなパワフルに圧倒されました。ニッポンのオヤジもなかなかすごい！」（荒木夫婦談）
　優子さんは昭文社全国ツーリングマップ近畿編受け持ち取材を続けておられる。取材の合間には健一郎さんと海外ツーリング。福島原発で取り残された犬、猫たちの給餌を続けておられて。また体力維持のため登山、スキーなど活動されている。

お 詫 び

名前、写真など日記からそのまま載せています。お許しください。

感 謝

刑務所からも新しい巻が出たら送ってほしいと定期注文を頂いています。ありがたいことです。またお粗末な文章で誤字脱字があってもどんなに笑われてもかまわないのでそのまま今回も刊行してほしいとお願いした。快く承諾していただいた鳥影社に感謝です。ありがとうございました。

オートバイ地球ひとり旅
アジア・オーストラリア編
目 次

オートバイ地球ひとり旅

19年140ヵ国・39万キロ

バイクの松尾

笑われて・笑わせて・道に迷い・親切に泣いた

陸路国境238ヶ所　赤道直下4ヵ所・南の果て2ヵ所・北の果て2ヵ所

④ 2004年5月13日〜2005年6月17日

アジア・オーストラリア編

パキスタンよ、お世話になりました。さようなら

2004年5月13日木曜　6時30℃　12時40℃　14時30分49℃　パキスタン

　トータルで4カ月ほどお世話になったパキスタン。お世話になりました、バイバイ。ラワルビンディ・リーゼントホテルを6時15分スタート。アリタフも見送りに来てくれている。口臭香水をプレゼントしてくれた。気温は30℃を越えている。アリタフはラ・ホールに向かう道まで引っ張ってくれた。最後までありがとう。平均60キロで走る。200キロで給油。ラ・ホール市内手前から左に入り迂回する道を走ってインド国境をめざす。

　いやー暑い熱い。40℃になった。馬車が……荷車が……狭い道路にはびこってノロノロ。道は悪い、歩いている人、停まっている人に3度4度インド国境を聴きながら走る。こんなに暑いと間違ってしまったら苦痛なのでひんぱんに聞く。どうにか幹線道路に出た……よし間違いなくこの道だ。あと60キロぐらいで国境のはず。思ってた国境に着いた。ラワルビンディから320kmでついた。おー思っていたより早くついた。12時30分。

　国境のそばに4、5軒小さい店が並んでいる。水とペプシーをペットポトルに入れる。両替屋のお兄さんたちもいた。失敗しないようにパキスタン、ルピ×7……レートを聞きながら最初半分両替。なんだかんだと話している内この人たちだったら大丈夫と判断。残りの半分も両替することにした。12時45分パキスタンイミグレで出国手続き。45分で手続き終了。カスタムの中で日本円5000円を1750インドルピに両替。

　パキスタン出国手続き、インドの入国手続き、なにか2、3人ぐらいしか人がいなくてガランとした国境事務所は広かった。1時間で手続き終了……トータル2時間かかった、14時30分。外に出ると国境で働く人たちだろうか……頭にも荷物を乗せながら大勢の人が行き来している。一服してゆっくり走りだす60キロのスピード。なんと温度計は49℃になっている。風があるせいかそんなに温度計程の暑さは感じない。

　国境での2時間は暑い部屋の中だった、そのためクラクラして頭が痛かったのが走りだすと痛いのがとれてよかった。日射病にかかる寸前だったのだろうか。1号線だから立派な道だと思っていたが意外にも狭い国道だ。木陰で停まって休憩、水を飲もう。冷たーいのを買って飲む。地元の人たちが集まってくる、日本に知りあいがいるとか何とか親しみのある顔だちのひとばかり。国境から100キロの街に着いた。

　泊まろう……1軒目250ルピ、2軒目800ルピ、3軒目500ルピ……最初の250ルピに戻って225ルピまでに頼みこみんだ、10%引きまでと言われた。ついに13時30分50℃を温度計はさした暑い暑い。ビールがあった……うれしい。18時前に部屋に入りシャワーを浴びる。このあとはビールだ！ビールだ。

約4カ月滞在したパキスタンよ、お世話になりました。さようなら。インド国境に到着

インド首都デリーに着く

2004 年 5 月 14 日金曜　6 時 30℃ 10 時 40℃　12 時 42℃　14 時 50℃
デリー

　泊まったホテルは kartar と言う村？だった、国道沿いにあった。朝 5 時に目が覚める。なるだけ涼しいうちに少しでも走ろう……。5 時 45 分スタート、きょうは 400 キロ……13 時か 14 時には首都デリーに着く予定を立てた。まーぁ、道路はいい方だ。200 キロを 3 時間と……いつもの走りになってきた。

　「デリー市内」の標識が出て来た。いま 11 時半あと 30 キロだ。市内の手前でアドレス書いたのをオートバイの兄ちゃんに見せた。真っすぐじゃなくて次を「右に曲がれ」と……いいタイミングで聞くことが出来た。500m もしないで右に入る。兄ちゃんは真っすぐに走っていく。それからは何回も何回もオートバイの人に聞きまくる。ここではだれ 1 人引っ張ってくれる人はいない。

インド入国・ここで手続きをすべて終わった。頭にも荷を乗せて運ぶインド国境の人々

　それでも言われたように走っていく。水を飲むために街角に止まった。止まったとたん人だかりになった。屋台でミカンみたいなカボスみたい実を絞ったジュースを作って売っている。コップ1杯2ルピ70円か？まだ計算が出来ない。続けて2杯のむ。あーぁ生き返る……暑くて！暑くて……もうへとへと。きょうも朝から水とペプシーだけで走ってきた。あまりの人だかりにお巡りさんがやってきた。

　ユースホステルのアドレスを見せると「地図」を書いてくれた、さすがだ。約2キロ先だとわかりやすい地図になった。サンキュウ。このあとも何人かのオートバイの人たちに聞きながら走る。近くに来たようだ。三輪車パタパタ・タクシーの運ちゃんに聞く。ひとつ目を右に、「そこだ」「OK」。ユースホステルの看板があった。13時30分についたがオープン14時30分まで受付で待たされた。

　受付でクーラーの入ったドミトリー部屋に泊まることに……250ルピ720円ぐらいだろうか、空いててよかったぁ。食堂に2、3回通って冷たい水がぶ飲みする。クーラーのきいた部屋に入り下着の洗濯、シャワーを浴びてひと休み。4時半頃過ぎに歩いて近くのレストランへ。ビール、餃子があった。325ルピー900円？ぐらいかな。

　夜再び同じレストランに行くが食欲がない……あまりの暑さで体調が……おかしいぞ。

ええーオートバイの温度計 50℃・湿度 30%
2004年5月15日土曜　暑い　デリー
　午前中8時から10時頃までパタパタ三輪車でデリー市内観光……ぐるっと回る。

　最初給油してオートバイで観光めぐりを考えていたが帰りがわからなくて暑い日照りでひどい目に会うかも知れないと考え直した。ユースホステル前に泊まっているパタパタ三輪車タクシーに切り替える。ネパールの大使館に

も寄ってみたが土曜のため月曜朝9時に来るように言われる。

カポスみたいな果実をしぼって売っているジュース屋さん……塩を入れてこれを飲むと生きかえった気持ちになった……

　セントラル市内のあっちこっちをまわりホテルに戻る。2時間で三輪タクシー代200ルピ740円？かな。1ルピ×3.7円。10ルピ37円。100ルピ370円。まだインドルピーの値段がはっきりわからないなー。午後早目に昼飯、近くのレストランへ歩いていく……ビール2本・餃子喰って1200円。ホテルに戻って本を読む。暑い暑いエレベーターの温度は34℃を指していた。外は40℃を軽く超えていることだろう。

暑すぎるインド！決死の覚悟で移動を決意
2004年5月16日日曜　6時32℃　9時半39℃　10時42℃　15時42℃　デリー〜アーグラ

　あと1日ここに泊まろうかと考えていたがいずれは離れなければならない。5時頃目が覚めて……出発見合わせ……それとも出るか朝にはオートバイを外に移動させなければならないユースホステルの決まりらしい。7時過ぎに移動した。三輪タクシーの運ちゃんにアーグラまでの道を聞くうちに出発する気持ちになった。アーグラまでの道の入り口まで50ルピで案内する

という……「OK」。

　支度して7時半、三輪タクシーのあとについてスタート。約200キロでアーグラについた。2車線だがトラクター、トラック、バス、などごちゃごちゃ走っていた40、50キロぐらいのスピードじゃ……いやー暑くてたまらん。まぁいいさ……ガマンくらべだ。インドを走る時は朝から「決死の覚悟」で「気合い」を入れて「必死」で走らないと「暑さ」に負けてしまうだろうと……夕べから考えていた。

めずらしいオートバイなのか行く先々で人だかりになる。「値段いくらだ」「リッターいくら走るのか」どこでも同じ質問が飛んでくるインドのオートバイはワンリッター60キロ走ると話す……

　アーグラ市内についた。入り口地図を見せてユースホステルの場所を聞く……飲料店で聞き……更に途中スクーターの親子連れに聞く。スクーター親子にユースホステルまで引っ張ってもらう。ありがとう。12時過ぎについてしまった。予定より1時間早くついた。ユースホステルの個室は満室だと……。ドミトリーは大丈夫だろうとタカをくくって、他のホテルの料金を聞きに回る。1軒目80$9000円、エエ。2軒目満室。

　再びユースにもどり「ドミトリー」「いくら」と聞くと「今日・明日満室」でダメだとのこと。

「エー」昼飯は目の前にあるホテル「ホリディイン」に入る。2軒目のホテルはビールがなかった……ここで飲むことにしよう。バイキング方式……まぁカードも使えることだし「よし」ここに泊まることにしよう。39＄5000円まで下げてもらった。オートバイをユースからホリディインホテルに移動させた。

　高いだけあってやっぱり設備もしっかりして冷房も効いて気持ちがいい。受付で世界遺産の「タージマハル」までの道のりを地図を使ってくわしく聞いた。そしてバラナシまでの道順も聞いておいた。でも外は暑い……暑ーいぞー。

タージマハル（帰国して世界遺産と知る）暑いので朝5時半に出かけるこの日も午後には50℃

2004年5月17日月曜　6時30℃　10時40℃　14時50℃　アーグラ〜カンプル

　朝6時にタージマハルまでオートバイで走る。近い、近い5、6キロのと

ころだった。木陰に停めてタージマハルに入る。（実は世界遺産とは知らず帰国して初めて知ったのだった）ヘルメット、電灯、たばこなどはだめらしい。見るからに立派な白い建築だこと。入場料 15 ドル……早い時間ではあるが観光客が多いなー。靴を脱いで館内に上がる。

　タージマハルの裏側の川向こうは牧草地帯なのかなー、隣りの建物など見て回りホテルに戻るつもりがやっぱり道に迷ってわからなくなってしまった。あっちこっち聞きながら 9 時半に戻ることが出来た。朝食は 10 時半までのこと、食べ終わって部屋に戻る。暑いーさて次に進むか……どうするか……。よし、暑さで……どうなるか挑戦してみるか。1 日で一番熱い日中に走ってみよう。

　いま 10 時半、すでに 40℃を指している。ホテルを出発、アーグラよ、バイバイ。きょうはカンプル（Kanpur）の街まで 300 キロぐらいだ。周りの人は 6 時間で着くと話す。フンフン 50 キロを 1 時間なのか……。もう少し早くつくかもしれんなぁ。水を買う、コーラを買う、冷たくて気持ちがいい。半分ぐらいはごくごく飲んでしまう。バザールが結構多い。このバザールにかかると最悪になる。

バザールの街に入るとなかなか先に進まない

　いっしょくたの牛車、リヤカー、三輪車、人力車、トラクター、トラック。
このトラックもトラクターをなかなか追い越し出来ないのろさである。ノロ
ノロになってしまう。人のいない幹線道路でようやく50キロ60キロで走る。
スーッと走ってバザール（市場）、スーッと走ってはバザールの繰り返し。
途中木陰で休憩。道路わきのタイヤ屋のおやじさんが水を汲んで来てくれた。
わたしは手を洗うものだと思っていたら地元の人たちは呑んでいる。

どうしてこうした事故になるのか理解できない……だから事故になるのだろうなー

　主人は手に水を移しながら口に運んでいた。少し濁っているようだけど
地元の人は大丈夫なのだろうか。わたしは買ってきた水を飲む。カンプル
(Kanpur)に着いた時20時を過ぎていた。9時間半かかった。ここに着く前、
例の「突飛」にガツーンとオートバイの腹が当たった。途中ハンマーでたた
き少しだけ直して走ってきた。日が暮れてホテルに着いた。あークーラーが
付いててよかったー。

　シャワーを浴びてさっそくビールを3本、ニワトリ焼きを注文して終わり。
暑さで疲れすぎなのかビールのうまさもいまひとつ、2本飲むと「もういい
や」という感じになってくる。ニワトリを運んでくれたボーイの人にビール

を進める。

温度 50℃のインド……あぁ暑いーまいった

2004 年 5 月 18 日火曜　6 時 32℃　10 時 40℃　14 時 50℃　カンプル〜バラナシ

　きょうは早立ち……5 時 35 分出発。すこしでも涼しい朝に走ろう、午後になるといつも 50℃になる、しかし 50℃以上にはならないのが不思議だ。バラナシまできょうも 300 キロぐらいだ。きのうと同じスーッと走ってはバザール（市場）の繰り返し。トラック同士衝突したトラックもそのまま道路に置きっぱなし。水とコーラを買う。走る、水を買う。あっと言う間にぬるくなり、ペットボトルの水は 1 時間も走れば水もコーラもお湯になる。

　いやーすごい暑さになっている。熱いコーラは飲めたものではない。

　へばったー……。肩で息をするようになってきた……どうしたのだろう。オートバイで走っているのに山登りのときのように「ハーハー」と息が上がってくる……それに似て来た。休憩所に着いた。おやじさんは奥のムシロのベッドで休んで行けとすすめる。天井には扇風機がまわっていた。15 分ぐらい休ませてもらったらだいぶ楽になった。

象さん幹線道路をゆうゆうかっ歩

　もっとゆっくりしたい……でもこのあともっと暑く 50℃になる。さー負けるもんかと気合を入れて走りだす。負けたら立ち上がれなくなりそう。象が歩いている……幹線道をゆっくり歩いている。でかい象は 4 トントラックと同じ高さの大きさである。先回りして象の写真を撮る。インドに入ってからずーっと平原ばかりに見えて来た。この辺は平野地帯なのか。田んぼは麦の収穫が終わったのか何も植わっていない。

　整理された田んぼの一角には煙突が時々ポツンポツンと現れてレンガ造りが盛んなようだ。また、休憩しよう……頭が痛い木陰で休む……現地の人たちがじゃまにならないところまでオートバイを動かしてくれた。すみませんありがとう。小 1 時間ぐらい横になって休んだ。あと 35 キロ 1 時間と教え

てくれる。氷の中に入れて冷やしたワタ（水）を買って走り始める。

　バラナシについた。着いたとたん青年が走ってきてホテルを案内すると。戻って走っていく青年のあとをついて行く……エエーッこんな狭い裏道みたいな所に入っていくのか。大丈夫かいな。もちろん自動車ははいれない道。駐車場にオートバイを入れたが（ホテルの駐車場ではなかったのだ）15時になっている、きょうも9時間半かかってしまった。ロビーで休む……話す気力もなし。ようやくシャワーを浴びて……横になる。

2004年5月19日水曜　オートバイの温度計見なかった　バラナシ

　とりあえず話のタネにとガンジス川沐浴を見にタクシーで向かった。涼しいうちにと8時過ぎに出る。こまごまとした狭い路地裏を走る。牛や豚もいっしょに歩いている……聞いていたような風景が目の前にある。川に降りてみた。暑いなー、階段を一段一段降りて川のそばへ……暑いのも手伝ってか沐浴は地元の人たちでにぎわっている。30分もしないで引き上げた。

　暑いのだ……まぁここは見ただけでいい。こんなに暑いと観光も何もあったもんじゃない。タクシーの運ちゃんといっしょにスイカ、オレンジジュースをしぼったものを飲む。ホテルに9時半に着く。ホテルのクーラーは止まっていた。昼間クーラーの電源が入らないらしい。天井のプロペラ羽根扇風機だけまわっているがどうしようもない暑さだ。食欲はないが……近くのオレンジジュースをしぼっている屋台で飲む。

　昼はビールとチキンカレー……味はいいがあまりの暑さで身体がうけつけず喰いきれない。身体が弱ってしまっているようだ。NHKに電話を入れた。折り返しNHKからホテルの部屋にかかってきた。「地球ラジオ」「旅でござんす」のスタッフからだった。「暑い」「暑い」と話す。「5月30日の生出演、どのあたりか」「おそらくネパールだと思う」と応える。連絡がとれてホッとした様子だった、わたしも同じ気持ち。

　あす（20日）ネパールに向かう、道順をフロントの人に聞く。なんと

300 キロぐらいでネパール・ボーダー（国境）に行けそうなのだ。気持ちが
少し和らぐ。よしあした早立ちしてネパール方面に向かおう。暑いインドを
早く抜けたい……なんだか高山病みたいに頭が痛い。

「ガラガラー」？セルモーターが故障……
2004 年 5 月 20 日木曜　9 時 38℃　14 時 40℃　バラナシ

　ゆうべゲリのため何回か起きる。5 時過ぎに起きた……よし行くぞ。出発
の準備。レセプションにチェックアウトを告げてオートバイを駐車場まで取
りに行く。エンジンをかける。「ガラガラー」と音をたてた……そのあとは
音もしなくなった……。エエーッホテルの人に押しがけしてもらったがエン
ジンがかからない。ウーン、まずいなー。メカを呼ぼう……今時間は 6 時前だ。

　ホテルの人は 10 時になったら電話するとのこと。荷物を部屋まで戻した。
あーどうする……どうなるんだろう。はたしてここインドで修理が出来る
のかどうか心配になってきた。まぁ待つしかないな。ベッドでうつらうつら
……。まだ 8 時だ。9 時半頃タクシーの運ちゃんが呼んでくれたと思われる
メカの人がホテルに来た。フロントにも頼んでいたので「OK」かと聞くと
「OK」。オートバイを見に行く。

　状況を説明する……「押しがけしてもダメだった」ことも……ここのメカ
の人たち頼りなさそうだなー。手も足も出せないようす……あとでまた来る
と話して引き揚げた。きょう中に「ファイナル」「OK」か。「OK」と言う、
がどうなることやら。しかし、まかせるしかない。いま 10 時 40 分。12 時
近くになっても午前中に来たメカから音沙汰なし。フロントに再び行き「きょ
う中に何とかしてくれ」とタノム。最悪になりつつあるなー。

　午前中のメカは工具なども持ってきてなかったなー。頼りになりそうな年
配の人が来てくれた。1 時間半ぐらいかかって「歯車」が折れていて、ここ
バラナシでは無理だと話す、デリーまで持って行くかネパールまで行くかと
話す。ウーン暑いデリーには行きたくない。ネパールまで飛行機 5 万円、
トラック 2 万 5 千円。飛行機は面倒なようだ。よしトラックでネパールま

で運ぶことにしよう。

　125 ドル 5300 ルピ =14000 円ぐらいか。ネパール側で又トラックに積み替えになる。あした 6 時トラックに載せて国境まで向おう。

毎日運ばれてくる遺体。火葬焼場

暑すぎる！ネパールに向かおう！

2004 年 5 月 21 日金曜　はれ 6 時 30℃　12 時 40℃　バラナシ〜ゴラクブル

　暑くて……暑くてどうなることやら……。

　暑くて病気になるとしたらどういう症状になるのか……心配だ。6 時前にフロントでチェックアウトして、トラックが来るのを待つ。6 時の約束だ。まァ、インドのことだから 1 時間ぐらいは遅れるかも……。トラックを手配してくれたフロントの人電話している「OK」か、今来る「OK」といいつつオートバイで出かける。7 時になっても、8 時になっても戻ってこない。あと 1 人も出勤して「どうした」「まだ来ないんだ」。

　そのスタッフもオートバイで出かける。イヤもしかしたら……「お金の持ち逃げか」と不安になる。8時半になってトラックがやってきた。おーよかった、まずは安心。ミニトラックだ。板3枚を渡してトラックに載せる。地元の手伝った1人がマネーマネーと声をかける。20ルピ渡す。トラックの運転手は若い、オートバイを支えるロープを見ると頼りない物干しに使うような細いロープだけ。

　一ヶ所だけ確保してオートバイのバランスなど頭にないようだ。「ちょっと貸せ」「おれがやる」オートバイ、ボックスに入れていた自分のロープを持ちだす。走り出してまもなくバイクが倒れてフロントが割れてしまった。それに運転手はメカに寄るのではなくて？自分の会社に入っていく。割れたフロントのことなど文句を言ってもなんにも感じないインド人の感覚。荷物のことなど頭になくてただ運ぶだけの考えのようだ。

　会社の数人が見に来たが手伝おうとはせず戻っていく……。今度は会社の本格的なロープを使いワラ、タイヤを差し込んで固定させた。よし出発できそうだ。ところがだ、今度はジャッキーを使いトラックの前輪を持ち上げている。スプリングが折れていてこれから交換するらしい……。なんだー今まで何をやっていたのか運転手は。10時を過ぎている。

　スプリングを買いに行って寸法合わせてまたオートバイで出かける2人。もう付き合いきれねー。暑い……暑い……、売店でミカンジュースを飲み体力をつける。11時になっても出発しない。口に含んで赤くなる変な食べ物の店で暇つぶし。ほうほうの体で12時に出発した……なるようにしかならない。まずはいいことにしよう。スピードは50キロが限度のようだ。まぁ走っていればいつかは着くことだろうとあきらめる。

　運転手はなにを考えているのか、ほんとに「ぶったたきたい」顔だ。タバコ、腹へった、とぬかす25、6歳の青年だ。イチゴににた皮をむくと白い実が出てくるものを買った。ペットボトル3本のうち1本は塩を入れて来た。運転手が途中1時間ぐらい昼寝する。疲れてるのだろう……だまって待つ。

100キロを5時間……200キロ走ってゴラクブルに21時時過ぎについた。食堂兼休憩所みたいなところで泊まることになるようだ。

　食堂の人にビール3本を無理に買ってきてもらって飲む。運転手はビール一杯でいらないと話す。その前に「マイ、イーツ、マイ、マネー」おれは自分の金で食べると言って、「ユー、イーツ、ユーのマネーでくえ」（あんたも自分の食事は自分の金で喰え）といったつもり。ここまで来るとき途中から急に涼しくなった……。100キロぐらいでこんなにも温度は違うものなのか。

暑いので一刻も早くネパールに逃げようと…したが。カラカラー…とギアー故障。インド・バラナシからネパール・カトマンズまでトラックで運ぶ。なんともやり切れないインドの運転手にうんざり。運転手が昼寝した場所。地元の子供たち

　10時過ぎに食事を終わらせようとした瞬間、土塀が崩れたのかと思う程ドサーッと砂けむりが上がる突風……土ぼこりのすごい風になった。トタン屋根に大粒の雨が降り出しはげしい雨音をさせている。カミナリの音はしないのに光だけ光ってどしゃ降りの雨は竹で編んだ掘立小屋の中まで濡らして

きた。雨宿りの人たちも全員うしろ向きで雨と風を避けている。どしゃ降り
は1時間ほど続き11時頃やんだ。

　食堂の奥にある板でつくった「バンコ」(私の田舎嬉野吉田では庭に置い
てあるテーブル。ピンポン台にして遊んだ)。その台の上に寝袋で寝ること
になる。それにしても食事が終わっていてよかったな。最初にあの土砂を
かぶっていたら目も当てられなかった。運転手はトラックで寝るらしい。土
間に寝ていて最初は疲れたのか蚊にさされても気づかなかった……しばらく
してかゆくて、かゆくてしょうがない。

　ハンカチを顔に載せて最小限蚊に食われるのをふせぐ。ここは一晩中営業
しているらしく従業員の人たちの声がいつまでも聞こえていた。いつのまに
か朝になった。

どうにかネパールに到着できた
2004年5月22日土曜　朝20℃　8時22℃　12時28℃　ゴラクブル〜ネパール

　5時15分に再出発……ボーダー(国境)まであと100キロぐらいだ。そ
う言えば運転手は昨夜のめし代払わなかったなー。ひとり分80ルピ320円
を請求しようと思ったがやめた。きのうからずーっと平坦な道が続いている。
ボーダーまで5時間ぐらいかかるだろうと思っていたがボーダーに予定よ
り早い8時についた。ウソみたいに涼しい……。きのうまで朝30℃だった
のが20℃だ。

　10℃も違うと寒ささえ感じる。運転手はクシャミしている。国境の手前
でトラックに板を渡して周りの人たちに手伝ってもらいオートバイを下ろ
す。さてさてこれから…これからどうなるのか……トラックはあるのだろう
か。押しがけしてエンジンがかかればそのまま突っ走ってみるか……と思案。
くもっているが雨はない。そう言えば昨夜の強風で看板を支える鉄骨が途中
2カ所曲がって横倒しになっていた。

国境にようやく着いた。インド＆ネパール国境。板を渡してオートバイを下ろす

ネパールビザ国境で OK

　オートバイの周りは人だかりになっている。インドの出国手続き……係官「カードがない」「なんのカードだ」「ない」「持ってるはずだ」「いやもらってない」「それじゃ１ドル（120円）で再発行する」「エー１ドルも払うの」……大げさにおどける。まぁいいや１ドルですめば……ペナルティと係官は話す。今度はネパールの入国手続き。「ビザはない」ここ国境で「ネパールビザ」がとれると聞いている。

　国境の門をくぐったすぐ右手にネパール国境事務所があった。地元の人たちは自由に行き来してにぎやかな国境地帯だ。ネパールビザ申請は簡単だった。２ヵ月シングルで30ドル（3600円）。どこの国境にも指南役（手続きガイド）がいる、あっちこっちガイドに連れられてカルネを出す……、カルネに「インドの」「スタンプがない」といわれて又インドに戻りスタンプを押してもらい再びネパール側へ。

にぎやかなインドとネパール国境ここはインド側、ゲートの向こうはネパール

　オートバイはガイドにまかせてインド側で待ってもらう。ビザ発行してもらい入国手続きが終了したのは 11 時。そのままガイドに押してもらいホテルに向かった、ガイド 4 人のうち 1 人はてっきりホテルの主人とばかり思ってここまできた。1 泊 220 ルピ 440 円ぐらいか。すぐにあしたのトラックの手配を頼んだ。ネパールまで「100 ドルぐらいで」とガイドに頼んで主人と思っていたガイドに 3000 ルピ 6000 円渡した。

　あとの半分はネパールについてからと……。下着の洗濯と体を洗う、きのうまでと違って身体の疲れがない。昼食は近くの食堂へ。食堂ではウェイスキーからビールまで棚に並んでいる。インドとはこうも違うのか……。酒が目の前にあるだけで心が安らぐ。昼寝に入る。気分もネパールに来た安堵感でリラックスした。部屋をノックする。「どうした」オートバイの輸送でどうのこうの「エーっ」又たかりにきやがったのか……。

ここはインドとネパールの国境。門の向こうはネパールに入国

　100ドルではダメとかどうとか……。このホテルまで来た4人の顔がないことに気づくと「カーッ」となり「だましやがったなー」……「ここに来た4人はどうした」……。老人はホテルの主人だった。来たスタッフにむかいここにきた「4人を出せ」とイスを持ち上げて投げつける恰好をした。イスを振り上げて「4人を出せ」「このやろう」スタッフと老人は「おれらは知らない」とばかり逃げまどう。震えながらにげている。

　誰もいなくなってしまった。ホテルの前にある「トラベル事務所」に4人が出入りしていたのをホテルに入る時見ていた。その店に行って「お前らもグルなのか」「3000ルピどうした」またもや店のイスを振り上げた。「ちょっと待て」と手でさえぎる店の人……と殴りかかるしぐさをすると逃げ出してしまった。この騒ぎに周りは人だかりになってしまう。すぐにポリスがオートバイで来てホテルにはいっていく……。

　わたしはカスタムやイミグレーションに向かい事情を話した。説明が終わると周りの人・外国人に対して「キューズミー」と手を合わせる。「ファイ

テング」のこと知りたいと「事情を聞きたい」と、ポリスが来た。ボーダー (国
境) の真ん中にあるポリスオフィスに入り日本語英語で説明した。ホテルの
人からポリスに電話が入ったらしいこともわかる。ポリスは事情がわかった
らしく「4 人の顔を覚えているか」と聞く。

「覚えている」よしつかまえるからと「両手首」を合わせる。ホテルに戻り
わたしの顔を見ると目を合わせない程こわがっていた。老人のそばに行って
「すみませんでした」「逃げたのは」あなたの「息子さん」だとばかり思って
いた、「ソーリ、ソーリ」日本語英語でおわびした。夕方 4 人のうち 2 人が
事務所に戻ったようだ。若い青年 7、8 人事務所にいる。「ちょっと来い」2
人の内 1 人を表に連れだした。

ネパール国境でひと騒動したあと小型トラックに積み込みネパール・カトマンズに
向かう

「ふざけるな 3000 ルピ」「どうした」とどやしつけた。どこでどうなった
のか「3000 ルピ」返してよこした。あとの 2 人はインド人でインド側へ逃
げたらしい。再びポリスが来た。2 人をこれとこれだと指さした。2 人をと
なりの事務所に連れていく……私服刑事も 2 人ついている。2 人のあと名簿

の中から 1 人が呼びだされて事情聴されていた。こんなにも早く警察が動き出してくれたことにびっくりしてありがたい。

　同時に警察の誠意が嬉しかった。3000 ルピもどした男には協力してくれたことと「だましたこと」は別だと話しながら、オートバイを押して手伝ってくれたお礼として 100 ルピ、もうひとりにも渡した。あすトラックが来てくれることになった。ネパールまで 6500 ルピ 13000 円。結果的には騒いだお陰で安く運んでもらえることになった……ボーダーのみなさんお騒がせしてすみませんでした。

ネパールの首都カトマンズに到着
2004 年 5 月 23 日日曜　6 時 18℃　はれ　くもり　ネパール国境〜カトマンズ

　蚊と格闘……悩まされながらウトウトして朝を迎える。5 時 8 分うん？20 分ぐらいの時差だから 5 時半ぐらいか。出発のためひげをそり出発準備を終えた。6 時 15 分ホテル前の食堂では朝飯、ティの準備で忙しそう。ティを注文、そこには唯一信用できる青年がいてあいさつ代わりだろう手を上げてくれた。トラックを手配してくれた青年だ。早目に来てトラックを待っている。

　「おはよう」「今トラックは来るから」……トラックは来ない……青年は電話する。そして迎えに行ってくれたようだ。ジープみたいな小型トラックが来た。おーこれで大丈夫かいな。きのうは大丈夫だと言っていた。ロープもトラックに載せるための板もない。どうした……。板 3 枚を並べてオートバイを積み込む……トラックの幌がオートバイのフロントがつかえる。その幌を取り外して載せる。

　やっぱりオートバイのマフラーが少しおさまらないがどうにか走れる。6m ロープ 1 本、金を渡して買ってきてもらう、400 円、ダメだ。1 本じゃダメだ、再びあと 1 本買ってきてもらう。わたしが持っているすべてのロープを出して倒れないように作業を指示した……左右にゆすってみる、よしこれで大丈夫だろう。きのうまでインドでは何回か途中でロープの張り替えを

やってつらい思いをしてきたし倒れないかずーっと心配だった。

　今回はそのようなことがないようにがっちりタイヤ2本と切りとったタイヤもオートバイの主なところにからませ、さし込んで終了、「フー」。手伝ってくれた人達4、5人にはトラベル会社から支払ってもらうことを会社に確認して7時15分出発した。30キロ走って山が見えて来た。いよいよ山の中にはいって行くのかと思ったら右曲がって平らの道を走っていく。中年のドライバーは人のよさそうな人だ。

山道のネパールに入って行く工事中なのか渋滞が続く……デコボコ道13時間トラックで走る

　事務所でなにかの手続きを終えて再び走る。結構なスピード70キロで走る。しかし追い越しの時、ギアー落とさないでそのままで追い越しをかけるので時間がかかる。わたしは追い越しの時は一段ギアーを落として追い越すのだとアドバイス……わかったかな?10時半ガンジス川を渡ったところで昼飯休憩。ご飯は食べ放題だった……ビールを飲んでわたしも終り。山に入ってきたこれまで何回か検問……チェックを受けて来た、まただー。山奥に入って川沿いを走る、デコボコ道になって来た。

　一方通行は続く。暑いなー。15時になってカトマンズの分岐点と思われる場所に来た。押しがけしてオートバイに乗ってこなくてよかった。こんな渋滞じゃ完全にアウトだ。こんな場所で押してくれる人もいないだろうし……一旦止まったらこんな坂道では手も足も出なかっただろう。トラックで来てよかったなーとひとりごといいながら渋滞しているデコボコ道を走る。あと80キロでカトマンズ。あと2時間18時には着くだろう。

　走っているところから山のずーっと上の方に車の列が見える。エーあそこまで登っていくのか……。平坦の道ではトラックはスピードを落とさないで向かってくる。又チェックポイントだ、このあとまったく動かない。雨が降ったあとなのか道路が濡れている。また雨が降ってきた19時を過ぎた。真っ暗なカトマンズについた。運転手は電話でホテルを確かめている。オートバイで迎えに来ると……。

　カトマンズ市内ネオンだけ目立つセントラルと思われるところで電話。タクシー、通行人の人に聞く、商店の人にも聞いて聴いてようやく着いた。8時を過ぎている。オートバイを下ろしてホテル前へ。ホテルのイメージはまったく違っていた、フロントのスタッフもいい感じじゃないなー。でももう遅い、シャワーを浴びてホテルスタッフ、運転手もいっしょにビールを飲む。

　でもなんだかいい感じがしないスタッフ……相手も同じ思いだと思う。運転手さんの分もいっしょにと精算する。ベッドに入ったのは11時過ぎ、まぁとりあえずカトマンズに着いたんだ、ベッドに入ると背中が痛い、なにしろ13時間かかったんだもの。さてあすからどうなるか……。

直るのかオートバイのセルモーター
2004年5月24日月曜　6時20℃はれ　くもり　10時25℃　14時一雨カトマンズ

　疲れていたが目が覚めたのは6時前だ。このカトマンズの街がどうなっているのか……この泊まっているホテルの名前は、またどの位置にあるのか……わからないので落ち着かない。泊まっているホテルの前にこぎれいなホ

テルがある……値段を聞いてみた。10ドル1200円……「部屋を見てくれ」
とすすめられる。「ナイスルーム」「アフター」あとからまた来るから……。
今泊まっているホテルは300ルピ5ドル600円。

　案外安いのだなー。もっと安いホテルはないかと……地球の歩き方を破っ
て持ってきた地図を見る。安いホテルはなくてどこも5ドル以上だ。ゆう
べさんざんこのホテルのことけなして「あしたこのホテルを出る」などとス
タッフに立てついていたことを反省する。
　9時半にオートバイのメカが来てくれた。オートバイはホテルの中に入れ
てもらっている。30代の男、信用できる顔立ちである。

カトマンズ・タメル地区にはいくつか……ちいさい仏塔があった

　セルブロック部分を外して「折れている」ダメだ……と男。その人は「キ
リン」さんという、ずんぐりむっくりしている体形。名前が身体と合わない。
キリンさんは日本語がわかる通訳に電話、しばらくして通訳の人が来た。図
に書いて、「歯車」が折れているらしい。わたしにはまったくわからない。オー
トバイを買った浦和の「レッドバロン」に通訳の人に聞いて電話とFAXを
入れた。オートバイ屋まで押しながら持って行く。

カトマンズのオートバイ修理屋さんと仲間の鉄骨屋、通訳の人たち。

　とりあえず部品が到着するまでオートバイ屋に置いてもらうことにした。
腹へったー。

　1時過ぎに小さい食堂にはいる。雨が降ってきた……ホテルに戻ったのは
15時。ほんとに大丈夫かいな……部品はあるのだろうか。まぁしばらくは
ここで休養、10日から2週間ぐらいはここにいることになるだろうなー。
どうにかなるんではないか。それにしても朝は涼しすぎだ……きのうおとと
いまでは40℃50℃の中にいたんだから。

　朝がた掛け布団をかけたいぐらい寒かった。夕方ネットカフェに行く、雨
戸みたいな戸を開けて入る。最初ここがネット屋とは気付かなかった。約3
時間日本語で打てたので助かった。9時過ぎに閉店と言われて帰りは食堂で
食事してホテルに戻る。

2004年5月25日火曜　くもったり　はれたり　カトマンズ
　カルネの期限が切れるのでさっそく「再発行差し替え」について日本JAF

に電話を入れた。そしてオートバイセルの部品についても浦和のレッドバロンに FAX を入れた。レッドバロンはきょう「休み」だったので気持ちが落ち着かない。本も読む気になれない。昼「おふくろの味」という日本語看板の食堂にはいる。ビール、カツどんを注文味はまずまずだった。

　地図を片手にタメル地区を散策する。ホテルも何軒か料金を聞聴きながら、見て回る。安くて環境のいい「ホリゾンホテル」を見つけたのであした移ることにする。

カトマンズではホテルを 50 軒以上見て回り安くて環境のいいホテルに泊まった。
5 軒替わった……ここは 2 軒目のホリゾンホテル

2004 年 5 月 26 日水曜　くもったり　はれたり　カトマンズ

　7 時過ぎ三輪タクシー（リンタク）に乗ってホリゾンホテルに移った。ホテル前は学校らしい、運動場がある。校庭から子供たちの声がこだましている。小学校から高校生ぐらいまでの生徒が見える。このホテルは一泊 200 ルピ 400 円、部屋にトイレ、シャワー付きだ。長期滞在を決める。午後 NHK、JAF、レッドバロンに電話を入れた。NHK には「地球ラジオ」の

ことを、JAF にはオートバイのカルネのことを……。

　折り返しホテルの電話にかかってきた。　JAF のオザキさんは「再請求しなければならない」したがって日本の留守の家内か長男に頼むことになる。肝心なレッドバロンから連絡がない……前回の FAX が届いてないとのことだったので再び FAX していたのになー。又電話してみるか。今泊まっているタメル地区と言うところはホテルやおみやげ屋など観光に来ている外国人が非常に多い場所のようだ。

　タメル地区はネット屋も 4、5 軒あるが 1 時間 80 円と高い。ちょっと離れた安いネット屋にいく。帰りはいつのも小さい食堂で晩飯を取る。脇道からホテルに入るのだが刺繍屋さんも何軒か並んでいる。いつのまにか顔なじみになってあいさつする。校庭の一角に空手道場があるらしく「エイッ　エイッ」と力強い声が毎朝聞こえてくる。

ホテルへの道沿いに刺繍屋さん。人のよさそうな人、いつのまにか顔なじみになってあいさつするようになった。カトマンズ・タメル地区

ネパール　カトマンズ・タメル地区　地図

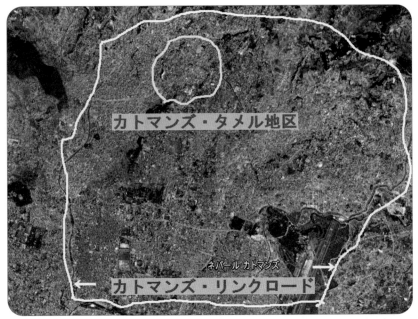

2004 年 5 月 27 日木曜　朝雨　午後はれてきた　青空も見えてきた　カトマンズ

　ベッドのマットレスが薄くて背中が痛かった……3F の 206 に替えてもらう。毛布 3 枚をマットレスの上に敷く、かけるのはシュラフで充分だろう。うん、これで楽になった、少しは快適になった。朝から雨だ。昼前にオートバイ屋にようすを見に行く。大型の工具がないので買いに行く……小さいオートバイ屋はこんな大きい工具は使わないので自分で買うはめになった。おれもお人よしだな。

　ホテルに戻りビールを冷やしてもらおう……。これで少しは安くつく。ビールは食堂だと 90 ～ 120 ルピ、酒屋で買うと 75 ルピ 120 円。持参したガスストーブを出して自炊体制に入る。たまねぎ、ヒツジの肉を煮込む。夕方ネット屋 1 時間半 60 円……腹へったので 7 時頃から晩飯にする。その前 NHK の Y さんから 16 時頃電話がかかって打ち合わせ……次は 29 日同じ 16 時頃電話を入れるとのこと。

部品注文は日本に FAX
2004 年 5 月 28 日金曜　くもり　はれたり曇ったり　カトマンズ

　さて今日は自宅とレッドバロンにも FAX をしなければならない。朝、自宅に FAX すると FAX に切り替わってなくてダメだった。レッドバロンに電話を入れると「FAX」は送ってあるとのこと。ホテルに戻って「FAX」来てないか……。このホテルは別館と本館がある。FAX は本館に届いていた。ホテルの人は本館まで取りに行って持ってきてくれた。その FAX はオートバイ部品の見取り図が載っている。

　修理屋のカジさん宅に持って行き見せる。こわれている部品に○をつける。カトマンズにその部品があるかどうか探しているらしい。10 時過ぎに昼飯とする。

　午後ネットを打ちに行き帰り際に食料品を買いいれる。タメルには大きなスーパーマーケットはまだない、雑貨屋さんといったようなお店で買った。

○キッコーマン醤油
○トマトケチャップ
○マヨネーズ
○米
○缶詰めマグロ
○トマト
○たまねぎ
○キュウリ
○ガスボンベ

海外では貴重な醤油。ペットボトルからはがして持ち帰ったキッコーマン醤油のラベル。にせものだろうな……

……トータルで 1000 ルピ 1600 円ぐらい。まぁこれだけあれば楽しい自炊が出来るぞ。お米を炊いて玉子があれば大ごちそうだ。

夕方自宅に電話を入れたら FAX が壊れていると……いう。あーぁ……JAF から申請用紙が届いていることもわかった。腹へった 6 時半頃から買いだした食料で夕食、きのう買っていたヤギの肉を焼く、米も炊いた。炊いた温かい白いご飯に残ったトマト、マヨネーズをかけて……これがうまいんだ。なにか贅沢なものを喰っているような気がする。残った缶詰の「マグロ」は皿に移してあしたに回そう。

2004 年 5 月 29 日土曜　うすぐもり 18℃ぐらいだろうか　朝方ちょっと肌寒い　カトマンズ

ゆうべも蚊に刺されて夜中に起きた。蚊取り線香でも買わないと思う。午前中オートバイ（カストール）修理屋に行ったが閉まっていた。違う道を歩いてホテルに戻る。昼飯はきのうの残りめしをたべる。NHK と約束していた 4 時に電話が入った。5 月 30 日の地球ラジオ、生中継のことでスタッフの Y さんと細かい打ち合わせ。

30 分ぐらいかかった。このあとネット屋で NHK の打ち合わせの内容をコピーして帰る。雨が降ってきた 18 時 30 分。ハンゴウで飯を炊いて……ツナの缶詰、あまりうまくなかったな。9 時に床に就く、雨は大ぶりになっていたが今はやんでいる。

NHK地球ラジオ「旅でござんす」の生中継
2004年5月30日　日曜　くもり　はれ　カトマンズ

　蚊取り線香を買ったので蚊に悩まされなくてすんだ……が慣れない煙に少し息苦しさも感じた。朝8時に近くのバザールにトマト、ショウガ、たまねぎ、豆腐、トウガラシも買った。全部で55ルピ100円ぐらいと安い。14時にNHK安田さんから電話が入った。全世界同時放送……きょうは地球ラジオの生中継の日である。前回はパキスタンのカラコルムハイウェイ……北の果てに近い中国の国境近くスストから生中継した。

　本番前に再び電話が入った。時差3時間ネパール15時……日本時間18時過ぎだろうか。カトマンズの天気、耐えられないインドのすごく暑かったことなど後藤繁榮アナウンサー、大輪香菊アナンサーに聞かれて「佐賀・吉田弁」で応える。普段は毎週旅の近況のレポートはパソコンで送っている。ネットがないところではFAXを使っている。きょうのような電話での生中継は特に緊張する。

　視聴者から好評だとスタッフのYさんから聞いた……本当だとすればうれしい。便りとかリサーチでわかると言ってくれたが。「旅でござんす」旅人の報告は5人でやっている。生中継は月の終わりの日曜日。次の生中継は5カ月あとになるのかな。

2004年5月31日月曜　うすぐもり　はれ　はれ　カトマンズ

　部品の再確認するためオートバイ屋に行く。全部で5つの部品を確かめる。FAX店に行きレッドバロン浦和店にFAXを送る。店長の山内さんはこころよく対応してくれているので安心である。ホテルに着いたらFAXが届いていた。レッドバロンからで「OK」の返事だった。その足でFAX店に行き5つの部品すべて「OK」か。「OK」6月3日頃には部品はネパールに着くだろうとのこと。

　おー助かったなー。送り先のホテルのアドレスをFAXした。夕方オートバイ屋に行き部品はすべて「OK」だったと報告……部品の受け取りが面倒

みたいなので部品の送り先を「オートバイ屋」に変更することにした。ネパールでは家に配達するのではなく受け取りに行く「システム」になっているらしい。今度は浦和のレッドバロンに送り先の変更をしなけりゃ……。郵便局が安全でいいと日本語のできる通訳のカジさん。

　カジさんはオートバイ屋と鉄骨屋をやっているアソコさんのお兄さんである。きょうは朝7時から9時頃まで久しぶりに散歩に出かけた。

カトマンズ・タメル地区は外国人も多くにぎやか……。3本の大通りに別れている。

2004年6月1日火曜　明け方大雨　7時どんより曇り　雨　カトマンズ

　朝方すごい雨になっているようだ……。風がカーテンをゆらしている。7時頃雨は上がってくもりになった。トイレ、洗面所の水が出ない……モーターが止まっているらしい……しばらくして出るようになった。そう言えばちょくちょくモーターが止まってフロントに言わないとわからないようだ。オートバイ「送り先」変更をFAXした。そのまま貼り付けて送れるように大きめに書いて送った。

うまい、うまい鍋煮込み

　きょう日本のレッドバロンは休みなのであすには見てくれるだろう。帰りにニワトリの肉500g、豆腐、トマト、など買って150円。どんぶり型のステンレス鍋を買ったので試してみよう。ニワトリ肉500g、トマト1個、たまねぎ2個、ニンニク、なすを入れて煮込む、味付けは「塩」だけ。ことこと約1時間煮込んで最後にトマトケチャップ少々入れて出来上がり……味は上々でも甘すぎた。

タメル地区のあっちこっちの広場では野菜など路上で店開き、安いのでお助かり

　最後のトマトケチャップは余計だったのだろうか、でもいけるうまい味だ。外は雨になっているが、アツアツの煮込みはいいぞー……うまい、もちろんビールあってのこと。昼間半分喰って残りは夜にまわそう。雨が上がった午後もっと「安くていい部屋」がないかと歩いてホテルを10軒以上見て回った。気にいった部屋は見つからなかったがこれまで20軒ほどタメルのホテルを見てきたのでだいたいのことはわかってきた。

ちょっと歩いてタメル地区のつながりではアメ横顔負けそれ以上びっしり店が並んでいる

ネパール・タメル地区のメイン通りには海外からの観光客でいつもにぎやかだ。お金をねだる大人や子供たちもいる。

　7時半頃から晩めしに入る……昼間の残りがうまかったのでなんだか腹へったのだ。甘味を少しだけでも減らそうと鍋に残った肉にキャベツを加えてみた。ご飯も炊いたがキャベツも残ってしまった。またあしたにまわせばいいや、喰いきれなかったらその時は捨てればいいや……。ここの部屋は夜暗くて本を読めないのだ。あーこれからが長い夜になる。まだ9時だもの、仕方ないベッドにはいる。きょうはかぁさんの誕生日。

ホテルを移るとき使った。タメル地区で待機しているタクシーの運転手さん

2004年6月2日水曜　朝方雨　カトマンズ

　8時半に起きる。なんだか店が閉まっていて静かな街だな。きょうはお祭りらしい、空手の練習で朝早くからにぎやかなホテル前の学校もかけ声も聞こえなかった。もっとも朝方の雨でやめたのかもしれない。いつも使っているFAXや電話する店に行くとやっぱり閉まっている。そう言えばいつも買う「八百屋」のおやじさんがきのう言ってたなー「国が決めた休み」のこと「日本ではなんて言うのか」……「祝日」「祭日」。

　ネパールの祭日・休日のことだったんだ……と今わかった。ネット屋は開いていたので2時間やってホテルに戻り昼飯とする。きのうの残りもので充分だ。悪い匂いもなく食べられる。ビール1本で腹いっぱいになる。フロントからFAXが届いていると……今本館に取りに行っているようだ。レッドバロンから「部品がそろった」あした送るとのこと。オー早い。意外と早かったなー。すべて休みなのであした電話しよう。

タメル地区の角には祠があっちこっちに建てられている

2004年6月3日木曜　くもり　はれ　カトマンズ

　朝一番電話すると。佐川急便で送ると「レッドバロン」の店長山内さんに連絡。「OK」でも受け取りのネパールではどうなっているのだろうか……。通訳のカジさんに電話を入れる。部品を日本から送ったと。日本からの宅急便も郵便局に到着するシステムになっていることがわかった。いい部屋がないかとホテルを探してまわった時少しいい部屋があったそのホテルに再び行ってみた。

　交渉して最終的にTV付で200ルピ400円になった。近いうちに移るこ

とにする。いまのところは夜暗くて本も読めない。9時に寝ることになる。蚊取り線香を焚かなければならないし、テレビがあれば言葉はわからなくても退屈しなくてすみそうだ。今度のホテルは中庭がありそのそばには趣のある山小屋風の休憩所もある。環境的には抜群だけどなー。

カトマンズ街には小さい仏がいたるところに建てられて地元の人たちに守られている

2004年6月4日金曜　朝方雨　くもり　はれ　はれ　カトマンズ

　7時半ホテル「ホリゾン」チェックアウト。きのうも部屋を10軒以上観て回った……ここならくつろげるだろうとホテルに移った。いままでタメル地区の南西の方の角から北東の角にある「プリギルム」ホテル……むずかしい名前だな。テレビのある部屋はふさがっていて二つの内ひとつ……西側になった。同じ200ルピ400円、今までのホテルより雰囲気もいいしトイレ洗面所はピッカピカ。

　お湯も24時間出るようだ……。寝転がって本を読めるよう……ベッド2つを窓際に移動して使いやすく配置換え終わらせた。ホテルを移動したことをオートバイ屋のカジさん達にも知らせる。1時間70円と少し高いがこの

ホテルにはネットもあり外にいかなくてもすむ。いままではちょっと遠い１時間40円と安いネットに通っていたが今日はとりあえずホテルで打つ。なんだかんだしている内に12時になった。豆腐を買って隣りの食堂で焼きそばを注文、持って帰ろうとしたがビールを飲んでいるうちに焼きそばが出来上がった。若い毛糸の編み物をしていた女性に「日本人ですか」「そうです」両親のことなど聞きながら話しているうちにホームシックかどうか知らないが……目に涙とまらなくなって……目が赤くなってしまうまで泣いていた。なにか気にさわることいったつもりはなかったが……どうしたのだろう。

　帰り際にメールを聞いたら紙切れにアドレスを書いて渡してくれた。東京の女性だった。これからどこへ行くのだろうか……。夕方安いネット屋に行き19時過ぎにビールを買い、気さくな夫婦、子供たちで営業しているホテルの隣の食堂で餃子２種類120円……部屋で晩飯とする。夜になっても退屈しなくてすむ、電気のあかりで本が読める。10時すぎに消灯……寝る。

2004年6月5日土曜　くもり　はれ　午後夕立　カトマンズ
　8時に起きていつものタメルの南のロータリーにある八百屋で豆腐、たまねぎを買う。オートバイ屋に行くが土曜は休みらしい、先週も同じで閉まっていた。そのままネット屋へ、ホテルに12時頃戻り昼飯。昼は本を読み夕方ふたたびネットを見に行く。晩飯は隣りの食堂で餃子、「カリー」ライスを部屋に持って帰る。

ネパール東西２つカトマンズの仏塔
2004年6月6日日曜　はれ　くもり　カトマンズ
　カトマンズ仏塔に行く約束をしていた７時にカジさんの自宅に向かう。隣りの小さい食堂でコーヒー、ドーナツを食べながらカジさんが出てくるのを待つ。いっしょに住んでいる弟のアソコさんはわたしが来ていることは窓から見ていて「手を上げた」ので知っている。カジさんのオートバイ50ccに乗せてもらって、西にある仏塔へ。写真で見ていたいつかは行って見たいとあこがれていた歴史ある仏塔。

カトマンズ市内の西の仏塔は塔の姿が丸くなっていて。東の仏塔は四角の作りになっていた。両方とも地元の人たちでにぎわっている。観光客は少なかった。

カトマンズ東にある仏塔

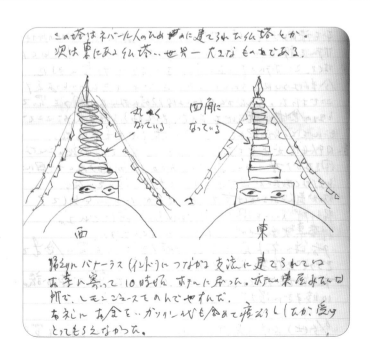

この塔はネパール人のひめ国に建てられた仏塔とか。
次は東にある仏塔…世界一大きなものである。

丸ぬく
なっている

四角に
なっている

西

東

馬らりか バナーラス（インド）につながる支流に建てられては
お寺に寄って 10時頃、すれに居った。ホテル東屋みたいな
所で、レモンジュースをのんでやれんだ。
お礼にお金を…ガツリンなりも含めて痛えるしたが 遂々
とってもらえなかった。

東にある仏塔の入口

仏塔にある鐘を手で回しながら歩く

　2000年前に建てられたとカジさん。その一角の仏塔は去年火災にあって再建中だった。ネパールの人のために建てられた旧い仏塔に圧倒される。時間をかけてじっくり見せてもらった。地元の人たちや観光客も多くごったがえしていた。次は東にある仏塔に向かう。世界一大きな仏塔である。東の仏塔では、お参りするおじいさんは頭のひたいを地面にくっつけて立ちあがり又ひたいをくっつけて尺取り虫のごとく仏塔のまわりを進む。「五体投地」というらしい。「ひたい」には大きなこぶが出来上がっていた。

「五体投地」頭の「ひたい」を地面につけて立ちあがり……仏塔のまわりを繰り返して進む。信徒のおじいさんのひたいにはコブできていた。

　帰りにバラナシ（インド）につながる支流に建てられているお寺に寄って10時頃ホテルに戻った。お礼にガソリン代を含めてカジさんにお金を渡そうとしたが受け取ってもらえなかった。庭の東屋（あずまや）みたいな所でレモンジュースを飲んで休んだ。昼飯はテーブル４つの「桃太郎」の日本食堂でラーメン・ビールで終わらせる。ラーメンの味は今ひとつだった……やむをえないだろうなー日本の味を求めるのは。

　夕方わたしの家から「カルネ」を送ってもらうためにカジさん宅のアドレスを FAX し店に行き電話もした。先週日曜日「NHK 地球ラジオ」の生中継でわたしが「ふるさと嬉野・吉田弁」「きゃーなえた（疲れた）」など、しゃべった。それを聞いていた人から「なつかしかった」との視聴者の便りも紹介されていたと家内が話してくれた。自分はラジオを持ってないので聴くことが出来ないでいる。

　ラジオを聞いた人からの反応があることはうれしく思う。そう言えば別の時期にはおなじ NHK ラジオで「きゃーまぐれた（おどろいた）」と「佐賀嬉野弁」で話していたのをわたしの母校・鹿島実業高校の人はパソコンで検索して、わたしのホームページ「掲示板」に書き込みもしてくれていた人もいた。こんな時はうれしくて元気になる。また一時帰国したとき同じマンションの人は「帰りの車の中でいつも NHK ラジオ聴いてるよ」と話を聞いてうれしかった。

　タメルからちょっと離れた南へ……ぶらぶらと散歩ごった返している街へ。歯医者さんがあった。歯石を取ってもらおうと「いくらですか」「600 円」……300 円しか持ってない。よし今日は「下の歯」だけタノムことにした。上の歯は別の歯医者さんに診てもらおうと考え、治療してもらいなんとなくすっきりしたが白くはならなかった。白くするには 1 本 640 円もするという。

　きのう日本人女性と韓国の女性といっしょに食事しようと約束した。ホテルでの待ち合わせを考えたが高そうだったので 8 時に小さな食堂で待つとする。なにも「見栄」を張ることもなかろう……お金もないことだし。9 時には閉まるので 8 時前に行ってとりあえず鳥肉入りの餃子を注文して待つ。ここはいつも混んでいる人気の食堂なのだ。2 人は来た。店の人は 10 時まで大丈夫と店主と奥さんの心やさしい言葉。

　わたしたちを眺めながら小学、中学、高校、大学生と店の子供たち 5 人もまわりにいっしょに座って話をしたり聞いたりして過ごす。ホテルに戻った時は 10 時過ぎていた。レセプションに日本女性がいた。「赤い顔してい

るどうした」「ビール飲む」わたしの部屋にウォッカーがあるけど……「ウォッカーがいい」と部屋で12時近くまで呑んだ。ウィスキーも全部空けてしまう。さっきの女性は長野・穂高、韓国、あと１人は名古屋から来た女性だった。

2004年６月７日月曜　くもり　はれ　カトマンズ

　ウーン頭が少し痛い……二日酔いかな。ビール、ウォッカー、ウィスキーだったからなー。まったく気分が悪い、とにかく腹になにか入れようアルカリ性を、梅干し、トマト、豆腐で早目の昼飯11時になろうとしている。朝カジさん宅に伺ったとき12時に部品がつくから来てくれと言われている。気づいた時は12時をまわっている。急いでカジさん宅オートバイ屋に行った。カジさんはいなくてまだ部品も着いてなかった。

　黄色いライトバンが来た。ボディに「DHL」のネーム。1時前段ボールをかかえた人が来た。これだ!!カジさんが受け取る。税金1200円払う。部品の10%か…。注文した部品5個がしっかりした段ボールに入っていた。カジさん、アソコさんも笑いがもれる。わたしもお礼を述べ、部品が到着したことを日本へFAXしなければ……店からはなれる。キリンさんのオートバイ屋にも寄って部品がついたこと知らせる。

　キラン（キリン）さんは部品がついていることは知っていて夜に行くと……。腹へったので晩飯6時から始め9時過ぎにカジさん宅に行ってみた。シャッターは閉まっているがオートバイが止まっている。家には2人で部品を取り付けるべく本体をみがいている。10時頃よろしくと頼んでホテルに戻る。

2004年６月８日火曜　カトマンズ

　朝9時過ぎにカジさん宅に行ってみる。3人で始めている……イヤ、ゆうべから寝ないで続けているようだ。「ノースリーピング？」「イエス」あーすまない気持ちだ。前の店に頼んだコーヒーとケーキみたいなものを差し入れてもらうように頼む。本体の取り付けは終わっている。一旦ホテルに戻って夕方5時頃再びオートバイの様子を見に行く。2人とも座っている。

カジさん宅の屋上でオートバイ修理が終わりご苦ろうさん会「カンパーイ」

オートバイの修理は終わった！

　修理は終わっていて……いかにも疲れている顔だった。「意外に早く直った」3人と握手。「ありがとう」このあと4階の屋上でご苦労さん会をやることになった。ホテルに戻り、カメラと昼間作っていたニワトリの煮込み、ビールを買って4階に上がった。屋上にじゅうたんを敷いて、カンパーイ。眺めもよく涼しい。言葉は通じなくても気持ちは通じる。10時頃まで呑んでホテルに戻る。オートバイの受け取りはあした。修理代11940ルピ約2万円ぐらいだろうか。

2004年6月9日水曜　朝方8時頃まで雨　はれ　カトマンズ

　朝9時にオートバイ屋に行く、テストも終わっているときのう聞いていた。キリンさんに運転してもらってカトマンズ市内を30分ぐらい走る。修理代12000ルピ1万8千円支払いを済ませる。10000に負けてとは言えなかった。カジさんにビールの追加分借りていたので返してホテルに戻る。カトマンズの人たちにオートバイを見せて自慢したい気持ちをずーっと持っていた。

餃子など安くてうまい家族でやっている食堂＆カバン屋にいつも通っている。
オートバイが直ったので店の前に止めて家族と記念写真

　これまでカトマンズの若者が街中をかなりのスピードで走る野郎もいた
……のでたしなめたい気持ちも持っていた。まずはいつもの家族でやってい
る食堂の前に止めて家族全員で記念写真。わたしも入れてもらい撮った。「ど
うですか大きなオートバイでしょう」としゃべりたかったがやめた。見たら
わかる……ご主人も「ビッグ、ビッグ」と驚いていたので満足であった。

　夕方ホテルの中庭に止めたとき、どうも立ちすぎてしまう……スタンドを
直してもらおうと頼んで帰る。

2004年6月10日木曜　くもり空　蒸し暑い　カトマンズ

　ゆうべはむし暑くて寝づらかった。朝は青空だったがくもりになってきた。
ホテルの中にあるネットを1時間打つ。カジさんからスタンド「OK」と電
話が来た。お昼前にオートバイ屋に……カジさん兄弟がいた。スタンドの他
にボックスの「取っ手」も取り替えてもらうように頼む。鉄骨屋なのでこん

なもの「朝めし前」簡単に取り付けてくれる。これでスッキリした形になった。

アソコさん鉄骨屋のとなりがオートバイ販売店

　昼飯はカジさんの自宅でネパール料理をご馳走になった。漬物という味噌に似たものはうまかった、ごはんにカレーをかけたものもうまかった。夕方日本の自宅に電話。

　カルネ代6万円とか……レッドバロンにオートバイ部品代もとりあえず立て替えて払ってもらうように頼んだ。また生梅の塩漬けを送るからとのことは嬉しいことだ。

マナスルが見えるナガルコットへ

2004年6月11日金曜　朝はれ　はれ　はれ　カトマンズ〜ナガルコット

　アソコさん、キリンさん達と午後4時頃集まってナガルコットの山に行き、1泊する約束をしていた。キリンさんの友達もきたので4人……16時半出発。オートバイ2台、わたしのオートバイはキリンさんが運転、わたしはうし

ろに乗る。ナガルコットまで 30 キロぐらいらしい。街中は渋滞ようやく郊
外に出てからスムーズに走れるようになる。幹線道路から左に入ってどんど
ん山に入っていく、道は狭くなってくる。

　アソコさんのオートバイがやってこない……店に寄ってアソコさんの携帯
に電話……後ろから来ているとキリンさん。見晴らしのいいところで待つ。
すぐに下から上がってくるのが見えた。頂上のホテルについた。このへんは
どこでも見晴らしがいい。アソコさんとキリンさんがホテルの値段交渉をし
ている。高いようなので次のホテルに行き交渉。ダブルベッドに 3 人寝て、
シングルにわたしが寝ることになった。

　これは普通なのかもしれないが申し訳ない気持ちだ。すぐに夕食、ホテル
のレストランへ。あー失敗したな……ビール、白酒、つまみなど持ってくれ
ばよかった。部屋で呑むと安上がりなのに。まぁ仕方ないビール 1 本 150
ルピと高い、ビール 5 本にウォッカー 800 ルピ大瓶 1 本買う。10 時過ぎに
ホテルフロントで話したイスラエルの男性とハンガリー女性もレストランで
一緒になった。合流して飲み続ける。部屋に戻って寝たのは何時頃だったの
だろうか……。ちょっと湿気のあるフトンだな。

ええーカトマンズでは豆腐は生では食わないの！
2004 年 6 月 12 日土曜　ナガルコット〜バクタプル〜カトマンズ
　ナガルコット山から太陽が出るそれが「きれい」とカジさんから聞いてい
た。4 時過ぎにウトウトして 5 時過ぎに……朝雨が降っているらしいことが
わかる。雨じゃしょうがない、あきらめてフトンにもぐる。6 時過ぎに雨が
上がった、屋上に上がるとマナスルが見えるとキリンさん。山の頂上に建つ
ホテル屋上に上がる。ここは曇っているが北や東の山には雪をかぶった山、
マナスルがはっきり見えた。

　パキスタンの北部フンザ・カリマバードでは 6 千、7 千級の山々を目の前
で毎日見てきたので強烈な印象が残っている。ここは遠すぎて迫力にかける。
8 時半ホテルを出る清算 3500 ルピの内 2500 ルピを支払う。うん、4 人で

割るんじゃないの……彼らがお金はないのは分かっている……彼らの案内料
として……あまり深く考えないで払おう。帰りに見晴らしのいい山があると
言う場所に向かう。

　だんだん晴れてきた、時折霧が山をかすめていく。朝が早いから観光客は
2、3人。途中、兵隊さんたちの一団……訓練しているのだろうか、お互い
に会釈する。一気に山から降りる。カトマンズに戻るのかと思っていたら、
古いお寺のあるところに寄った。お寺はひとつだけかと思っていたらこの地
区全体がお寺になっていた。ここは「バクタプル」という有名な世界遺産の
お寺だとあとで知る。

ナガルコットの帰りにお寺に寄って帰る。
ここ「バクタプル」は世界遺産であることをあとで知る
チャング・ナラヤン寺院

寺院が集まる世界遺産「バクタプル」とあとで知る

世界遺産「バクタプル」寺院

世界遺産「バクタプル」寺院

世界遺産「バクタプル」にて　ネパールの子供たち

ネパール郊外

　12時前に全員で食堂に寄って昼飯、わたしはビールを飲む。ホテルに1時頃ついてすぐにシャワー浴びながら洗濯も済ませる。15時からカジさんから「親のいないチャリティショー」の「踊り」があるから見に行かないかと誘われる。疲れていたので「いやだなー」と思ったのだが折角だからと……ついて行く。踊りはカトマンズ各地にある踊りの教室、その教室から選ばれた民族の踊りであった。

　5、6歳から大人達まで披露していた。カジさん、アソコさん、キリンさんの娘さんたちも選ばれていた。舞台では化粧して……いやー可愛い姿を見せて踊っていた。

お化粧して舞台で踊りを披露したカジさん、アソコさん、キリンさんの長女たち

　3人とも不思議に長女、長男、2人の子供がいる。ちなみにカジさんは日本語、中国語のネパールの通訳資格を持っている。アソコさんは二男でオートバイ屋と鉄骨屋。キリンさんはオートバイ修理と販売。

　本当はキランさんと呼ぶのだけれどキリンの方が呼びやすいので……キリ

ンでいいと本人。おどりは 19 時なっても終わらない。踊りはいいが大人の
ソロの歌になった。もう退屈になった。わたしとカジさんは先に帰ってカジ
さん宅でご馳走になることになったのでオートバイをホテルに置いて、豆腐
とビールを買ってカジさん宅に向かった。4ヶ月の赤ちゃんがいる。

カジさん、アソコさん、キリンさんの家族

お腹がすいた時しか泣かないと自慢するカジさん。さっそく 2 人だけでと
りあえずビールで乾杯。ところでわたしが持ってきた豆腐。カトマンズでは
「豆腐」は生で食べないとカジさん……。エエーッ……わたしはカトマンズに
来てからずーっと生で毎日と言って言い程食べてきたのでうなってしまった。
でもお腹も悪くならないで……ここまで来ているので自分でも驚いている。

アソコさんとキリンさんが帰ってきた……再びカンパーイ。焼き鳥を 2
人は買ってきた。

こよみの話になった……2月は 32 日まであると……。ええぇー。世界の
常識って色々あることにおどろく。こよみのことはあとで聞くことにして雨
がポツポツ降ってきたのでかえろう。ホテルに戻りシャワーも浴びないでそ
のまま寝る。

2004年6月13日日曜　くもり　はれ　カトマンズ

　9時頃からホテル内のネットを打つ。夕べ飲みすぎたのか頭がすっきりしない。日本人女性がネットを打っていた。カトマンズからバスで1時間ぐらいのところの学校で英語をボランティアーで教えていると彼女は話す。12時過ぎまで部屋で食事をしながら聞いた話。気がつかないところで頑張ってる人がいるんだなーと感心する。4時半のバスで学校のある場所まで戻ると3時半頃出て行った。

　夕方読み終わった本を返しに日本食「桃太郎」の店に。そして「とんかつ」だけ鍋に入れてもらいホテルに戻る。「桃太郎」で前回のコメはうまかったので今回も米を買って炊いたがまずかったなー。どこのコメだったのだろうか。外国人だと高くなるようなのでフイルム7本の現像をとなりの食堂に頼んで出した。

　1本180円と安い……わたしが聞いた写真屋では320円と言っていた。だいぶ安く上がりそうで助かった。出来上がりはあしたか……。オートバイのうしろの座席のベルトをしっかりしたものを……アソコさんに頼む。これがビシッとがっちりしていないとオートバイが重たいので動かすときヨロヨロして苦労するのだ。

　アソコさんのオートバイに乗ってあらゆる店がぎっしり詰まって並んでいる商店街に行く。日本のアメ横の数十倍の商店街。ベルトの店で一番強そうなレザー製を買った、240円。英語を教えているボランティアーのU女性がきた。一緒に部屋で飲みながらご飯を食べる。煮込みがうまく出来ていたので帰えりに炊いたご飯とニワトリの煮込みをおみやげにして帰ってもらった。

ネパールの暦で……今日は「2月32日」……ええええっ！
2004年6月14日月曜　くもり　はれ　カトマンズ

　きょう6月14日はネパール全土2月32日だとカジさんは話す。ええー2月は28日か29日じゃなかったの……。世界の常識っていろいろあることがわかった……。

ネパールの月別日数

1月31日	○ネワール（ネパール）族の正月 11月13日 1125年（2004年のことらしい）
2月32日	○佛誕生日 2548年
3月31日	○成人式は男だけ。4、5歳から結婚するまでの間に1回成人式
4月32日	ご馳走を作り家族などで祝う
5月31日	○16歳になると車、オートバイの免許が取れる
6月30日	○選挙は18歳になると投票権がある
7月30日	○女性の結婚式は3回おこなう
8月30日	1回目。2、3歳になると1日か2日いい日を決めて断食をする。
9月29日	1日1回の食事、ベルという果物を食べる。
10月30日	2回目。初潮を迎える前におこなう。初潮を迎えたらその日から11日間太陽のはいらない部屋で過ごす。12日目に部屋から
11月30日	出て太陽に顔をかざす（見せる）これを太陽結婚式と言う。
12月31日	3回目。実際の結婚式。見合い結婚式がほとんど。仲人さんが何人かの写真を持ってきて家族のことなど気がすむまで話すとか。
合計366日	

暦にしてもそれぞれの国で現わすことがあることもイラクに次いでわかった。

タメル地区のはずれにある通訳でいつもおせわになっているカジさん自宅のビル。シートの下で鉄骨作業している

お世話になっているオートバイ屋の兄弟

通訳のカジさん自宅前

カジさんの弟のアソコさん

オートバイ修理屋キリンさん一家

2004年6月15日火曜　どんよりくもり　昼間はれ強い陽ざし　カトマンズ

　午前中タメルから南にある旧王宮？の広場を見つけて散歩した。入場料320円と高い。パスポート、写真1枚持っていけば3日間いつでも入れるフリーの入場券を発行してくれるとのこと、この内容が分かるまで10分以上かかった。広場を見て回ると、かなりの時間がかりそうだと思ったら5分もしないうちにクサリがある出口についた。エエーこんなもんかいな。

　味気のない広場だ……もっともっとお寺などがあるものと思っていたのに、まぁまたあとでたしかめよう。オートバイを止めた場所に戻ると20人ぐらいの人だかり……「ジャパンから来てます」と聞かれてもいないのに自分から話す。ぎっしり詰まった商店街に出た何回かここには来ている、きのうも来た。なにしろびっしりと何から何まで売っている商店街だ。歩くだけでも楽しい。

　お店は間口2mもない、狭い店も結構ある。ようやく車が通れる狭い道。

入り込んだら抜けるのに時間がかる。人だけしか通れないもっと狭い道もある。どこに行っても店、店、店そして路上にも店、店、野菜、くだものも売っている。大きな店の前にはじゃまにならない程度に商品を並べている。身体にカバンを下げながら売って歩くひと。人、人、人、とにかくにぎやかで品物もびっくりするほど安い。

　2m×4m ぐらいの染めた布を 500 円ぐらいと安かったので 5 枚買った。お昼にホテルに戻りきのう頼んだ写真が出来上がったと食堂のおやじさん。オーサンキュウナマステ。ところが小さいサイズになっている。「えー」きのう途中からであったが変更をたのんだはずなのに。「いやー終わってしまっていたのでダメだった」と、変更できなかったようだ……アーアがっかりだなー。イヤな顔を見せてそのまま帰る。

　夕方カジさんからオートバイのうしろのベルトが出来上がっていると電話。そしてスタンドも新しく取り付けるとのこと。アソコさんが乗っていてどこかにぶっつけ立ちすぎてしまったようだ。それで自分で直しているようだ。また郵便局から日本から荷物がついたと電話がきたこともわかった。明日 16 日 10 時にカジさん宅に行き一緒に取りに行くことにした。

　自慢するため、わたしがニワトリ、ナス、玉ねぎの煮込みを作って鍋に入れてとなりにある食堂に届けた。うまいと言ってくれるのかどうか。自分の夕食はホテル前でレバー炒めとやわらかいサラミを炒め晩食のつまみにする。ご飯はきのうの残り飯……悪くなっているかな？臭みはないので大丈夫のようだ。

2004 年 6 月 16 日水曜　朝から雨　カトマンズ
　朝いつものようにとなりの食堂で甘いブラックティを頂いた。きのうスープを作ってくれたお礼だという。きのう作った煮込み、自分じゃうまいと思っていたが……うまいとは言わなかったところを見るとなじみのない味だったのかもしれないな。カトマンズメトロポリタンの入場についてパスポートと写真を持っていけばフリーになると言われている 3 日間の最後の日だ。

オートバイで出かけようとしたら……クックッといったきりエンジンがかからない。ライトもつかない。アソコさん宅に行って事情を話した。すぐ来てくれた。バッテリーの接続が悪かったらしい、アーよかった。その足で「メトロポリタン」入場フリーの証明書作りにオフィスに向かう。写真を貼り付けていとも簡単に名刺大に出来上がる。昼飯を終わろうとしているときカジさんから電話。「郵便局から荷物がついている」と。

オートバイに乗せてもらって郵便局へ。きのう梅と一緒についていたものを係官が気づかずにいた「カルネ」だった。手数料はきのう払っていたのでいらなかった。ついにカルネが届いたのだ。これまで心配して「カルネ」すべそろったことになる。ネパール・カトマンズに来てからオートバイの部品、カルネといったいどうなるのだろうかとお先真っ暗状態だった。

それが20日間かかってなんとかオートバイは直り、日本で作り直したカルネの再発行も終わって手元に届いた。不安で仕方なかったがこれで気持ちが落ち着いた。あせりの気持ちがそうさせたのだ。いつの場合もゆったり構えれば……ことは時間が解決してくれることがしみじみ分かった。手続きに苦労かけたかあさんにお礼の電話を入れよう。オートバイのスタンド軸を取り外して少し短くしてスタンドを作り直しを頼んでいた。

そのスタンドが出来上がっていた。これで少しは大丈夫だろう。これまでスタンドがずれては直しの繰り返しだった。なんとなく気が重いのがとれた。これからスタンドが引っかかったときどうなるか……。取り替えた元の「軸」は予備としてボックスに保管した。修理代2000円。さてどのくらいかかるだろうかと、自分の頭に描いていた最低金額に近い金額でホッとする。きょう320円の部屋に大型テレビがはいった。

フロントのチーフにデスカバリーチャンネルを見たい、見たいといつも言っていた。それが実現した。どこの部屋から持ってきたのだろうか配線して設置してくれた。なんだか嬉しくなる。夜退屈しなくて良さそうだ。引き替えに本が読めなくなってしまう恐れが出てきたが……。梅、しょうが、な

どカルネもついたことだしお礼の電話を自宅に夕方いれる。ありがとう。い
とこの人が亡くなったことも家内から聞く。

サンフランシスコに住んでいる長女がなにか送ってくれるとのこと、メー
ルでカジさん宅のアドレスを長女にメールを送った。

2004年6月17日木曜　8時頃まで　しとしと雨　くもり　はれ　夕方雨　カトマンズ

　1200ルピ2000円スタンドの修理代をアソコさんに持っていく。安く上
がってよかった。お昼にはニワトリの煮込みを作りながらたべる。うまい。
夕方ネット屋に20時過ぎまで打つ。晩飯は昼間作ったニワトリの煮込みが
あるので楽しみだ。送ってくれた自家製の「青梅」の「塩漬け」したものを
少しづつ「しょうが」梅酢漬けはもっと少なくちょこっと……わたしにとっ
てはとても貴重なたべものなのである。ゆっくりビールを飲もう。
　テレビが入ったので退屈しない。ただどんより曇りで雨が続いているので
うっとうしい。

2004年6月18日金曜？／2004年6月19日土曜　カトマンズ

　どこで1日間違ったのか……まぁいいか。朝8時頃からNHKに送る写真
の準備10時半までかかった。早めの昼飯12時を過ぎて雨は止んだ。日本
の浜松町にある「JAF本社」にカルネがついたと連絡するためFAX店にい
く。いつもの店がしまっている……？隣にいた男のひとにきょう「サタディ
土曜？」「そうだ」てっきり金曜だと思っていたのだ。仕方ないブラブラと
近くのホテルの部屋を見て回る。

　これまで40軒ぐらい見て回ったろうか……。今泊まっているテレビ、ト
イレ、シャワー付きでは320円を下回るホテルはなかった。ただ清潔でト
イレ、シャワー付き150ルピ240円の2軒ほど気に入ったホテルを見つけた。
3時頃から「NHKラジオ」「地球ラジオ」出演している「旅でござんす」の
メンバー、リスナーの声、などをネットでじっくり見て過ごす。

　自分が当事者であることなにか恥ずかしい思いと同時にわたしが「バイクの松尾」ですと言いふらしたい気持ちもある。テレビの番組「食い物中心だけの出演者」などあまり考えない役者に「このバカめ」がと言いたくなるような人もいる。いつもわたしが抱いている……それと同じ気持ちを持ってわたしのことを「このバカもん目」と「聴いている人」も多くおられることだと推測する。

　またテレビなどで「世界の旅など」に出演している役者を見ると「自分の金」で「ひとり」で「旅してみろ……」と横柄で謙虚さがない出演者には「このバカ目……」と言いたい気持ちだ。ネット屋から帰るときには天気も回復したようだ。

2004年6月20日日曜　8時晴れている　昼29℃　カトマンズ

　午前中オートバイで市内見学……日曜だとなんとなくのんびりという感じで歩いてる人々に見える。午後の今の時間Pm2時〜Pm4時日本ではNHK地球ラジオの放送している時間帯。ネット屋に行ってNHKのホームページを見る。リスナーコーナーには誰でも投稿できるようだ。ずーっと読んでいくと「バイクで旅している松尾さんと会った」との投稿を見つけびっくりした。

　5月にパキスタン・カリマバードで会った熊本のあの元気なおばさんだろうか。それとも他の人かもしれないがいずれにしても誰であってもうれしいことである。

2004年6月21日月曜　カトマンズ

　毎日くもり空、どんより模様……1日1回太陽が出てきて強い陽ざしになる。だいたいこんなパターンが続いている。これじゃオートバイで遠乗りしたい気持ちにはならない。きょうも旧王宮広場に写真を取りに行く。この前フリーの入場券を作ってもらったので安心してはいれる。広場に止めて古い建築を見て写真に撮る。広場には民芸品のお土産を並べて売っている。

　オートバイを駐車しているところに戻ると地元の人たちは蜜バチがオート

バイにたかっているようになっていたのでその写真も撮った。帰りに豆腐を
買いに八百屋に行く。角にあるインテリ風のオヤジさんの八百屋で前回すっ
ぱい豆腐を買わされたのでそれからはとなりの八百屋で豆腐を買っている。
その八百屋で豆腐を焼いたようなニオイがする豆腐がうまかったのでいつも
それを買っていた。

　角にあるインテリの八百屋はカトマンズに来てからナスやトマトなど買っ
て顔見知りになっている。親父さんの話を聞いていると、王旧制度はよくな
いなどと話してデモなどにいつも参加しているようだ。となりで買ってその
八百屋を通り過ぎるとき気まずい気がするが仕方ないと割りきっていたの
に、目があったばかりに今度は「大丈夫」というようなそぶりで豆腐をこと
わりきれずに買わされた。

　読み終わった借りた本を返しに夕方日本食「桃太郎」へ。そして司馬遼太
郎全集の18巻の1冊を借りた。よかったーこれでまた、司馬さんの本を読
める。先月は司馬さんの「歳月」を読んだ。佐賀出身の「江藤新平」の生涯
を書いたものだった。

「高菜漬け・キャンプセット」送ってくれた
2004年6月22日火曜　くもり　うすくもり　カトマンズ

　9時過ぎにカジさん宅になにげなく行ってみた。するとアメリカから「荷
物」がついたと連絡があったと、そのままカジさんのオートバイで郵便局へ。
サンフランシスコの長女から荷物がついていた。「父の日」とかで高菜漬け
とキャンプセットが入っていた。手紙には「サイテイション・ジェット機を
操縦した」「すごかった」と。教官やジャンボのパイロットは特別であるが
お父さんのオートバイの旅のことエピソードをかいつまんで話したら……。

　「ありゃー」「それまた」「すごいオヤジさんだねー」（もちろん英語で）と、
驚いていたと書いてあった。2002年5月、オートバイでサンフランシスコ
を通過するとき長女の家に泊まった。その時チャイナタウンで真っ先に買っ
たのは「高菜」だったのでそんなに「梅や高菜」が好きなのかと思ったので買っ

て送ったと書き添えてあった。軽飛行機の長女はアクロバット飛行をやっている。気づかってか日本のハガキも入っていた。

サンフランシスコに住んでいる長女から「高菜漬け」などと一緒にこのハガキも送ってきた。

　夕食の時テレビのリモコンが効かなくなった。フロントに行って直してもらう。ところが160円いるという。リモコンの回路とか電気屋さんで見てもらい直したと。どうして俺が払わなきゃならないの。あーテレビいらないとつっ返す。気分が良くないなー。リモコンはフロントに持っていったまま……それっきり。いいんだ手動でやるから。ホテルを替えることを考える。タメルの真ん中にあるホテルにしようかな。

2004年6月23日水曜　くもり　うすくもり　午後はれ　カトマンズ
　お昼前カジさん宅にニワトリ1kg持っていく……がカジさんの家にもニワトリが1羽台所にあった。あーでもいいじゃない……。そのまま引き上げる。昼食のあと昼寝……あと本を読む。夕方ネットをうちに行くが自分のホームページがエラーで出てこない。1時間25ルピ60円と安いネットだった。

はたまたギアーの故障だ！

2004年6月24日木曜　くもっているが陽が差している　カトマンズ

　日本に小包を送るためにカジさん宅に行く、いっしょに連れて行ってもらって郵便局へ。これまでの写真が結構たまってしまった。サンフランシスコの長女のところとNHKへ送る。日本4500円。USA480円。夕方オートバイで出かけようとエンジンをかけたら「カラカラッ」と音がしてあとはズーズー……エンジンがかからなくなった。またもやインドと同じ状態になった。「エー」また歯車が折れてしまったのか……。

　すぐにカジさん宅にいく。カジさんアソコさんはいない。いつもの若い人に「エンジンがかからない」とカジさんに電話してもらい実情を話した。あしたまた来るようにとのこと。下手するとまたまた「ギアー部品」の「注文か」不安がつのる。ホテルに戻りネット屋で2時間仲間のネットを見て帰る途中「桃太郎」によってコメ1キロ＝60ルピ約100円。マヨネーズ、トマトを買う。外に出ている時にカジさんとアソコさんがホテルに来てくれていたらしい……。

2004年6月25日金曜　青空ではないが陽が出ている　カトマンズ

　アソコさんとオートバイを押してカジさん宅に運びこんだ。すぐにばらしてみるとやっぱり「歯車」が、うーん前回と同じ「歯車3個」が折れている。歯車を支える本体の鋳物の部分もヒビが入っている。この部分はカトマンズで溶接したものだ。さてさてどうしたもんか、本体を交換することになれば大変な金額になりそうで心配になってきた。

2004年6月26日土曜　はれ　めずらしくきのうきょうと雨はなし　カトマンズ

　テレビを部屋から持って行かれたので環境も部屋も良かったのだが面白くなかったので移ることにした。きょうからホテル「ホリゾン」に移る。このホテルは2回目。前回200ルピ320円だったが今回150ルピ240円でいいとなった……オー助かった。ホテルを変わったことをカジさんたちに伝える。日本にFAXしたいがカトマンズはきょうは休みである。あしたFAXしよう。

2004 年 6 月 27 日日曜　カトマンズ

　ブーン蚊が出て来るのが心配であまり寝付かれなかった。このホテルは扇風機がついてないのでちと蒸し暑いな。日本に午前中、浦和のオートバイFAX。A4 で文字が多くても少なくても 80 円。ネットでエンジン、ギアーのこと、自分の掲示板や WTN-J に書き込むとなんとなく気が休まった。豆腐を昼間喰って昼寝して……しばらくして腹がなんとなくおかしい……。

　まぎらかせるためネット屋に行こうとするがその気力も出てこない。胃腸薬と正露丸飲んで……本を読み続ける。夜になっても薬が効かないのか腹痛がおさまらない。晩飯は抜きにしてホテルからお湯をもらってホットウィスキーにして腹に流し込む……少しはいいようだ。少しずつおさまってくる……そのまま床に入る。

腹の痛み・こらえきれない痛み！

2004 年 6 月 28 日　はれ　10 時裸でも平気の暑さ　カトマンズ

　腹の具合がおさまったようだ、タメルの街をブラブラ散策。ホテルに戻ると FAX が届いていた。

　洗濯して部屋にこもり本を読む。お昼にはカツ丼でもと思って鍋を持って出かける。この頃腹の痛みも治まって食欲も出てきた日本料理の「味の店」に行くと「休み」になっている。

　12 時を境に商店のシャッターが閉まり始めた……タメル地区は夕方 5 時まで閉まるとのこと……。仕方ない、この続きにある「韓国」食堂に入る。焼き餃子を注文して帰る予定だったが出来上がるまでビールを飲みたくなった。餃子はここで喰って……ご飯も喰った。辛い朝鮮漬けも喰った。元気になったような気がする。

　うまかった。ホテルに戻って 2 時頃から腹と胃が痛み出した。薬を飲むが効かない。右に左に寝返りを打つ……今まで辛いもの中心に喰って胃がただれたのだろうと反省する。ホテルからお湯をもらい腹に流し込み胃を洗う

ように飲んだ。それでも痛みはおさまらない。口に手を突っ込んで戻したいが少ししか出てこない。ぐーっとこらえきれないほど痛みが来る。

　あー、ひとりでいる身のみじめさをあじわう。最悪の場合はカジさんに頼んで病院に行くしかないな。昨夜はお湯の中にウィスキーを入れて飲んだら少し痛みもおさまった。今夜も同じようにして腹に流しこむ。腹にシーツをあてがい圧して寝ているとすこしは痛みはおさまってきた。この1ヶ月勢いに任せてビール昼2本、夜2本、それに少しではあったが青とうがらしを毎日くってきた。

　そのツケがとうとう来たのだろう。あしたからもう少し食い物に用心しながら食べよう。夜中にはシーツで圧しなくてもいいようになってきた。自業自得とは言え無理がたたったんだ。

日本のオートバイ屋さんから適格なアドバイスを受ける
2004年6月29日火曜　カトマンズ

　腹、胃の痛みはおさまっている。でも食欲はない。砂糖入り紅茶をホテルから部屋に持ってきてもらった。きのう顔をしかめて痛そうな顔をしてたので掃除の娘さんは知っていた……気の毒そうな顔して熱い紅茶を運んでくれたのだ。ありがとう。10時前にカジさん宅にゆき、郵便局で借りた200ルピを借りていたのを忘れるところだったので返しに行くと同時にオートバイのことについて相談した。

　日本から届いているFAXも持っていった。アソコさん、キリンさん、カジさん3人で日本からの2つの質問を検討した。部品を日本に送り直してもらってまた送り返してもらうことにした。その足でネット屋に行くとメールが返ってきていた。名古屋のオートバイ修理・販売の瀬川さんに「ギアー故障」のことを詳しく書いてメールしてくれていた。また瀬川さんは同じワルキューレ1500ccに乗っているライダーでもある。その瀬川さんは一番「力」がかかる「支点」ここが甘くなっている。

　欠けた鋳物を溶接しても正確には戻っていないため……ギアーの歯車を傷める最大の原因。従って新しいものと取り替えたほうが「一番良い」とのアドバイスだった。日本に送るのを決めていたが瀬川さんのアドバイスに考え直す。また新しい部品ソックリで25000円ぐらいと教えてもらった。さすが瀬川さん……頼りになる。ありがとうございました。カジさん宅に部品製図のFAXを持って行って「注文部品」の「ナンバー」を書き込んでくれるように頼んだ。

腹痛くて病院へ
2004年6月30日水曜　朝方雨　くもり　はれ　はっきりしない天気　カトマンズ

　夜中の1時頃から胃が痛み出す。薬を飲んだ……トイレに行ったり……横になったりシーツを丸めて胃に当てるが一向に痛みは引かない。ゆうべはおかゆだったのにどうしたんだろうか。前の2回はお湯を飲んだら痛みがおさまったので夜中にお湯を沸かして飲んでみた。やっぱりダメだ……うーっと声を出すと少しは痛みがやわらぐ……。しかし、声も出なくなるほど痛い。

　このまま死んじまってしまうのか、もういいや60歳まで生きたんだから……いま、くたばったほうが寝たきりになるよりいいような気がする。とうとう夜が明けたころ、いつの間にか眠っていた。8時に起きてカジさん宅に電話を入れた。「胃が痛くて眠れなかった」「医者に連れて行ってほしい」と、お医者さんに電話してくれて10時に「医者に行く」と折り返し電話をしてくれた。いま9時半、胃の痛みはないが身体がだるい。カジさんのオートバイで病院に連れていってもらった。

　病院は混雑している……どこの国でも同じだな。診察は2時間待ちで中に入る。これまで3日間の症状を紙に書いてカジさんに説明していたことをお医者さんに説明してもらった。とりあえず検便、大・小、指示される。ホテルに戻って大便がなかなか出ない。検便入れはフイルム入れやビンにフタのついてないモノが並べてあった。わたしはフタ付を選んで再び病院へ運

ぶ。検査の結果は夕方 18 時頃だといわれる。受付で 480 円くすり 240 円
検査代 200 円、合計 920 円。

2004 年 7 月 1 日　朝小雨　カトマンズ

　昨夜 18 時まで持っていたがカジさんは見えなかった。朝電話するとカジ
さんが 1 人で検査室に行ってくれていた。きょう 10 時再び検査結果を聞き
に行くとのことだった。きのう病院の薬を飲んでから「スッキリ」した感じ
になり夜もぐっすり眠れた。現地の病気は現地の「くすり」が一番効くよう
だ。夕べはバナナ 1 本だけ食べた。レッドバロンに部品の注文の FAX を送る。
さてさてうまくいくかどうか……。

　お金がどのくらいかかるのか気になるところである。予想では 5 万円ぐ
らいと予想しているが。夕方ネットの帰りに自宅に電話する。二男に連絡取
れないで……困っていると話していた。便りのないことは元気の「あかし」
昔の自分もそうだった。晩飯は「ふる里の味」日本料理店でカツ丼を注文。
さてさて夜……大丈夫かなー。

2004 年 7 月 2 日金曜　くもり　はれ　カトマンズ

　寝付かれなかったが腹は痛くはならなかった……ただ朝少し胃が重い感じ
がする。北の方にある以前毎朝通っていた安食堂にコーヒーを飲みに行く。
戻って刺繍屋に T シャツに名前を入れてもらおう。昨日 150 ルピ 200 円と
話したがいつものおじさんがいて今日は 160 円でいいと……。ホテルで日
本から FAX がついてないかと聞いていると「まだ……」と言っている時電
話が鳴り「FAX」が届いたと本館から連絡が来た。

　ホテルスタッフは本館に FAX を取りに向かう。さてどんな返事が来てい
るのか……。レッドバロンからの FAX であった。部品はひとつだけ「ナッ
ト 46」がわからないとのこと。あとの部品はすべて OK。どうしたものか
とカジさん宅へ。その「ナット 46」はすぐに交換しなければならないもの
ではないとことで結論……で「取り消し」することにして折り返し FAX を
入れた。昼食の時「ふる里の味」でいっしょになった福岡の女性 O さんと

待ち合わせしてカジさん宅に向かった。

今日満月のボナードとロウソクの灯りチベットの人たちがお参りに来るとか……。カジさんに聞くとそれは年1回、今年は12月に行われると話す。

そのままカジさん宅でご馳走になる。腹痛で禁酒2日間……久しぶりみたいでビールがうまかった。キリンさんアソコさんも途中から合流。10時半頃までおじゃましてしまった。芋の茎は食ったことはあるが、かぼちゃの「つる」の「おしたし」は初めて食べたが、うーんあまりうまくはなかった。

2004年7月3日　くもり　10時うすぐもりの中から太陽が出る　はれ　カトマンズ

朝方シュラフをかけるほどの肌寒さ。夕べのビールで少し胃が重い……やっぱり無理だったんだなー。漢方薬を飲む。Tシャツに「JAPAN matsuo」と刺繍してもらったものを受け取る。白のTシャツにグリーンの文字はなかなか映えるなー。司馬遼太郎全集18巻を読み終えたので返しに行き最初自分でおいてきた本を持って帰る。今度は日本料理「味のシルクロード」に行って新しく「菩薩峠」を借りた。

レストラン「シルクロード」では機械を使って自家製の「うどん」を作っている。きょうは「ふとめのうどん」を作って出してくれた。うん……コシがあってうまかった。地元の人は少しでも日本人に合うように挑戦していることはすごいことだとわたしもうれしく思う。

2004年7月4日日曜　くもり　はれ　カトマンズ

この前まで泊まっていたピリギリムホテルの隣にあった食堂に「JAPAN matsuo」と刺繍したTシャツを差し上げた、前に約束していたものである。帰りに以前部屋を見て感じの良かった「デスカバリーホテル」に再びよって部屋を見る。200ルピ320円テレビ付きもちろんトイレ、シャワー付き見晴らしもまずまず……2、3日のうちに移ることにする。そして今泊まっているホリゾンの50mとなりHappy Homeホテルも見た。

テレビ付 200 ルピ 320 円、小ぎれいでいい。ごく近いハッピーホテルに変えることにした。11 時ホテルに戻りチェックアウトした。このホテルは夕べトイレの水が止まってしまい水が流れなくなってしまったのだ。手伝ってもらい荷物をハッピーホームに運ぶ。

ここカトマンズでは餃子のこと「モモ」というらしい
2004 年 7 月 5 日　朝小雨　雨　カトマンズ

カトマンズに 5 月 24 日に来て 40 日近くになった……早いな。オートバイをインドから小型トラックに載せて最初カトマンズについた時夜中だった。「Massage」のネオンがいたるところに輝いていた。「メッセージ」……ほうここはインターネットの店が多いなー。これは助かると思い込んでいた。しばらくしてあるときインターネットだと思って店に入ったら若い女性ばかりである。あれーっパソコンが 1 台もない……。

なんとメッセージじゃなくてマッサージのお店だったのだ。てっきり「Massage マッサージ」を「メッセージ Message」と読み違えていたのだった。そうだったのか……これだもんなあー。午前中そのマッサージ店に行く、1 時間 600 ルピ 1200 円を 30 分 200 ルピ 400 円にしてもらった。夕食はハッピーホテルの屋上にある「食堂」でクッパー、ソーメンをスープに入れたものを注文……スープには肉も入っていた。

それにここネパールでは餃子のことを「モモ」という、そのモモを注文する。なんか雰囲気からして韓国系のホテルのようだな。

2004 年 7 月 8 日木曜　8 時小雨　カトマンズ

FAX 今日も来てないだろうか……ホリゾンホテルにいってみた。電話をしてもらったら「FAX ついている」ホテルのスタッフにとりにいかせるとマネージャーが言う……そこは「遠いの」かい……「ナショナルホテル」……うん、聞いたことのあるホテルだ。そのホテル行ったことあると指で方向を示した。そうだという。すぐに自分で歩いて取りに行くことにした。「ジャパン、マツオ FAX」レセプションの人「OK」と「FAX」を渡してくれた。

FAX には「部品全てそろった」「8 日に送る」時刻を見ると 7 日 23 時に
なっている。ということは今日送ったとのことである。あーよかったなー。
そのままカジさん宅に向かうがカジさん、アソコさんはいなかった。これだ
と 11 日到着、配達は 12 日になることだろう……と思う。日本からの飛行
機は日曜、水曜週 2 回カトマンズに到着すると聞いている。昼飯韓国食堂へ。

昼間本を読み……テレビを見たり……本を読み。夕方ネット屋に行く……
このくり返しが毎日のパターン。ビール 2 本、卵 4 個買って雨の中をホテ
ルに戻る。クッパーをホテルの食堂に注文、晩飯とした。テレビではジャカ
ルタで北朝鮮に残っている家族の人と曽我ひとみさんが会うと伝えている。
きょうは次男友二の誕生日だ。

2004 年 7 月 9 日金曜　朝からずーっと夕方まで雨　カトマンズ

雨のため外には出られない。日本の梅雨ごとき、しとしとの雨が降り続
いている。時々雨足が強い音をさせている。小雨になったので「大菩薩峠
14」の本を返すついでにうどんを食いに出かける。帰りに「大菩薩峠 15」
を借りてくる。雨が止んだ夕方オートバイマフラーの「穴」をふさいでくれ
るように頼んでいたので見に行くがまだそのままだった。ネット屋によって
晩飯はコリアン食堂にゆく。

「NHK 地球ラジオ」聴いてるよ
2004 年 7 月 10 日土曜　雨　カトマンズ

朝から雨で肌寒い。朝から終日本を読む。夕方ネット屋に行き初めてヘッ
ドホンを使って「NHK 地球ラジオ」の放送を聞いてみた。前回の分は録音
で聴けると聞いている。自分のレポートも見ることができた。「旅でござんす」
に出演しているわたしのことを「私の同級生の弟です」と、リスナーの方の
便りとしてモリミツヨさんの紹介もされていた、同じ佐賀県ふるさと嬉野吉
田の集落両岩出身と思われる。

「へー」「なつかしさ」と同時に「うれしさ」も。どこで誰が聴いておられ
るのかと興味深かった。森さんはわたしの姉と同級生、当時は「両岩倶楽部」

の隣に住んでおられたが今どこにお住まいなのだろうか。

2004 年 7 月 11 日月曜　小雨　カトマンズ

　11 時にカジさんと空港までオートバイの部品を取りに行く。DHL の運送会社の人と一緒に税関に行くようになっている。黄色い看板のついた DHL の会社についた。パソコン 2 台、女性 2 人がいた。パソコンで荷物の確認をしているところへ奥から男が出てきた。税関 110% おさめなければいけないと 40000 ルピ近い数字を電卓で示す。わたしは「えーふざけんじゃない」「それならいらない」「日本に送り返せ」。

　男は領収書が要らなければ「7000 ルピー」でいいと言ってるらしい。ワイロであることがなんとなくわかる。「カジさん帰ろう」「こんなもんいらねー」「帰ろう、帰ろう」とうながす。カジさんには 5000 ルピーまでだったら出すと日本語で伝えていた。どうやら 5000 ルピーで OK になる。

　わたしはあらかじめお金を分散していた。ポケットから出して数えると 4000 ルピーしかない。そっくり出して「オールマネー」1000 ルピーはあとで渡すと。それで OK になった。荷物は明日届くことになった。ホテルに戻ったあと 16 時頃アソコさんが迎えに来て「部品を取りに行く」と。再びカジさんと DHL に向かう。部品を確認して残り 1000 ルピー払わずに、催促もなかった。いったいどうなっているのだ。

　結局 6400 円で済んだことになったが後味の悪いわけのわからない金を取られたことになった。カジさんには一応お礼を言ったが「カトマンズは金がかかる」とイヤミを言って「イヤな顔して」わかれた……同じ部品を 2 回も取り寄せなければならないこと、本来ならば日本では修理屋で負担すべきものではないのかと……わたしから言わせれば。壊れた原因は「完全に直していなかった」のであってまた修理代がかかってしまういきさつを考えての言葉でもあった。まぁお世話になっていることだし強くには出なかった。

2004 年 7 月 12 日火曜　くもり　うすくもり　カトマンズ

　レッドバロンの部品がついたこと、FAX しなければ……しかし出来ず……。午前中本を読む時代小説文庫、大菩薩峠。中里介山著……司馬さんの本を読み終わったあとでもあって……最初大菩薩峠はまどろしく感じていたが、旅の話……読み進むうちになかなかおもしろいものになってきた。15 巻読み終わる。

2004 年 7 月 13 日水曜　カトマンズ

　レッドバロンに FAX 送る。

2004 年 7 月 14 日木曜　カトマンズ

　合鍵を使っているのか鍵穴をガチャガチャしながらホテルスタッフ男 2 人。「どうした」「ノックもしないで」なんとも返事もしないで「備品」の点検みたいなことをはじめる。ノートに書き込んでいる。どう考えても「ノック」さえしないのは「おかしい」フロントに文句を言いに行く。女性マネージャーは「ごめんなさい」だけ。こんなホテルは本人がいない内に荒らされてしまいそうだ。さっそくデスカバリーホテルに移ることにした。

2004 年 7 月 15 日金曜　7 時はれ　青空が見える　カトマンズ

　ホテル「デスカバリーイン」の朝、気持ちがいい。4 階で眺めのいい開放感もある。水もお湯もたっぷり出るなかなかいいホテルではないか。ダブルベッド、トイレ、シャワー付きでテレビも午後つけてくれた。200 ルピー 320 円。天空で本を読んでいる気持ちになる。気持ちはチベット・ラサからブータンにでも行くか……の気持ちになってきた。

2004 年 7 月 16 日土曜　カトマンズ

　午前中本読み……昼飯「桃太郎」食堂で冷しうどん、氷で冷やしたうどんはうまかった。160 ルピー 270 円。食堂「おふくろの味」店は 180 ルピー 290 円。トマトを買ってネットを打ちに行って……自宅に電話を入れる……預金残高が少なくなっていることを知る。

2004 年 7 月 17 日土曜　くもり　くもり　カトマンズ

　10 時からオートバイを直すからと言われていた。「ずーっと見ていてほしい」と出向いてみるとアソコさんキリンさんの姿はなかった。となりの食堂でドーナツとティを飲んで待つ。それでも来なかったのでコピーを取りに向かう。キリンさんのオートバイ屋の前を通るとアソコさんがオートバイで乗り付けていた。「オーイ」と呼びかけるとアソコさんもびっくり。きょう直すんじゃなかったの……いつから直しにかかるの。

　「11 時から」と。一旦ホテルに戻り昼飯は冷やしうどんを食ってカジさん宅に行く。アソコさん、キリンさんが待っていた。修理が始まったのは 12 時近い。順調に進んでこの分だと 5 時前に終わるんじゃないかと思いながらながめる。3 時頃から大雨になった。修理が終わったのは 19 時……エンジンをかけると一発でかかった。よしよし。ついでにマフラーの穴もふさいでもらったので音も割れないで元気よくなった。

　終わる頃カジさんに飲み会をやりたいと電話していたのでニワトリを買いに行く。雨はやんでいた。屋上で 10 時近くまでしゃべりながら……前回ここにいっしょにやって来た日本女性にはだいぶ興味があるような話が今回も出た。ホテルに戻りシャワーを浴びて 11 時すぎベッドに入る。とりあえずオートバイの修理はすんだ……少しはホッとする。テスト走行は明日だ。きょうは長女夕子の誕生日。

2004 年 7 月 18 日日曜　くもり　カトマンズ

　ギアー「歯車」修理の終わったオートバイのテストのためにカジさん宅へ 10 時につく。エンジンをかける……うんうんまずまずの音。カトマンズ・リング道路に回ってみるが雨雲があるので U ターン、約 1 時間走って異常なし。昼飯は「桃太郎」食堂へ。雨のためしばらく休んでホテルに戻りネット屋に。やっぱりオートバイと一緒のほうがいいな。なんといっても走っていると周りの人が見てくれているようで気持ちがいい。

2004年7月19日月曜　くもり　カトマンズ

　ネパールのビザが切れてしまうので「イミグレーション」にビザ延長の手続きにオートバイで行く。イミグレで係りの人に、これから「カトマンズ〜チベット・ラサ〜カトマンズ」と走ってくると話した。じーっと聴いていた係のおじさん……ラサまで行って「帰りの国境」でネパールビザを申請すれば「ノーマネー」と紙に書いてくれた。「えー」「ほんとう！」「ほんとだよ」……2回も3回も聞きなおす「ほんとうだ……」もうこれ以上聞けない。

　おーありがとう……ナマステ、ナマステ。ビザ延長に30ドル4200円かかるのだ。さーあしたラサに行く支度をしなければ……オートバイと荷物はカジさんが預かってくれることを電話で了承してもらっている。ところがである……チベット、ラサに行くには「ビザ」が必要であることを知る。たしか中国は15日間の場合は「ビザ」は「いらない」はずになったはずである。しかしチベットは別らしい……。

　チベットはトラベル会社のツアーでなければ旅行できないことがわかった。あーそれではネパール「ビザ」の延長手続きをしなければならない。晩飯はカジさん、アソコさん3人で「ネワル」のレストランに連れて行ってもらった。焼き鳥も本格的でタン、レバーなどうまかった。そのあとダンスショーを見にゆき1時近くまで飲んで帰る。

2004年7月20日　くもり　カトマンズ

　夜中も雨が降り続いているようだった。雨が上がった9時半オートバイでネパール「イミグレーション」ビザ延長に出かける。途中ドーナツ、コーヒ飲んで腹こしらえ。きのうはザワザワと多くの人たちがきていたのにきょうのイミグレはすいていて2、3人だけ。申請書類に書き込んで30ドル4200円（2240ルピ）払い。受け取りは午後1時と、赤紙の交換券を渡される。

ネパールで日本人ライダーカユカワさんと会う

　朝出かける前に日本人ライダーにあう。ネットでわたしがネパールに来ていることを知っているライダーだった。彼から泊まっているホテルのアドレ

スを聴いていたので寄ってみた。インドからカトマンズに来ているとのこと
……11 時に会う約束した。イミグレから戻って彼を待つ。彼は部屋から降
りてきてテーブルのある中庭で話す。粥川陽平さんという珍しい名前。大学
を休学して走り始めている岐阜出身の好青年。

　これからヨーロッパ〜西アフリカを走るとも話す。ネパールビザ受け取り
のため 12 時半。一旦別れて晩飯の 6 時半頃また落ち合うことにする。ビザ
延長のパスポートは出来ていた。とりあえず一ヶ月延長ビザ。これからチベッ
トに入り、戻る時国境でのビザ代は無料と聞いているので取り直す。粥川さ
んとタメルとの境にある夕食は顔なじみになっている小さいチベタン食堂に
入り 9 時半頃まで話して過ごす。

2004 年 7 月 21 日水曜　カトマンズ
　12 時にトラベル会社にゆく。粥川君とチベット、ラサまでのツアーにつ
いて相談する。ツアーとは別に「オートバイでラサまで」行きたいと話をし
たら「親会社に電話してみる」のでした 12 時に来て欲しいと言われていた。
親会社からその会社に 3 人で向かいオートバイでラサまでのツアーについ
て相談する。くわしく調べてみるのでした 22 日 12 時に再び来るように
なった。

　晩飯は「安いステーキがある」と粥川君に聞いたのでエベレストレストラ
ンに行って「ステーキ」400 円を買ってホテルで焼いて喰う。久しぶりに本
格的肉を食べる。うん、うまい、うまい。

2004 年 7 月 22 日木曜　くもり　12 時 29℃　3 時うすくもり　カトマンズ
　12 時にトラベル「Ying Yang イングヤング」に粥川君といく。オートバ
イで走ることができるらしいこともわかった。20 日間でおおよそ 1410 ド
ル 17 万円であった。もう少し具体的に計画してからと引き上げる。粥川く
んがオートバイツーリングを専門に扱っている会社の「名刺」を持っていた。
その足でその会社へオートバイで向かった。アドレスを頼りに探してそこは
タメル地区からかなり離れた場所にあった。

「Sacred・Smits サクレド・サミット」このツーリング会社のオーナーは「ひとり」でもオートバイの旅ができると話す。「えーそうなんだ」会社の壁にはエベレストをバックにオートバイで走った5、6人のツーリング姿の写真を飾ってある。走るコースを3通り書いて見積もりを頼んだ。粥川さんもコースを書いて見積もりを頼んだ。7月25日再度伺うことにする。

わたしのホテルで粥川くんと6時から11時頃までこれからのことなど話しながら過ごした。チベットを走ることがだんだん現実味になってきた。

2004年7月23日金曜　カトマンズ

12時にYing Yang イングヤングに、きのうに続いて「大体のルート」を書いたその見積を聞くためであった。きのうのサミットトラベル会社で聞いていたことを話した。サミットに出した同じ走るルートを出して見積もりを頼んだ。結果については7月25日13時に打ち合わせることにする。夕方ネット屋に行くと「もしものことだけれど7月25日日曜、生中継を予定していた旅人が出演できない場合は松尾さんにお願いしたい」と。

NHKからメールが来ていた。すぐにいつでも「OK」の返事を出した。夕食はきのう喰った「エベレスト」レストランで買って持ち帰ったステーキが安くてうまかったのできょうもホテルに持ち帰って焼いて食べる。

2004年7月24日土曜　くもり　はれ32℃　カトマンズ

NHKからの要請についてどうなっているのか午前中ネットを見に行く。メールが来ていた。「予定していた旅人」に「連絡が取れた」のでピンチヒッターの必要はなくったとのこと。これでスタッフのYさんSさんたちもほっと安心されたことだろう。キルギスは通信事情が悪いようだ。またネットで豪州ドルの1ヶ月定期に切り替えていたが10万円も減っているじゃないか。

「おー」やっぱり素人はやるべきではなかったなー。くやしいー。すでに遅し……もう終わったこと、終わったこと……と気持ちを切り替えようとするが……やっぱりくやしいなー。昼間はうどんを食って床屋に行って髪を染め

てもらう（150 ルピ 240 円）夜いつものステーキハウスで肉を買ってホテルで焼く。そんなに毎日肉が好きなら自分で買って食べたらと「レストラン・エベレスト」のオーナーから近くの肉屋さんを教えてもらった。

　へーうれしいことだ。その安い肉屋さんは 50m とすぐ近くだった。さーあした 25 日は中国、チベットなど見積りが出来て来るぞ。

2004 年 7 月 25 日日曜　くもり　カトマンズ

　午前中本を読み 13 時にトラベル会社に行くも今日チベット、中国が休みなのでオーナーとは会えず。そのあとネット屋に行くが送信出来ず……アーアー。きのう教えてもらった肉屋専門店にステーキを買いに行く。冷凍の肉の塊。ガチンガチンの肉が冷凍庫……日本のアイスクリームを入れるような冷凍庫。なんと、牛肉 1 キロ 320 円……1 キロだよ。100g32 円は安い、安い。こんなうれしいことはない。

　直径 10 センチ丸く 50 センチぐらいの長さに固めてある肉魂。のこぎりで切ってもらう。ホテルのキッチンを借りて焼いてみる。少しボサボサするがまずくはない。残りはホテルの冷蔵庫で預かってくれるという。マスターカードの引き落としがリボ払いになっていたので一括支払いするように電話で「怒鳴り込んだ」。3 月に一括支払いにすると変更確認していたはずだ。

2004 年 7 月 26 日　カトマンズ

　12 時にイングヤングトラベル会社に向かう。チベットの見積りができた。24 日間 3900$47 万円。チベット～カシュガル～ウルムチ～上海へと大時計回りで抜けるのも「OK」と確認した。ホントかどうか疑心暗鬼だ。3900 ドルは 1 人の料金、2 人で行く場合はチャーターするクルーザーは 1 台なのでその見積りも頼んだ。あしたまた来ることにする。

　夕食はアソコさんキリンさんと地元の大衆居酒屋に入って呑む。5、6 人でいっぱいになる小さい飲み屋さん。10 時過ぎまで飲んでトータル 350 ルピー 560 円。

2004年7月27日　くもり30℃湿度73%　うすくもり　カトマンズ

　粥川さんからの電話を午前中待つが来なかった。昼飯に出かけて食堂「おふくろの味」でカツ丼の単品を注文。ガスストーブ器具の調子が悪いので登山店に行く。途中粥川くんとばったり午後3時から2箇所のトラベル会社に行くことにした。ガスストーブの器具はガスボンベが悪かったのか新しいボンベに変えたら炎が出るようになった。ボンベを買って帰る。この界隈には登山用品専門店も結構ある。

　3時にイングヤングトラベルはオーナー不在だった。サミットトラベルに向かう。クラクションを鳴らすと……スタッフは扉を開けに出てくる。事務所の2階に上がりチベットの見積もりを見せてもらった。チベットのみで3850ドル46万円。チベットのみでチベット以外には「出れない、走れない」とも話す。この「サミットトラベル」はツーリング専門に扱っているようで各国から来たオートバイを斡旋しているようだ。

チベット・ツーリングいけそうだ……

　ツーリングの様子など載せているのをネットで見せてくれた。人柄も良さそうなオーナーである。ホテルに戻る途中イングヤングトラベル会社によってみる。チベットを2人で走る見積もりは2900ドル35万円とだいぶ安くなってきた。これは24日間の見積もり。宿代・込み込みで……さらに1日100ドル1万2000円にできないかと相談してみた。検討してみるとオーナー。

　牛ステーキ、ニワトリなど冷凍の「肉専門店」に寄ってステーキを買ってホテルに戻る。1キロ320円と安いのだ。わたしの部屋で粥川くんとお互いのストーブで焼いて食べる……うまい、うまい、今日のステーキ実にうまかった。10時過ぎに停電になる。

2004年7月28日水曜　カトマンズ

　バングラデシュ大使館へビザ申請に行く……日本大使館発行のレターを忘れた。引き返して再びバングラデシュ大使館へ。11時10分に申請手続きは終わる。受け取りは午後4時30分。オートバイ屋のアソコさんに後ろの

タイヤカバーのひび割れを補強してもらうように頼んだ。14時頃粥川さんがホテルに来た……これからのことの打ち合わせ。16時頃まで話してバングラデシュ大使館へ行き「ビザ取りOK」。

ビザ代無料であったが大洪水で泳ぐしぐさで水害になっていると教えてくれた。やっぱり無理かもしれないな。夕食は粥川さんが泊まっているホテル「チェリーハウス」で日本人5、6人で合同食事会を開くとのこと。わたしも肉を買って向かうが6時半になってしまった。ペアーふた組。全部で7人集まり9時過ぎまで情報交換というよりばらばらの雑談で終わった。また雨が降りだした。今日チベットの地図を買う。

2004年7月29日くもり　カトマンズ

昼、日本人のおじさんがやっているカレー店に行く。味はまずまずだった。このおやじさんネパールに来てどのくらいたつのだろうか。オートバイのボックスに世界地図を描いてもらおうとカレー食い終わって隣の看板屋に寄ってみた。だいたいの見積もりをしてもらったら300ルピ480円。31日にオートバイを持ってくることにした。そのまた隣にはネット屋、日本語もできるスタッフもいる。日本への電話1分6円と安い。

ホテルに戻ると粥川さんからメッセージ「14時にトラベル会社」で待ち合わせとあった。14時に「イングヤング」トラベル会社に行く。カユカワさんは来ていた。「1日当たり100ドルぐらいにならないか」と、きのう値段のことを「もう少し安くしてほしい」と頼んでいた。オーナーは30日2650ドル27万円を示した。最初は2850ドルだったので200ドルぐらい安くなったことになる。

細かいこと……例えばアクシデントで日数が変わった時などドライバーと相談して「払ってくれ」と話す。これからチベット・パーミット1週間、そのあと中国で承認を得るのに1週間かかる……したがって出発は8月14日の予定になった。その間8月1日から西の都ポカラに行って戻ってくることにする。

旅行会社に提出した走る最初の中国ルート

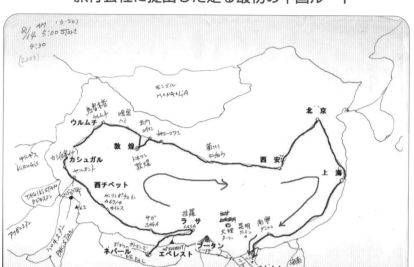

2004年7月30日金曜　カトマンズ

　10時にクレジットカード会社に「暗証番号」を忘れたので日本に電話を
入れる。「暗証番号変更」用紙を自宅に送るとのこと……途中電話が切れて
しまった。安いネット屋から電話するとこんなことになってしまうんだな。
まぁ大体のことは話したので大丈夫とはおもうが。話は「リボ払いでなくて」
「一括払い」にどうしてできないか……。すると外国での利用「支払い」は
すべてリボ払いになるとクレジット会社は話す。

　18%から20%〜25%も利息を取られてしまうのだ。困ったもんだ。カ
ユカワさんと3時にイングヤングトラベル会社に最終の合わせに行く。1時
間待ってオーナーが戻ってきた。2400ドル26万円のうち手付金200ドル
払って残りは出発前13日に払うことにした。粥川さんはパキスタンのビザ
を取るためポカラに向かうのは遅くなるとのこと。ネット屋のあと肉屋に預
けている。ステーキ用肉を半分持ってホテルに戻る。

　残りはまたあした取りに来るのでそのまま「冷凍」してもらうようにたのんだ。わたしの厚かましさは相当なものだ……でも店の人はこころよくいつも引き受けてくれている。ゆうべ暑いのか寒いのかなんだかおかしな陽気のため風邪気味になってしまった。

2004年7月31日土曜　カトマンズ

　なにげなくしまっているはずの国際免許証……あれー新しく2004年3月に取った国際免許証がない。どこにしまったのだろう……かな、たしか旧いのと一緒にしまったはずなのになー。

ポカラ入場門？
2004年8月1日日曜　くもり　はれ　はれ青空　カトマンズ〜ポカラ

　6時50分西の都・ポカラに向かってホテルを出る。ゆうべの雨もスパッとやんでいるがズボン、上着のカッパをつけて走る。カトマンズをグルーっと囲んでいるリングロードから抜け出るとポカラまでは一本道だ……きょうは走るぞ。15キロ過ぎたあたりから渋滞になる。検問のためだろうか？脇を走り抜けると渋滞はなくなりすぐにスーと走りやすくなった。カーブカーブと続く峠を登り下って走る。

　約100キロ走ったところで一方通行になっているのか……これまた大渋滞になっている。15分ぐらい待って走りだす。インド方面とポカラ方面の分岐点に来た。ガソリン給油しようとしたら「ない」「エエッ」5〜6キロ先にスタンドがあると教わる。暑い、暑い、45℃になっている。カッパ上着、ズボンを脱ぐ。橋を渡って深い水たまりを用心してひっくり返らないように慎重に走る。12時16分ポカラの歓迎門？についた。

　ダムサイドに向かい日本食のレストランでレイクサイドのホテルを聞く。なんと日本人男性が食事していた2人と一言二言話して別れる。5、6キロ走ったところのレイクサイドにはレストラン・ホテルが並んでいる。結構にぎやかな雰囲気だ。大木の日陰でオートバイを止めてホテルを探そう。おみやげ売りのおばさんが「じゅず」みたいなものを「買ってくれ」と寄ってくる。

周りは田園風景。ポカラ市内入口に建つ歓迎門？

　地元のガイドらしき人が2、3人ついてくるが「自分」で探すからと……ことわる。150ルピー240円の「フレンドリーホーム」というホテルに決める。さっそくシャワーを浴びて近くのレストランで昼飯。さっそくビールと「カリー」を注文。ひとり静かにゆっくり飲んでいると坊主頭の男が隣のテーブルに座った。何か話しかけてきた……。これから食事するから話しかけないでくれ。

　それでもなれなれしく日本語で話しかけてくる。横柄で気に食わない態度だ。席を他に移す。どうもしゃくにさわる「おまえはいやがらせのために来たのか」「この野郎」。

「フザケルナ」おれは「隣に座っただけだ」とぬかす。ドリンクペプシーを注文していた。ゆっくり食事しようと思っていたのに「テメーナンダー」日本のチンピラ風でホテルのオーナーだと名刺を出す。

「フザケルナ」ホテルのオーナだろうがなんだろうが人を不愉快にさせとい

て「コノヤロウ」せっかくゆっくりしようとしていたのにポカラの街は初日にして気分を害された。注文した「カリー」はカリカリしてもういらないとビール分だけ払ってホテルに戻る。まったくもってふてぶてしく図々しい奴だった。ホテルの人にステーキの「かたまり」を買ってきてもらって部屋で食べる。

　このホテルは両親、子供3人、スタッフ2人でやっているようだ。食事を終えてから昼のレストランに行ってさっきは済みませんでしたと残りの「カリー代」を支払った。

2004年8月2日月曜　朝青空　ポカラ

　ゆうべは暑いのか……首から汗が出てシャツの襟元がびっしょりになった。天井の扇風機をかけると風邪気味がまたぶり返しそう……止めると暑いし……途中シャツを取り替えて……寝る。8時にベッドに入ってもう12時を回っている。蚊も回っている。其のうちカミナリがなって大雨になっているようだ……いつのまにか寝入っていた。

A・カトマンズ　　B・ポカラ　200km

2004年8月3日火曜　朝くもり　ポカラ

　朝6時にヒマラヤの山が見えてきた。ポカラからは一番高い山に見える……全体はみえないがパンフレットの写真で見るとマチャプチャレだろう

か。10時過ぎに昨日見つけたネット屋に行く。オートバイで探しに行って繁華街と思われる場所にあった。結構にぎやかなだ。カユカワさんにホテルの電話番号をメールに入れた、1時間25ルピ。昼朝鮮漬け20ルピ、ビール2本ホテルで飲む。昼間青空が広がって暑くなった……。30℃を超えて35℃以上になった。

ポカラからヒマラヤのマチャプチャレ峰

2004年8月4日水曜　ポカラ

8時すぎにヒマラヤの山が見えだす。ゆうべは晴天のような顔していたのに朝がた曇ってしまい今再びヒマラヤが顔を出してきた。よしいまだ……写真を撮ろう。ホテルの息子をオートバイに乗せて見晴らしのいいサランカットという見晴らし台までガイドしてもらった。しかしホテルから30分ぐらいだったがそこは雪で駄目だった。残念！しかしここだったらひとりでも来れるところだ。

ルートはわかったので今度はひとりで行ける道のりだ。約2時間でホテルに戻る。昼食の後昼寝。昼は韓国食堂でキムチだけ……となりの食堂で酒

3杯のむ。地元の小さい子供たち6人にも飲み物をあげた。（それはいいけどガイド料払ってないんじゃないの厚かましいマツオさん）

2004年8月5日木曜　くもり　ポカラ

　1時間かかって午前中ネットでNHK地球ラジオ「旅でござんす」にレポートをいれる。雨がパラパラときている。昼食にニワトリのモモを焼いてもらうが……焼いてる最中ガス代を「払ってくれ」と……しょうがないとは思いながら、もうこのホテルから出ようと決める。夕方近くのホテルを探しにぶらぶら。なかなかこぎれいなホテルを見つけた。150ルピ240円。ダブルベッド＋シングルベッドと部屋も広い。

　あした朝来るからと予約して帰る。夕食は韓国食堂でキムチをつまみにビール1本買い、あとはルクシーと言う白酒を2杯……いい気持に。となりのニワトリ・モモはしょっぱい味だった。5本25ルピー半分の量にしてもらったのだが……。

2004年8月6日金曜　くもり　くもり　ポカラ

　ホテル「フレンドリーホーム」を出る。きのう見つけたプラシドバレイン？(Placid・Valley・Inn)に8時につく。うん気持ちのいい部屋だ。コーヒーをすぐにサービスしてくれる。ホテルのケビーさんとネットを打ちにいく。偶然にもホテルに戻る途中粥川さんが手を上げた……。わたしは今ネットを見たばかりだ……ホテルに戻り2人で晩飯をとる。自宅に電話を入れたら二男とは2カ月も連絡が取れなくて「サラ金から」○十万円の請求書が来ていると話す。

2004年8月7日土曜　ポカラ

　朝「ケビサさん」の実家に向かうことになって7時に出発。カユカワさんも一緒に向かう。15キロ走ったところの脇の道路にオートバイを止めた。そこから山に向かって登るらしい。30分ぐらいと聞いていたが……なんの、なんの狭い山道……急な坂道を上がっていく。重い荷物を背負って休んでいる地元の人も、イヤーすごい荷物だ。空身でも登るのはきつい。

　頂上について平らになって細い道をしばらく歩く。1時間かかってケビサさんの実家についた。ヒマラヤの山が見えると話すが今日は曇がかかって見えない。山が動くがごとく背中にカヤを山ほどに背負って上がってきた家族の人。お世話になりました。地元の子供たちの写真を撮って1時間ほどお邪魔して山を降りる。ホテルに戻ったのは11時過ぎていた。そのままホテルで昼飯……小雨が降ってきた。

2004年8月8日日曜　くもり　ポカラ

　一日中「勝海舟」子母沢寛著読んで夕方ちょこっとネット屋へ行っておしまい。

ポカラからカトマンズに戻る
2004年8月9日月曜　ポカラ～カトマンズ

　ジャスト7時にカトマンズに向かってポカラ・ホテルを出る。カユカワさんが少し前にきて「あした、カトマンズに帰ること」にしたと伝えに来た「OK」。ポカラを出るころヒマラヤが雲間に出てきた。青々した稲が広がっている中を走る。平均40キロで走り続け2時間でインドの別れ道に来た100キロ走ったのだ。あと100キロだ。給油して走りだす。なぜだろうか……きょう不思議に思うことだらけ……?

　走ってきた道ここまでに、道の側溝に車、土に乗り上げたバス、田んぼに落ちているバス、トラックとバスが正面衝突している……赤十字をつけた赤色灯、白い救急車も溝の側溝に落ちてはまっていた。きのうは「魔がさす夜」だったのかもしれないと思うほど考えられないような事故ばかり不思議な光景を続けて5件も見てきた。カトマンズ市内に入ってから大渋滞になった。

　暑い、暑い中、タメル地区のホテルに着いたのは1時近くになっていた。夕方いつもの肉屋でステーキ用を買ったが硬くて返しに行く。ホテルにはチベットから来たと言う日本人5、6人が泊っている。さっそくチベットの道について聞く……「中途半端な道じゃない」「四国の○○山岳道知ってますか」その道よりきつい……そしてクルーザーでないと渡れない川もあるとオート

バイにも乗っている青年は話してくれた。

　大げさの話ではないようだ……。話を聞くうちにやっぱりノーマルのオートバイでは無理なのかなーと弱気になってしまう。いろいろと考えるがこれまでも「インドやイラン」の道のことを聞いたとき、「走るのはむずかしい」と聞いたこともあった。実際走り終えてみると大げさではなくてそのままの話をしてほしいと思った時もあった。しかし今回話してくれた長崎の青年はオフロードのオートバイを乗り回している。かなり信用していいし参考になる。

　これまでネパールのトラベル会社のオーナーはわたしのオートバイを見ているのだ……それでも「無理だ」とは言わなかった。だからまず大丈夫だろうと自分の気持ちを落ち着かせることにした。そうだよ……オートバイのボックス3個をはずしてチャーターのクルーザーに積み込めば身軽になって走れるはずだ。そうだそうだ……セミの羽をむしり取ったイモ虫のようにして走ってみよう。自分を納得させる。

亡くなった人はいなかったのだろうか。考えられない衝突事故。他国であってもバカモンがと言いたくなる……

2004 年 8 月 10 日火曜　くもり　カトマンズ

　腕時計がくもってしまいまったく見えなくなった。買い替える時なのかなー。とりあえず修理屋に行ってみよう。いつも通るタメル地区のはずれにあった時計屋に行く。すぐに取り掛かってくれて見ている前で分解……10分もかからずに修理は終わった。「いくら」「あなたのくれるだけで」いいというしぐさ。20 ルピー 40 円払った。買い替えなくてよかったんだ。日本じゃ修理代が高く買い替えてしまうが助かった。ありがとう。

　カメラのレンズにほこりがはいってしまった。再び時計屋に持っていく、店の人はカメラ屋まで案内してくれた。エアーとかハンカチでほこりを取り除いてくれた。フィルターをはずしてと頼んだ。ゴムをかませたりしてくれるがとうとうはずすことができなかった。フイルム 5 個 ×110=550 ルピ860 円（1 本 180 円）。ポカラから戻ってきたカユカワさんとチベットのことどうなっているかイングヤングに行ってみた。

　1 時間程待ったがオーナーは戻ってこなかった……。あとで 1 人でも来てみるからと話して帰ろうとしたらオーナーが帰ってきた。立ち話して明日夕方 5 時に会うことにした。読み終わった「勝海舟」を返して「私の手が語る」本田宗一郎著を借りる。

2004 年 8 月 11 日水曜　カトマンズ

　午前中は本を読み……夕方トラベル会社に向かう。チベットのパーミットが出来上がっていた。入国、出国の 2 枚である。あすの夕方 5 時に最終打ち合わせをして残りのツアー代を払うことになる。約 1 時間程で帰る。トラベル会社に来る途中以前会ったことのある久留米の女性と路上でばったり会った。夕食は安い肉を食べながら話そうと約束して別れる。

　肉専門店によってみると今日もインドから肉は入荷していないと言う……きのうに続いて今日もだ。しょうがない、「エレベスト」レストランでステーキ用を買ってホテルに戻る。

　7時になった、久留米の女性イトさんもすぐに来た。ひとり旅でネパールに来ていると話す。なんと隣のホテルに泊まっているらしい。9時ごろまで話して別れる。

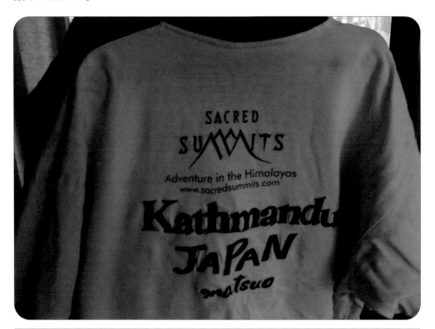

トラベル会社サミットからもらったシャツに「カトマンズ・ジャパン」とタメルの刺繍屋さんに頼んだ

申し込んだチベット・ツーリング……ダメになった
2004年8月12日木曜　カトマンズ

　よく走ってきたなー……走り終わったらまず日記をまとめてそれからどうしようか……。身体が動く限り走っていることになるのだろうか。自分の人生他の人に比べてよかったのかなー。周りの人がどう思っているかは別にして……やりたいことをやってみる。これでいいのだろうか……いいんだ、いいんだこれで……自分の人生だもの。本田宗一郎さんの「私の手が語る」を読みながらふっと思ってしまった。今20時42分。

　さて、あさって（14日）からチベットに向かう。道路がどうなっている

のか……不安がつのって来た。とりあえずオートバイのボックスをはずして
しまえばオフロード、オートバイとまではいかないまでもかなり走ることが
できるのではないかと今は自分を納得させている。最終打ち合わせをするこ
とになっている夕方イングヤングトラベル会社に行った。すると申請した
ルートはチベット以外走ることができないとのこと。

　ええーっ3回も「確かめたじゃない」……。けさ8時にFAXが届いた
とそのFAXを見せられた。加えてデポジット（入国預かり金）オートバイ
500ccまで2000ドル、500cc以上は4000ドル払うことになったと……。
あーがっかりである。とりあえずキャンセルして粥川さんと相談する。前金
200ドルとビザ代の半分を受け取りホテルに戻る。あした別のトラベル会社
「サミット」に行くことにした。7時からカジさん宅で飲み会。

TV・アテネ・オリンピック開催
2004年8月13日金曜　カトマンズ
　14時にカユカワさんと「サミット」トラベルにオートバイで出かける。
チベットツアーについて料金は今までのイングヤングと同じで「OK」。デ
ポジットがどうなっているのか月曜日までに確認したいとのこと。16日14
時に打ち合わせをすることにした。
　アテネ・オリンピック開会式……夜中1時過ぎにテレビ観戦。

2004年8月14日土曜　カトマンズ
　昼も夜もステーキを焼いて食べる。ステーキ1キロ160ルピが180ルピ
=360円に上がってしまった。ステーキかたまり1本1.5キロ～2キロであ
る。まぁいいか、日本に比べたら2キロでも720円と考えられない安さだ
から仕方ないか。こんなに安くてうまいステーキを食べられるのだから自分
にとってはうれしい。日本人女性がホテルのフロントでもめている。

　最初は南側OKと言いながら北側の部屋になったと。でホテルを探してい
るらしい。「納得出来なかったら、ほかのホテルを探したら」と以前泊った
ことのある「ホリゾン」に連れて行くが「リフォーム中」で駄目。「チェリー

ゲストハウス」でOKになった。カトマンズにきてから外国人観光地タメル地区のホテル50軒以上歩いて部屋を見てきた。料金が安くて「いいか」「悪いか」確認してきたので少しは薦める自信はある。

2004年8月15日日曜　カトマンズ

テレビでは日本の敗（終）戦記念日の中継をやっている。そういえば中央アジアやネパールでもNHKドラマ「おしん」をあっちこっちで見た。わたしなど日本人とわかるのかどうか「おしん、おしん」と呼ばれたこともあった。

2004年8月16日月曜　くもり　カトマンズ

14時「サミットトラベル」に行く。チベットは休みにあたるらしくデポジットのことについて分からなかったとオーナーの話だった。あした17日14時打ち合わせることにした。

2004年8月17日火曜　くもり　はれ　カトマンズ

サミットトラベルに14時につき打ち合わせ。ツアー代2070ドル＋ビザ代43ドル（即日）＝合計2113ドル（23万円）（ノーマル26ドル7日間）。だいぶ安くなってきた。ガソリン代は別だがホテル代・食事代を入れて1カ月だから、我慢できる金額だ。デポジット（預かり保証金）はチベット・ラサが25日まで休みなので8月26日に分かるとのこと。

2004年8月18日水曜　くもり　カトマンズ

午前中、ネパールビザ延長手続きでイミグレーションへ、更新代30ドル3600円。

ネパールビザ代更新1日〜30日すべて30ドル。ネパール滞在日数1年で150日までに決まっているようだ。昼飯はホテルガーデンにガスを持ち出して焼肉パーティ、ニシヤマさん、ハヤシさん。夕方ネット屋へ。

2004年8月19日木曜　くもり　カトマンズ

なにもなし、何もしない日。

銀行カード ATM に飲み込まれる

2004 年 8 月 20 日金曜　カトマンズ

　ATM にドルカードを飲み込まれてしまった。タメル地区では大きなホテルの入り口にある唯一の ATM 器械。ホテルの人を呼び出して「事情を話した」あした 10 時再び行くことになった。大丈夫だろうかな……暗証番号を間違えて 3 回カードを入れたため飲み込まれてしまったのだ。

2004 年 8 月 21 日土曜　くもり　はれ　カトマンズ

　ATM のある「ホテルカトマンズ」10 時に向かう。きのうの女性も 10 時に来てくれた月曜日にならないとだめと言いに来たのだ。「鍵を持ってきてくれるように」頼めとホテルのお抱え運転手さんが ATM の係の男の人にアドバイスしてくれた。係りの男が電話してくれて 1 時間もしないうちに鍵を持って来てあけてくれたらしく……ホテルに戻って再び来た時にカードを渡してくれた。

お金を払ってコブラの踊り？を見せてもらった。蛇使いオーナー？
カトマンズ・タメル
＊この蛇写真を見た人が年賀状に使いたいと知らない人からメールが来た。どうぞ、どうぞお使いください。

受け取りはパスポート、カードのコピーをとって係に渡した。ひとまずカードは戻ってよかった…しかしロックされているだろうからカード会社に電話しなければならない。

家内の母親が亡くなった知らせ
2004 年 8 月 22 日日曜　カトマンズ

ネットに至急連絡するようにと家内から書き込みがあった。その電話番号は福島・相馬、家内の実家である。夕方 17 時半（日本時間 21 時）8 月 21日電話を入れると、家内の母親は 21 日 10 時ごろ亡くなったと実家の電話に出た家内から知らされた。帰れないことを告げて家族にお悔やみを伝えてくれるように頼んだ。親不幸はこんなところにも出てきてしまった。家内に電報と花輪を出してもらうように頼んだ。最後まで心配かけてすみませんでした。合掌。24 日葬式。

「マンハッタンビル爆破！煙がそっくり 20 ドル紙幣」 見せられてギョッ
2004 年 8 月 23 日月曜　くもり　はれ　カトマンズ

11 時からホテルのガーデンで焼肉パーティを開いた。お昼から 3 人加わって全部で 8 人。長く一人旅を続ける女性、お医者さんの卵 3 人、無銭旅行を続けている人、今度はエベレストに登ると話すイワサキさん（本当にエベレストに登ったとあとで聞く）ほとんどひとり旅の人たちばかりである。14 時半ごろまであれこれしゃべりまくって楽しかった。

旅の途中 2002 年アマゾン・マナウスであった K さんに「松尾さんこれ見たことある」始まる前に USA20 ドル紙幣を折りたたんだものを見せられた !!

「へーなんだねこりゃー」2001 年 9・11 ニューヨークマンハッタンビル爆破……2 つのビルから煙が出ているではないか……。当日現場でわたしが見たマンハッタンビル爆破と同じ！まったく同じ……。ギョとするほどそっくりの「20 ドル紙幣」だった。あのビル爆破事件、なにか偶然とは言えない「なにか」を「推測」させるものを感じた。夕食はニシヤマさん、カミヌマさん

とチベタン食堂にいく。

2004年8月24日火曜　くもり　はれ　カトマンズ

　午前中本を読み。昼飯はずーっと食べ続けている赤身のステーキ。肉屋に行って預けている肉を1回分300g～400ぐらい、切ってもらい残りはまた冷凍庫に保管してもらう。肉にまわりをサーっと焼くだけで中身はほとんど生で食べている。これまでヨーロッパや南米でも約二年間同じ焼き方で腹に当たったことはない。夕方ネットを打ちにいく。

　そこで出会った北海道の女性とその連れ合いフランス人男性といつも行っているチベタン食堂に連れて行った。「アワ酒」を幅20センチぐらいの桶にたっぷり入れてお湯をそそぐ……ちょっと時間をおいてストローで飲むのだが変わったアルコールの味。わたしの好みの味でもある。お湯を二回ぐらい入れると新しいのとアワを取り換える。「吾輩は猫である」夏目漱石……いまごろであるがおもしろかった。

雑記
「吾輩は猫である」がこんなに面白いとは思ってなかった。「夏目漱石」この本が世に出たのが1905年（明治38年）らしいことが調べたらわかった。100年以上も前に出ていたのだ。わたしは幼いころから本など家庭環境で読むことなどなかった。第一本など家にはなかった。うちには雑誌「家の光」だけだった。本屋さんに4年間住み込みで定時制夜間高校に通った。しかし本など読む時間はない……「いい本」「いい出版社」は何となくわかってきた。注文の本をお得意さんに届けるたびにすごい人たちだなーとおもっていた。その中のひとり「橋のない川」住井すゑ著は「よかった」と聴いた。何人かの人たちはすごい人だなーと今でも覚えている。あれから30年過ぎてようやく文庫本を手にした。本を読むようになったのは50歳を過ぎてからだろうか。新田次郎、吉村昭の本からはいってスーと読める司馬遼太郎にひきつけられて。いかに「自分勝手の人間なのか、あつかましく、図々しく生きて……思いあがりの男」いうことをあの本この本読むたびに思い知らされて「反省」している……が直らない……。「バカは死んでも直らない」ってこのことなんだろうなー。普段から本を読んでいる人たちと話をするとき違うなーといつも感じている。

　コンビニに昼間ビールを買いに行ったついでにマスターカードはもう使えるのではないかとATMにテストのつもりで入れた。またカードがのみこま

れてしまった……。「アー」……機械に張り付けてある銀行に電話する。1時間あとに銀行の人に来てもらい受け取ることができた。あぶない、あぶない変更した暗証番号はまだ使えないのだろうか。

2004 年 8 月 25 日水曜　くもり　はれ　カトマンズ

　毎日午前中くもりで午後はれになる天気が続いている。マスターカードが使えないので「どうなっているのか」日本に電話を入れてみた。「電話番号」と同じ部分があるので「認められなかった」とのことだった。再度、自宅に変更届の用紙を送ってもらうことにして自宅にも FAX をいれる。電話代 2回で 660 ルピ約 1000 円かかった。ホテル代 320 円だから 3 泊分もかかったことになる。

　晩飯は日本人女性 2 人・男ひとり、4 人でいつものチベタン安食堂へ。いつものアワの酒と……うどんをたべる。

2004 年 8 月 26 日木曜　くもり　10 時 27℃　はれ　カトマンズ

　病院に指の怪我で化膿して通院していると言うニシムラさんをオートバイに乗せていく。オートバイは周りの人の視線を感じるので気持ちがいい、うれしかったと話す。

　ニシムラさんは楽しい人だ。夕方 5 時にサミットトラベルに行くと新しいスケジュール表があった。デポジットは今日ではなくてあしたわかると、あしたも 5 時に行くことになった。

2004 年 8 月 27 日金曜　カトマンズ

　午前中本を読んでいつものように昼は肉を焼いて夕方 5 時にサミットトラベルへ。

　オーナー・ラビさん、中国デポジット（入国保証預かり金）が分かったと。2 人で 3000 ドル（33 万円）=1 人 16 万 5 千円になったと明るいニュースだと笑顔で話す。あした 11 時にパスポートを届けてクレジットカードで

支払うことにする。

2回目の申し込み！挑戦チベットに行けるのか

**2004年8月28日土曜　くもりのはれ　　まぁはれと言ってもよい天気
カトマンズ**

　11時サミットトラベルへ、カユカワさんもすぐに来た。スケジュールと
デポジット代合計4000ドルを支払い残りの差額263ドルは中国通貨で受
け取ることにした。ツアー代金3737ドル=263ドル、サミットのデビさん
はチベット旅行会社に交渉して安くしてもらったと話す。デポジットは最初
4000ドルだったから大分安くなった。（デポジットは保証金として預ける
お金。中国に入国時に支払い出国するとき戻って来る）

　これでどうにか支払いできる金額になってきてホッとする。パスポートを
預けて次は30日月曜17時最終パーミットを受け取ればOKになるはずで
ある。「はずである」と書いておかなければ又どんなことになるかわからな
い中国チベットなのだ。

2004年8月29日日曜　カトマンズ

　普通口座からドル口座に移し替えるため朝のうちにシティバンクに電話を
入れた。

　相変わらず「音声」に従ってと……人間になかなかつながらない、まった
くシティバンクには泣かされる。肉屋によって肉を焼いて昼めしとする。夕
方100ドルを両替した。7300ルピ=11000円ぐらい……だろうか。アテネ・
オリンピックも終了したらしい。映像権のためだろう……競技はTVでは画
像が映らず……見れずじまいだった。

2004年8月30日月曜　カトマンズ

　きょう夕方6時にチベットのパーミットができた。チベットツアーはす
べて手続きは終わる。さぁーあしたはチベットにいける。あした朝7時に
カトマンズ出発だ。さぁーチベットに向かって走る。

いよいよネパールからチベットに向かって出発
2004年8月31日　くもり　はれ　カトマンズ〜チベット

　朝7時カトマンズ王宮前で粥川陽平さんと待ち合わせ。10分遅れでカユカワさんと合流。世界遺産ナガルコットを過ぎてくねくねと山を登っていく。雲の間から太陽がのぞく。

　突然がけ崩れが出てきた。赤泥道がまんじゅう型に盛り上がっている。バスは大きく波打って泥の道50メートルぐらいを乗り越えていく。しばらく様子を見てどの辺が安全か確かめた。

　カユカワさんは左側土砂の盛り上がりに突っ込んでいく、土砂の真ん中あたりで泥沼につかまって動けなくなった「おーおー」。おれはバスの通った右側を思い切って突っ込んだ……ゆるい赤土にやはりつかまってしまった。ローギアで慎重にエンジンをふかせでかい石に右のエンジンあたりにガツーンとあたるがそのまま土砂の山を乗り越えてどうにか進めた。

カトマンズからチベットに向かう最初の食堂で食事休憩

がけ崩れ？土砂崩壊？これは道じゃないぞよ！

　動けなくなったカユカワさんは近くにいた地元の人に手伝ってもらって泥沼から引っ張り出すことができた。お互いに靴、ズボンは泥だらけになっている。一服して走りだす。このあと順調に走れる。右に左に川が移動する10時ごろ食堂屋が並んでいる場所で朝めし。再び走り始めるがだんだん道が険しくなってきた。イタリア人ライダー夫婦が木陰で靴を脱いで休憩している。

　そのイタリア人はこの先「大変なところがあるぞ」わたしのオートバイを見て「むずかしい？」「ネイビー」？首をひねっている……なんだか気がめいってきた。でてきた、泥道だ。かなり深いぬかるみの泥道だ。さっき転んだ時手伝ってくれた青年が４人ついてきてくれた。ぬかるんだ泥道をそのまま手伝ってもらう。何度も転びそうになってもう体力がない。あと少し、あと少し。フーフーの体で登り切った、アー疲れただめだ。

　ガケ崩れかと思った。えー「これを登るの」とても無理だ。これはチベットへの普通の道だった。後ろ姿オートバイはカユカワさん、前に固まって押して上っているのはわたしのオートバイ……。

土砂崩壊じゃなかった！「これは普通の道だった」地元の人9人雇ってこの難所を
乗り越える1人160円（ビール大瓶1本120円）1か月後帰りにはこの道をオー
トバイに乗ったままくだることができた。慣れてしまうと平気になってくる。

　バイクも靴も真っ黒に汚れた。オフロードバイクのカユカワさんは1人
でどうにか登り切った。4人には分けてと100ルピ160円をお礼として渡
した。ありがとう。登り切ったところにイタリア人と思われるライダー7、
8人かたまっている。さっき出会ったライダー仲間だろう。トラックには3、
4台オートバイが積まれているのが見える。そばには転落した別のトラック
をワイヤーロープで引き上げている。

　ライダーたちは「この先は大変だぞ」みたいな言葉。わたしも相手もお互
いに緊張した気持が顔に出ている。ライダー同士でも平常のいつもの和気あ
いあいの雰囲気はない。ゆっくり話す時間もない。もっと大変ところがある
のかも、行くしかない。緊張して走っていくとトラック、マイカーが止まっ
ている？オヤッ「ボーダー国境か」？追い抜いて中程までそのまま進む。ボー
ダーじゃない……土砂崩壊の現場だ。

　オートバイを止めて歩いて様子を見に行く。大きな石がごろごろしてとて

も走れる道じゃない。登りきったところでは何人かが片付けの作業をしている。とうとう流れている湧水の小川もある。小高い丘の山もりの石が転がっている……。こりゃー無理だわ。道じゃないよ。崩壊の場所を越えたところにお店の休憩所が何件か並んでいる。その小さい店で休憩をとる。ここまで泥道をほうほうの体でかろうじて来た。

地元の人たちに助けてもらって乗り越えることができた

いまの自分はもうへとへとだ。店の人が「ポーターを雇って」「運べばいい」と話しかけてきた。しかし、この石のガレキの中をどうやって乗り切るのか。「イヤ、大丈夫」だという。わたしは「ドライバー」にならなくてもいいか。「OK、OK」と言う。「ハウマッチ・いくら」ひとり100ルピ（160円）5人ぐらいで運ぶと話す。よし、ここはお金で済ませる方法しかない。それにしてもどうして運ぶのだろうか……。

オートバイに戻り両サイドのボックスを取り外す。ボックスを運ぶ人は50ルピと約束。オートバイを7、8人で動かし始めた。現地の人は石ころの道を少しずつ進み。休み休み少しずつ引き上げていく。湧水の難所小川のところに来た、ここを乗り切ればあと少しだ。やってくれた。手伝ってくれた地元の人たちは休憩所前まで引き上げてくれた。たいしたもんだ。あまり汗もかいてないように見えるがさすがに息は上がっている。

ここまでの難所をオフロードバイクのカユカワさんは乗ったまま越えてきた。ここも乗って越えたのか途中降りて進んだのか聴く暇もなかった。登り切った平の場所でボックスを取りつけた。最初の約束通り、ひとり100ルピ（160円）×8人=800ルピと、ボックスを運んでくれた人に50ルピー×2人＝トータル900ルピだ。少ないチップだがありがたかったので100ルピはみんなで飲み物でと1000ルピ（1600円）を渡した。

考えられない恐ろしい道を無事に乗り越えることができた。最初ガケ崩れのあとと思っていたが違った……これは通常の道であることだとあとで分かった。車の手伝いで小遣い銭か生活費をここで稼いでいる人達なのかもし

れない。だから道のそばには地元の人たちがいっぱいたむろしていたのだろうと思う。それにしても考えられない道だった。あと７キロぐらいで国境（ボーダー）と聞く。

地元の人たちに助けてもらって乗り越えることができた。歩いて下見をしていた時にこの道をトラックは行ったり戻ったりさせてこの難所を乗り越えていたな。下手すると川に転落するんじゃないかと心配した。

ついにネパール＆チベット国境についた

　ごうごうと流れ出す鉄砲水が次々に出てくる。思い切って突破……石ころ、ごろごろ河原のような道をびくびくしながら走り抜ける。いつの間にか「やってやる」の度胸がすわってきたのか夢中で走っていた。左の山から大量の水しぶきが流れ出している。ボーダー国境に着いたようだ。ついについたボーダーだ、よーし。ボーダーにはサミットトラベル会社から連絡を受けていた青年が待っていてくれた。アー助かるなー。

　国境の手続きを手伝ってくれた。わたしは「旧いカルネ」と「新しいカルネ」の２冊になっているためかなり手間どっているようだ……。１時間ぐら

いでようやくネパール側を通過できた。渓流の山からの水しぶきを避けながら鉄条門をくぐり中国・チベット側に入る。100mぐらいの陸橋がネパールと中国・国境になっている。中国側ではまず簡単なオートバイの消毒を受けた。入国手続きは10分ぐらいで終了。

ネパールと中国チベット国境。橋を渡ってチベットに入る。前方に見えているのはチベット側。これからもヒマラヤ山脈を越えていく

橋を越えるとチベットのトラベル会社の人が現れた、待ってくれていたのだ。これからお世話になるドライバーとガイドの2人である。よろしくお願いします。さっそくオートバイのボックスをはずして四輪クルーザーに積み込んだ。カーブの多い山道を3キロぐらい走ったところのカスタムについた。ツアー会社の人が手続きしようとしたが「きょうは」「もうおしまい」と言う。まだ16時だが……時差でチベットでは18時になっている。

わたしはもう走る気力はなかったのでホッとした。予定ではあと30キロ走ったところの「ニャラム」までだった。クルーザーとオートバイはカスタム内に止めて小雨が降る中、国境の町のホテルに泊まることになった。街だけアスファルトになっている。部屋からはさっき走ってきた国境の橋がずーっと下のほうに見ることができる。山間のあの急峻の坂を上ってきたんだな。

晩飯は街の食堂へ。泊っているホテルのレストランは料金が高くてビール
だけ4人で飲んだあとカユカワさんと2人で街に出たのである。食堂で飲
んだ白酒はうまかった。ついに来たぞ、ついたぞ……チベットに……。

チベットに入った途端ぬかるみであっという間にすってんころりん

ようやく中国・チベット入国
2004年9月1日水曜　朝くもり　はれ　チベット

　10時にカスタムが開く、4人で向かう。天気はまずまず、ここは標高
2200mらしい。カスタムでネパールサミット会社とチベット旅行会社同士
確認したレターを持ってガイドが受付に渡す。お金を払ってすぐに終わるだ
ろうと思っていたが、しかしである……どうも雲行きが怪しくなってきた。
しばらくしてデポジットは100万円以上になると係官が話してきたと……
ガイドが困った顔して話す。このガイドは経験がないように見える。

　わたしはトラベル会社が発行したスケジュールの中にあった「デポジット
1500$」と書いてあるのも見せてドル紙幣「1500$」を見せて、これがオー
ルマネーだ。カトマンズを出るときこれで「OKになった」のでやってきた
のだと日本語まじりでまくし立てる。3人いる係官はなにかお互い話をして
いるがどうも「よくない顔」に見える。ツアーガイドやカスタムの人も動き

回っているが……どうなっているのかまったくつかめない。

　カユカワさんと「もしかして」「ダメ」に「なるかもしれんなー」と話す。13時を過ぎている。隠れるように「中国ナンバー」を持っている写真を撮ってもらう。「お金が足りない場合、その責任はチベット旅行会社が責任を持つ」と言う誓約書があればいいことになってきているらしい……。しかし、その誓約書に捺印する「印鑑」がないので「また」ダメになった。結局ラサの会社は遠いので「印鑑」は押せない。

ようやく中国・チベット入国手続きも終わり中国ナンバープレートを手にいれた「００００４」

　インターネットで確認できれば「よろしい」というところまで来た。13時過ぎ昼飯に向かう。ゆうべ食べた食堂に行く。食事を終えて今この日記を書いているところであるがすでに３時をとっくに過ぎて４時近くになっている。先程から雨が降り出してきた。ドライバーとガイドがこの食堂に来ることになっている。５時を過ぎたカスタムに行ってみる。

　チベットから「誓約書」のメールが届いたらしくもうすぐ「OK」になる

とのこと。6時ぎりぎりにようやく入国「OK」になった。うーん。丸1日カスタムにいたことになる。限られた時間なので粥川君が30キロ先の「ニャラム」までこれから走ろうと言いだした。見知らぬ道……なにがあるかわからない……わたしはきょうは「いかない、走らない、動かないと」と受けつけなかった。きのうと違うホテルに泊まることになった。

運転手の王さんは、ここらあたりの街は知り尽くしているようであっちこっちに女性の知り合いがいる。入国できたことでホテル前の食堂できのうに続いて「白酒」でまずはカンパーイ。あしたは一気に平均標高4000mのチベットに向かうことになる。

「本格的ヒマラヤ山脈越え」に入る
2004年9月2日木曜　くもり　朝20℃　はれ　中国国境〜ニャラム

1日遅れの出発になった。朝9時40分スタート、ニャラムまで。すぐに山道にはいる。窓から顔出して中国語で「どっちを走ってるんだと」止まったトラック運転手に「何を言われたのだろう」いきなり怒鳴られた。きょとんしている自分がいる……あーここは右側通行なのだ！ようやく言われたことの意味がわかった。でこぼこ道になってきた。真上から水しぶきが落ちている。すごい勢いで滝のように落ちてくる道も突っ走る。

深い山々、深い谷、くねくねのカーブが続く。陽があたり黒光りする岩も出てきた、なんか不気味さを感じる。緊張しながら登っていく。日本では見られない山岳道路。本当に山奥にはいってきた感じだ。地元のジープだろうか急な坂道で苦戦している。途中の登りからそろそろバックして勢いをつけて登るがダメだ。バックして煙を出しながら勢いをつけて何回か繰り返してようやく登りきることができたのを見届ける。

ジープのあとをローギアーで急な登りをすんなり登ることができた。しばらく走るとガソリンスタンドが現れる……出来たての新しいガソリンスタンドのようだ、給油する。ここはニャラムの入り口だった。村には両サイド200mぐらいにホテル、食堂、お店など並んでいる小さい村の商店街。ここ

まで 30 キロを 2 時間かかった。村の街は 200m ぐらい……ここニャラムは
標高 3700m……一気に富士山とほぼ同じ高さまで来た。

「どっちを走ってるんだー」わたしは左を走っていたらトラックの運転手に怒鳴られ
た。ここは右側通行なのだ。だんだん険しいヒマラヤの中に入っていく……不安も
つのる。オートバイは相棒の粥川さん。

頭上から大量の水しぶきなど浴びながら山深いヒマラヤを登っていく

　白いバッファリンの子分みたいな錠剤のクスリ。トラベル会社からもらった高山病予防のクスリをきのうから飲んでいる。まだお昼を過ぎたばかりであるが高山病予防のため今日はここまでのようだ。ホテルに荷物を置いて食堂の２階に上がって昼飯をとる。村の街を散策しながらガソリン予備ポリタンクを買い求めた。

2004 年 9 月 3 日金曜　朝 15℃　はれ　ニャラム〜チングリ

　ゆうべ下痢気味で 11 時ごろトイレに起きる。先客がいたので廊下で待っていた……するとネズミがわたしの部屋にはいろうとしている。追い払おうとするとネズミはあわてて向かいの部屋にぶつかって逃げた。先客のトイレが長ーい。3 回目、我慢できなくなってドアーを強く怒りを込めてたたく……。外人だろうと思っていたらしばらくしてニコニコしながら出てきたのは運転手の王さんだった。ごめん。

ネズミからビスケットのプレゼント？

　部屋に戻りベッドにはいるとガサガサ音がする……食べ物はないはずだがなー。そのうちまくら元に来たような感じがした。追い払おうと右手でスーっと手を伸ばした。手に当たるものが……板切れか？壁がはがれたのか？うん？手でつかめる角のあるものだ……手に持って匂いをかぐと甘い香りがする。となりにはカユカワライダーも下痢気味で早目に寝ている。

　「板切れ」なるものをつかんで廊下に出て確かめるとなんとビスケットだった。なぜ枕元に置いたのだろうか。みじめな旅を続けているのを見てネズミは恵んでくれたのだろうか。ビスケットは廊下に置いたままベッドに戻る。朝起きてみるとまだそのままビスケットは残っていた。カユカワさんもビスケットは持っていないと話す。ネズミの行動に不思議さが残る一夜だった。

　9 時 30 分ホテルを出発、きょうはチングリまで 150 キロの走りになる。どうなっているのかチベットの道、わくわくしながら走る。赤土の登りにかかる……カーブにかかってグリップふかせるが力が出ない……そのまま転んでしまった。おかしいなー？うしろから来た別の旅人クルーザー車 2 人に

起こしてもらった。エンジンはかかるが黒い煙が出るだけで力が出ない。

　カーブの先で待っているドライバー王さんのところまでどうにかたどり着いた。王さんはプラグだろうと6本をはずす、6本とも真っ黒に汚れてしまっている。20分ぐらいかかってブラシで汚れを落としてもらうとエンジンは生き返った。ウン大丈夫だ「チカラ」が出てきた。峠に登りついたところでカユカワさんが「どうしたのか」と心配そうに待っていた。だいぶ待たせたようだ。エンジンが調子悪くて……と説明「悪い、悪い」。

峠に入ったらパワーがなくなり転倒した。ドライバー王さんにプラグ交換してもらった

　峠から白い山々は雲におおわれながらも姿を見せている。平均標高4000mと言われるチベット高原、あたりに樹木は1本も見あたらない。これがチベットなんだぁ。

　5000mを越える峠についた、とても5000mを越えているとは思えない。パキスタンのフンジュラブ峠4900mでは歩くだけでふらふらしたが、きのう3700m地点で身体を慣らしたからなのだろうかそれとも高山病予防の薬のおかげだろうか何ともない。

　よし、いいぞいいぞ。まぁ高山病は怖いからかからないほうがいい。峠まではそれなりに走ってきた。今度はいっきの下りになってきた。ぬかるみの道が出てきて深い車のわだちが数カ所あった。いったん止まって走りやすい

ところを探し確認してそろそろ通過する、怖いな〜。幸い転ばなくて済んだが太陽も出てきて緊張と冷や汗でびっしょりになってしまった。寒いと聞いて厚着して出発してきたのだ。

5000m越える峠この手前でエンストしたのでプラグを交換してやっと着くがまわりの景色ゆっくり見るひまなどなし。前方にいるのは粥川ライダー

チベット高原、登りのカーブでパワーが無くなり転倒。運転手の王さんにプラグを拭いてもらって少しパワー復活

　丸首シャツ、長そで、レインコートも脱いで走ることにした。脱ぎすぎたかなと思ったが長そでにチョッキの皮ジャンだけで走る。思いもしない平らな道になって車が通ったあと今度はほこりが「もうもう」と上がって先は見えないほどだ。小さい村チングリについた。14時54分だ。ホテルにはいる。南の方には白いヒマラヤの峰々が続いているのが見える、しかし山の頂は雲にかくれている。

標高の高いチベットは山の上に行くにしたがって湧き水が出てぬかるみの道が続く

　村に入ったとたんに短いアスファルトになった。「ヨーシ」スピードをあげよう……とするがスピードが上がらない60キロ以上は出ない……おかしいなープラグのせいだろうか。ドライバーの王さんと相談して紙やすりと汚れおとしのスプレーを買いに行く。丁寧に王さんはプラグの汚れを取ってくれた。王さんなにげなくオイルケージを見た……ケージ棒にオイルは写ってこない……おかしい。

　オイルとガソリンが一緒に燃えているのではないか……と王さん。これじゃ補給しなければとオイルを買いに行きケージまでオイルを補給した。あぶないところだった。焼きついたら大変なことになるところだ。ここのホテルは4700m地点。ジャスミンに白酒を混ぜて飲む。

　そういえばホテルに着いたとたんオーナーは白い「たすき」みたいな長い「布」を首にかけるようにとカユカワさんと2人にプレゼントしてくれた。白い布は「魔よけ」なのだろう。クルーザー2、3台が中庭に止めてあるその中庭にオートバイを止めてカバーをかける。中庭のテーブルでティをごちそうになる。

チベット高原……平均標高4000m。エベレストから降りてきたところの宿屋

ヒマラヤ山脈「標高5220m」の標識のある峠
2004年9月4日土曜　朝　10℃ジャスト　はれ　チングリ～ラーセ

　寒い寒いぞとカトマンズで聞かされていたのでシュラフをベッドに持ち込んで寝る。このホテルはドアーなど調度品は旧い彫刻像で飾られている。乾燥しているのか夜中に数回水を飲むが寒さは感じない。朝オートバイの温度計は10℃を指していた。8時に起きるようやく朝が明けたような感じ。ホテルの女性スタッフたちもトイレに向かう。トイレは男女別々になっている。

　2人できるように仕切ってある……が立ってみるととなりが丸見えになる。なれないと気になるなー。朝食をすませ9時半にスタート。きのうとスタートした時は平らであったがすぐに山岳の道になっていく。ガタガタ

道が続いて……これはじゃノーマルのオートバイじゃ無理だ……泣きたくなる。道に沿って川があるのか、川に沿って道が続くのか……当然に自然が川を造り人間は道を造ったのだろう。

　川、牛、雪山を入れて写真など撮る。これまでこういう風景は見たことはない。カユカワさんの高度計は 4700m をさしている。ガタガタ道、ぬかるみの道、先を走っていたカユカワさんとクルーザーは休んでいる、そこを通り過ぎて走り続ける。パワーが出ない、とうとうローギアーでも登れなくなってしまった。エンジンはかかるがパワーがない。峠らしき飾り門が見える、あと 500m ぐらいだ。

　ここまではトップでは走れなくてほとんどセカンドかサードで走り、ひどいガタガタ道はセカンドやローギアーで吹かせながら反クラッチで走ってきた。しばらく休んだらエンジンかかりパワーも少し出てきた。座った運転より立ったまま……が軽くなるのか……そろそろと登りきり、峠についた。門には幾重にも旗がなびき重層なものになっている。旗は「タルチョ」というらしい、何もかも忘れて写真を撮る。

　現地の人 10 人ぐらいたむろしていたので一緒に写真に入ってもらった。読めない看板の中に「5220m」の文字、おそらく標高の数字だろう。オートバイをそこの前まで動かそうとしたらコケてしまった。疲れているのだ。粥川さんもオートバイを動かして写真を撮る。いま 14 時あと 1 時間できょうの泊る村につくと運転手の王さんは話す。下りになったきのうと同じぬかるみで深い轍も出てきた。

　手前で止まって通りやすいところを確かめる。そろそろ走り始めたとたん滑って転倒してしまった……。あーあー、うしろから来たクルーザーの王さんとガイドに手伝ってもらう。何カ所かぬかるみの道がでてくる、出てくるたびにオートバイを止めて通る道を確かめる。ぬかるみを通るたびに緊張してくたくたに疲れてしまった。Ｔ路地に出た、これまでもひどかったが前から後ろから車が来ると周りがホコリで見えなくなる。

　ラーセ Lhartse の村のホテルについた。このホテルは雰囲気がいい、さっそく部屋に入る。カユカワさんは近くに温泉があると聞いてオートバイで出かける。クルーザーの王さんとガイドは遅い昼飯を食べたあと昼寝に入ったようだ。わたしはきのうのような疲れはない……三日分の日記を書いている。いま17時18分雲の間から青いきれいな空色が見える。

　ホテルについたのはジャスト15時だった。きょうは150キロを5時間30分かかった。50キロを2時間弱かかったことになる。まぁ今日は1回だけの転倒ですんだ。あしたからどうなるのか不安だ。

ヒマラヤ山脈「標高5220ｍ」の標識のある峠。地元の人と一緒に撮った人なつっこい地元の人だった。お互いに何を話しても言葉わからず笑っておしまい。なにをしていたのだろうかとあとになって気になったがあとの祭り。

2004年9月5日日曜　ラーセ～ギャランテ
　ラーセを9時30分出発。南に見えるヒマラヤ山脈は雲にさえぎられている。シガテまでは相変わらず山岳道路……ガタガタ道、水たまり、わだち、石ころの道が続きシガテから80キロはアスファルト道路。きょうも途中で

エンストしてプラグ交換しながら走ってきた。アスファルトになってもスピードが出ない……どんなにグリップを絞っても 60 キロ以上は出ない。パワーが出ない……なんとももどかしい。

夕方ギャランテについた。ここまで来るのに街に入ったのに農道の狭い道に入っていく……大丈夫かいな。「あー」「おー」狭い道の工事中で通れるのか……まぁ転倒しても工事の人たちがいるのでと開き直って突破する。今度は右折だ……これは曲がれない。いったん左に入ってUターンしてはいり直してクルーザーのあとを追う。なんでこんなところを走るんだ……いらついて怒鳴りたい気持ちになった。

ホテル前入口の道路がここも工事中……段差のある縁石を越えてホテルの中庭に飛び込むように入ることができた。ホテルの風呂……いやシャワーを浴びて一休み。オートバイのスピードが出ない原因をつかみたい。カユカワさんがあらかじめオートバイ屋を探してくれていた。オートバイ屋はエアーフイルターが完全にいかれている。交換しないと「ダメ」とても「ラサ」まで「もたない」とオートバイ屋は話す。

結局プラグだけ交換してホテルに戻る。もうくたくた……再びシャワーを浴びてもうー我慢が出来ない、ビールをとりあえず 1 本だけ一気呑み。晩めしはとなりの食堂で「カンパーイ」「ごくろうさん」でした。地元の人で食堂はにぎわっていた。この街には近くに「ラサ」の「ポタラ宮」そっくりな山ほどの神社みたいな建物があった。これは有名な建築物なのかもしれないと思って写真を撮る。

2004 年 9 月 6 日月曜　ギャランテ〜ラサ

きょうラサまで 440 キロ山岳道路を走ると聞く。朝 7 時と早く出発。ホテルスタッフは床に毛布を敷いて寝ていたので起こして玄関を開けてもらう。200 キロまではプラグを交換したので 70 キロのスピードで走れるようになった。ところがである、川のそばの石ころのガタガタ道を過ぎると登りになった。登りになったとたんにパワーがなくエンジンが止まってしまう。

そしてあーブラグを交換して３キロも走らないうちにまたもストップ。

ギブアップ！トラックにオートバイ運んでもらうことになった

　もうダメだ！トラックをチャーターして運んでもらおう……。トラックを止めてもらうようにガイドの人にたのんだ。昨夜ホテルで最悪の場合のことを考えてトラックで運ぶ場合「いくらぐらい」かかるか聴いていた。ホテルの人は２００元（3500円）ぐらいだろうと話していた。１台目「ダメ」、２台目もダメ、３台目中型トラックが止まってくれた。トラックは穀物など載せていて幸いに７、８人ぐらい乗っている。このぐらいの人数が乗ってないとオートバイは載せあげることができない。運送代３００元（約5000円）だと話す。

「ＳＯＳ」高所のためエンジンストップでギブアップ。通りがかったトラックにたのんでラサまで運んでもらい助かった

　２００元でどうかと交渉したが３００元とゆずらない。仕方ない３００元5000円で頼むことにする。トラック荷台の荷物をいったんおろして７、８人でオートバイを積み込んでもらった。そしておろしたやわらかい穀物み

たいな荷物をオートバイの周りにガードするように積み込んでロープをかける。オーこれで大丈夫だろう。ラサのホテルまで運んでもらうことになった。まずはよかった、よかった。

ラサの標識が出てきてホッとする

チベット高原のお店。ビスケット、ジュースなど売っていた雑貨屋さん

なぜかトラックや牛ものんびり

　わたしはクルーザーに乗っていくことになる。峠4700m、5400mのヒマラヤ山脈の峠は続く。さすがに5400mの峠は空気が薄く感じられる。相変わらずガタガタ道ぬかるみ、わだちは次から次に出てくるチベットの道。こんなに道が悪ければ景色などおちおち見てばかりいられない。はじめて雪山のそばを通っていく。

　すがすがしい川が出てきた。川の清流にいやされる。車に乗っていてもこれからのオートバイのことエアーフイルターのことなど頭によぎる……。日本から取り寄せなければならないのだろうか……そのための受け取り先のアドレスなど不安がつのる……部品が到着するまで結構日数がかかるのだろうなー。頭の中はこれからのことでいっぱい。カユカワさんは順調に走り続けている、いいなー。やっぱりオフロードオートバイは楽で「いいなー」。

チベットの宿屋とお店

チベット・ラサに到着

　途中でホテルまで案内するためだろうかガイドの人が別れ道でオートバイを乗せたトラックを「待つ」と言って降りた。クルーザーは街に入った。ラサの街らしい……暗くなってきた、左にでっかい宮殿……アーこれがラサの「ポタラ宮殿」だ……でっかい宮殿だこと……しかしオートバイのことが気になって感激も半分。ホテルに9時に着いた。すぐにシャワーを浴びて食事に向かう。

　11時頃ホテルに戻るとオートバイをおろしたトラックが出てきたところだった。「ありがとうございました」トラックのみなさんにもガイドさんにもお礼を言った。結構にぎやかで活気あるラサの街に感じる。

2004年9月7日火曜　はれ　いい天気　はれ　暑い　はれ　一時小雨　ラサ

ゆうべは疲れていたがあしたの段取りを頭の中で整理する。朝10時前にトラベルツアークルーザーの運転手王さんがホテルに来る。ガイド以上に気を利かせて頼りになる王さんだ。そのあとチベットの「ヤク・トラベル」会社のオーナー「ジョー」さんは立派な車で来た。ジョーさんにカトマンズのトラベル会社から預かってきた大金の「現金」をまず渡した。そのあとオートバイの修理について相談する。

　しばらくしてジョーさんはオートバイ屋を連れてきた。プラグを交換するとエンジンはかかった。おかしいな……朝起きて王さんとプラグの交換をしてみたがエンジンはかからなかったのに……今はすぐにエンジンがかかった……。まぁいいや、そのままオートバイ屋までそろそろと車のあとをついてかろうじてオートバイ屋についた。12時を過ぎている。オートバイ屋で昼飯をごちそうになった。

　オートバイ屋スタッフ5、6人全員で食事は15分ぐらいで終わる。すぐにオートバイのエンジンをばらしにかかる。エンジンをばらすのをわたしは初めてみる……「へー」水平六気筒と言われるエンジン。ノズルに電線のニクロム線を何本か「よって」差し込んでいる。ガソリンの噴出する量を少なくするためなのだろうか、わからないが……おそらくそうだと思う。

　ばらしたエンジンの中を初めてみた。右側3つ、左側3つ……水平六気筒といわれている。電線の差し込みは終わった、エンジンを組み立て直してエンジンをかけた。音そのものは以前と変わりなく……一気に吹かないばかりか……バリッーバリッと音がする。これじゃだめだ！ここの修理屋じゃ無理だな。音を聞いてわたしは渋い顔をしながら店の人に顔を左右に振る……あきらめるしかないのか。

　5時を過ぎた。2人はふたたびエンジンをばらしにかかる。きょうは無理だな。オートバイはそのままにしてホテルに戻る算段をする。2回目はリード線を少し太めにして差し込んでいるようだ。しばらくして組み立ては終

わった……エンジンをかける。オッいいじゃない……。しかしグリップを戻しても回転数が戻らない……ちょっとちぐはぐな感じだ。オートバイを外に出してスタッフはテスト走行してみた。

　馬力は出てきた……完ぺきではないがこれなら走れそうだ。エアーフィルターは汚れていたがそれが原因ではなかったのだ。標高4000mのチベットは空気が薄いのでガソリンの噴出が多すぎたのだろう。よし……出来上がりは80%ぐらいだろうか。夕食はトラベルのジョーさんがおごってくれるという。大金を運んだお礼なのだろうか、立派な中華レストランに連れて行ってもらった。

　豪華な中華料理、ビールなどたっぷりご馳走になった。帰るときレストランの階段でカユカワさんは足をネンザしたようで心配だ。今日とりあえずオートバイの修理が終わった。ひとまずは走れる状態になったので心配ごとはとれた。なにしろ部品を日本から取り寄せることばかり頭にあった。「アー」それもたった1日ですんだことは「よし」としなければと思う。

　レストランから10時過ぎホテルに戻る。ここにきて異常に乾燥して「のど」がカラカラになる……口の中も……濡れたタオルをかけたいぐらいである。寒い寒いと聞いてきたが、朝15℃、昼間25℃を越えている、30℃になるときもある。きょうのオートバイの修理代700元約1万円だった、高いような、安いような、いいやもう終わったことだ。

チベットラサ、ポタラ宮の前で記念写真撮る
2004年9月8日水曜　はれ　はれ　暑い　ラサ
　両替のため銀行へ。ホテル前夫婦でミシンを出しているところでベルトを直してもらう。カユカワさんと洗車場を探してオートバイをきれいさっぱりさせた。チベットは平均標高4000mポタラ宮に向かう。広〜いポタラ宮の広場にオートバイを止めてあっちこっちで記念写真を撮る……何十枚も撮った。観光客はちらほらと少ない。そういえば外人を見かけないな。

オートバイを洗車してきれいにしたオートバイで粥川さんとでっかいラサ・ポタラ宮に行き……記念写真を何枚も撮った

チベットは中国ナンバー「00004」をつけて走る規則になっているようだ。

ネパールからヒマラヤ山脈越えてとうとう自分のオートバイでチベット・ポタラ宮までやってきた。写真で見たときでっかいお寺だとあこがれていたポタラ宮なのだ。やっぱりでかい。

ポタラ宮の中を見学
2004年9月9日木曜　はれ　ラサ

　朝8時半に運転手の王さんが来てくれた。新しいホテルに移るためクルーザーに乗って、今までの通訳と違って日本語もできる新しい通訳も一緒にやってきた。荷物を2、300m先のユースホステルに運んでもらった。オープン第1号宿泊の2人である。きのうもホテルはバタバタしていたがきょうは営業開始なのでスタッフも忙しそうに動き回っている。

　ヘー珍しいオンドルの部屋も何部屋かある……右左の部屋を眺めながら2階のベッド部屋に入る。きのう来た時宿泊代50元700円を45元に負けてもらうのに精いっぱいだったが……今日来てみると40元560円になっていて……助かった、いいぞぉー。きょうポタラ宮内に登ることにした。予約券が必要らしい。通訳にパスポートを預けて「入場券」を買った。入場は午後12時45分からになっている。

　いま 10 時半なのでほかのお寺へ……「大しょう寺」とかいうお寺は信者の人たちでいっぱいだ……暗い部屋の境内を見学した。昼飯をすませてポタラ宮に入る。だらだらした上り坂……ラマ一世から十四世までの部屋がある。すごいもんだなーと建築物を見ながら想う。あこがれのポタラ宮……でもあったが……中の建築物にはあまり興味はなかった。

　外からだけでもと思っていたが……こうして中まで入って見てみるとやっぱり来てよかった。実際自分の目で見るとそのすごさを肌で感じる。ラマ六世は女性関係で殺されたとか通訳の話。「男と女のことだもの自然なことでいいのでは」とわたしは話した。いまでも大衆から「親しまれている」と聴きながらなるほど……人間らしくてとも思った。あと便所はどうなっている。

ポタラ宮、屋上から思っていた以上に区画整理されていて驚いたチベット・ラサ市内を眺める。

　通訳は知らないと話すがわたしは「人間は食ってうんこする」のが基本だから必ずあるはず……やっぱりあった。一直線に溝を幅 3、40 センチを 2、3m に切り取って足置き場を 2 人分造ってある。2 人同時に用をたすことはなんてことはない。この時代の習慣だったのだろう、4 人分できるようになっ

て仕切りなどはないので丸見え。男女別々になっていたのかどうかはわからなかった。

2004年9月10日金曜　ラサ

　ゆうべは日本人旅行者たち・カナダ人8人食堂での夕食会に出かけて行った。そう言えば中高年やわたしなど老人は見かけないが若い日本人は結構見かける。お互いに自己紹介しながら情報ももらう。朝9時に朝食はとなりの食堂でたべてインターネットに行く。久しぶりだったので3時間も打っていた。西チベットへの移動は12日と決めてカユカワさんがトラベル会社に連絡してくれた。

　少し風邪気味で風邪クスリと高山病予防のバッファリンの子分みたいな白い薬を飲んだ。新しいホテルだけに布団はふっかふか……昼寝も気持ちがいい。

2004年9月11日土曜　朝から雨が降っている……かなりの雨だ。　ラサ

　うーんこれじゃあしたの出発大丈夫かな……ぬかるみの道……がけ崩れが起きてないか心配になってきた。お昼頃雨はやんでくれた。空は黒い雨雲だ……。カユカワさん、あしたも雨だったら出発を見合わせよう。「OK」カユカワさんはトラベル会社に電話を入れてくれる。トラベル会社も「OK」。雨でなければランクルーザーがホテルに向かうとのこと。

　午後郵便局で切手を買い、フイルムを買ってガソリンスタンドで満タンにいれた。最後の夕食安食堂でカユカワさんと名物の鍋焼きうどんを食べる。新しいこのユースホステルには100台ぐらいのパソコンを備えてある。土曜のため夕方から満杯であったが食事を終えていくと……ようやく確保できた。スタッフに頼んで自分の名刺をドアーに張りつける。ここのユースホステル、何せ泊り客第1号の2人なのだ。

さーこれから西のカイラス山に向かう
2004年9月12日日曜　はれ18℃　はれ　はれ21℃　ラサ〜シガティ

　なかなか寝付かれない2時過ぎにトイレに起きた……ついでに白酒をあ

おってベッドに戻る。いつの間にか寝入っていた。7時過ぎに目が覚める。気になって窓を開け空を見るといい天気になっている……いいぞー。四輪駆動のクルーザーが来る前にすぐに出発できるようにエンジンをかけておこう。荷物をフロント前においてオートバイのエンジンをかけた……「クークー」いうだけだ？うんん？

ええーっ。エンジンがかからないときドライバーの王さんが以前モーター付近を工具で「コンコン」とたたいていたことがあったので、同じように叩いて……セルを回すとエンジンがかかった。アーよかった。9時前にクルーザーが来た。きょうからガイドは「トウカイ」さんに変わったようだ。日本人の名前のようだが中国人30歳ぐらいか。運転手はそのまま王さん……35歳ぐらい。すぐに出発ラサ市内はマラソン大会で混んでいる。

う回しなければならないようだ。大回りして本線に出る。市内のアスファルト道路を80キロ走った。ラサに向う時大工事が続いていた。いまその工事を左に見ながら走り続ける。最初高速道路なのだろうかと思っていたが違うらしい。雲南からラサそして敦煌あたりに抜ける鉄道の工事だと分かった。山をくりぬき畑を削りそれにしても直線にする大工事が続いている。ぬかるみの道も転ばずにきた。きのうの雨はこの辺は降らなかったのだろうか、土ぼこりがすごい。真っすぐに走ると敦煌、カシュガルあたりに抜ける道のようだ。温泉の湯むり施設を過ぎる。本線から左に曲がって西チベットに向かう。きょう走る距離の半分走ったところで簡単な食事。

5443m の峠

いよいよ難関の峠越えが待っている。スピード100キロを出してもここまではオートバイの調子もいい。思った以上に走れるのがうれしい。これから160キロ走り2つの高い峠を越える。峠に来たカユカワさんの高度計5443mだと教えてくれたので紙に数字を書いて写真にとる。第一峠まで3時間かかるだろうと計算していたが半分の1時間半で来た。2番目の峠を見たとき馬・牛しか通らないような坂道に見えた道路。意を決して登っていく。

粥川さんが着けている高度計は「５４４３ｍ」を示していた。今日１つ目の峠
わからないけれど後方の山はもしかしたらネパールの「マチャプチャレ」かも？

テントで営業している食堂の皆さんにお願いして一緒に記念写真を撮らせてもらった

　この峠では止まらず走る。下りをトラックのうしろについていた……トラックが止まった。アーッ。ブレーキを踏むと「ズズー」とタイヤが滑る。もう少しでぶつかるところだった。カーブでは前から来たトラックともう少しで衝突しそうになる。ブレーキ強く踏むとズズーと滑る。ロックがかからないようにいったんブレーキを緩めて再びブレーキをかけて事なきを得た。難関の160キロガタガタ道は終わった。17時ジャストである。

　予定より2時間以上早く着いた。アスファルトになった、シガティ市内まであと80キロ。スピード120キロを出してもなんともない。アー、オートバイのパワーが戻ってきたようだ。よかった。

　シガティに18時10分……1時間ちょっとでついた。きょうの走りは峠のために防寒着を着ていても暑さを感じなかった。ホテルについたあとナンバープレートが取れそうになっているので補強して締め直す。9時すぎに隣の食堂で夕食。マッサージを頼んでみたが高かったのでやめた。11時過ぎベッドに入るが夜中にセキが出てタンも出る汚たねーと自分でも思う……まわりはもっと聞き苦しいいやなセキとタンだったろう。

長い長い川を渡る
2004年9月13日月曜　15℃　はれ　ここはあたたか　シガティ〜ラーセ
　9時すぎにカユカワさんはガイドと一緒に古いお寺を見に行った。なんだか珍しい大きなお寺とか……興味がなかったのでわたしは残って日記を書く。12時ごろラーセに向かって走る。来るときぬかるみで転んだ場所に来た……。ぬかるみも天気が続いたせいかどうかわからないが乾いていて難なく通れたので助かった。18時前に1回も転ばずにラーセの街についた。

　穴だらけの道……それをよけて走ってバウンドする道を走ってきた。沼地の中をトラックの走った足跡を見つけて……立ち止まっては足跡を見つけて走っては止まってルートを見つけて、沼地を走り抜けた。止まってうしろを見る、バックを支えるパッケージ軸が折れてしまっている。ゴムひもで応急処置してホテルまで走った。ホテルにいた現地の人に指差してここが折れて

いる、「修理屋」はないかと聞く。

川というか沼地橋がない川が次から次と出てくる泥沼の川渡りには参った。ここは長い５００ｍぐらいはあったろう

　その方はなんとホテル前で鉄骨屋をやっているオーナーだった。さっそく鉄骨屋の広いコンクリート庭にオートバイを運んだ。鉄板２枚をパッケージに合わせてビスのようなホックのようなもので止めてあっという間に直した。右側も弱そうだったので同じように張り付けてもらう。さらにナンバープレートも薄い鉄板を折り曲げて落ちないようにがっちり直してもらった。100元1400円だった。夕食は鉄骨屋のとなりの食堂にはいる。

　茨城県からきた日本人青年が１人で食べていたのでいっしょのテーブルに誘い旅の話をしばらくする。あいさつもなしに彼はだまって帰ろうとした、酒が入っていた勢いもあって「だまって帰るのか」「お礼も言わないで」彼は戻ってきておれの首をうしろから締め付けた。日本人同士の突然の騒ぎにびっくりして店の人が止めにかかり喧嘩にはならなかった。「この礼儀知らず」と気持ちがおさまらない「茨城日本人」「出てこい」とホテル内を探したが出てこなかった。

泥沼につかまり泥だらけ

2004年9月14日火曜　ラーセ〜サガ

　きょうの朝は8時45分出発。サガ（薩嘎）までの予定である、わたしのふるさと佐賀と発音は同じで親しみがわく。ガタガタ道……工事中の土の山……わだち……じゃり泥みち……わだちの長いぬかるんだ道で転ぶ。泥んこになってしまう。「よっし」の「覚悟」に気持ちを切りかえて走る。いままでにないけわしい道だ、きのうと同じドライバーの王さんは笑っている。チベットの人は驚くはずがない……これがチベットの普通の道なのだ。

　川に出た……橋がない。行くしかない……向こう岸が見えない長ーい川だ。トラックの走った跡を見つけて川にはいっていく。

　トラックが泥沼にはまって片方のトラックは太いワイヤーロープでけん引していたがブッチーンとワイヤーロープがちぎれてしまった。見とれてる場合じゃない！今度は俺たちが乗り越えていかねばならね。

　いったん浅瀬の場所で止まって次のルートを見つける。今度はクルーザーのうしろにつく。あーっおっ抜けれると思ったとたんに沼地につかまってしまった。オートバイマフラーにブクブク、ボコボコと泥水が不気味な音を立てながらはいっていく。まずいことになったぞ。笑いながら見ていたクルーザーの運転手王さんたちに起こしてもらった。ズボン、ブーツの中にもどっ

ぷり泥が入ってしまい泥だらけになってしまった。「チャンと浅いところを
走ってくれ」と文句をいう。

川に橋のない長ーい川……チベット高原を走る

カイラス山に向かって走っている。つるっと滑ってあっという間に90度の向きになる。
幸いにケガにはならなかった。これで今日2回目かな。いや3回目

滑って右薬指骨折

　2、3回エンジンをかけると煙を上げてかかった……あーよかった。橋のない100m近い川を渡りきった。こんどは長いわだちの道になる……大きくえぐれている道の石であっというまにツルーっと滑ってしまった。イテー、このとき薬指を突き指した。棒切れを薬指に充てて添木にした。また川に出た今度は短い川だ……。わだちが出てきた……川が出てきた。今日は4回も転んだ。もうくたくたに疲れてしまった。指がずきずきと痛む。指が腫れてしまい皮の手袋が入らない……軍手をつけて運転した。小さい町というより5、6軒の集落についた……食堂もある。いま1時である。

抜けられると思ったがつるっと滑って右手薬指を突き指、手袋がはめられなくて軍手でしのいだ。痛くてしょうがない。骨折していた。帰国した現在も曲がったままだ。

　アー指が痛くて「もう……ダメだ」とみんなに話す。ドライバーの王さんが今日はここで泊っていこうという。カユカワさんもOKしてくれた。なんだかほっとした。ホテルは食堂の正面にあった。食事のあとさっそく泥でべっとり汚れたブーツはそばにきれいな水が流れている細い溝で洗い、指が痛くてズボン、ジャンバーはホテルで洗ってもらった、3元42円。アーイテーイテ……。

　なんといっても長い轍、橋のない長い泥沼の水たまり…。これまでで初め

ての経験だ。ジャスト 120 キロを 4 時間もかかっている。いままでで最高ピカイチ最悪の道悪だ……まいった。泊ったところはサンサン（散々）という村。笑。

2004 年 9 月 15 日水曜　8℃　20℃　ジャケット着ていてちょうどいい
ラーセ〜サガ

10 時 15 分出発。きのう着くはずだったサガまで 160 キロ走る予定だ。きのうと同じ悪道だろうと覚悟する。やっぱり出てきた「わだち」いったん止まって慎重に抜けた。数カ所川渡りもあったがどうにか転ばずに渡った。さらさら流れている小川についた清らかな水だ。オートバイを河原に止めて 2 人とも洗車しよう。真っ黒によごれたオートバイの泥をとって洗う……だいぶきれいになった。

河原に出た……ちょうどいいや……渡る前休憩がてら……汚れたオートバイを洗う。だいぶきれいになった

しばし休憩をとった。サガまではメーターで計算するとあと 7 キロだ。ガソリンはリザーブになっているが……まぁもつだろう。きのうからの総計 280 キロを過ぎてもサガにつかない。ガス欠になった。クルーザーに積んで

いた予備ポリタンクに少し残っていたガソリンを入れる。しかしまたガス欠になってしまった。カユカワさんのオートバイから抜いて補給する 1.5 リッター。ありがとう。

ヒマラヤ山脈は延々と続く。しかし道悪でゆっくり眺めて楽しむ気持ちにならない……ヒマラヤ山脈の北側を走っていることになるのだろう。おそらく。白い山の向こう側はネパールだと思われる。

　ポリスのチェックポイントに来た……ガイドが 2 人のパスポートを集めて見せて終わり。それでも 10 分以上待たされた。しばらく走ったところでサガについたようだ。ガソリンスタンドを探す。給油のためスタンドには車が並んでいる……ホースからではなくてバケツのような容器に入れて給油している。時間がかかりそうだ、王さんがもう 1 軒あるスタンドにと引っ張っていく。そこのスタンドはホースで直接給油できている。

　待たずに給油できた。クルーザーに積んでいる予備のドラム缶とポリタンクにも満タンに入れる。中庭の広いホテルについた。ドミトリーの部屋になっているようだ。先にカユカワさんと食堂に行き王さんたちが来るのを待った。指の腫れも引かないし……皮の手袋もつけられない……あしたからの「カイラス山」にはここサガに「オートバイを置いてクルーザーで行きたい」「泥んこの道はもうたくさん」とみんなに話す。エベレストも残っていることだ

しここで無理をしたくなかった。

食堂は女性が料理していて男はみなかったなー

2004 年 9 月 16 日木曜　はれ　はれ　サガ～パリヤン

　サガ9時30分スタート。わたしはクルーザーの人になる……軽装にスリッパで乗り込む。16時10分小さい村についた240キロのところだ。サガからここパリヤン間道はいいと聞いていたが川渡りがないだけでぬかるみのわだち路面は相変わらず続き悪かった。高原の谷間を走ってヒマラヤ山脈は遠くに見え隠れするだけ……クルーザーに乗っていても疲れるなー。

カユカワさんのオートバイ川につかまりおぼれる
2004 年 9 月 17 日金曜　はれ　はれ　パリヤン～カイラス

　パリヤン10時10分出発、今日は目的地カイラス山までの予定。道は今までで一番いい感じだと思った。数軒かたまっている村についた。その直前クルーザーがパンクしてしまった。ドライバー王さんはスペアータイヤを交換してパンクしたタイヤをここで直そうと持ち込んだ。チューブは破裂していたので新しいタイヤを買って取り換える。30分ぐらいかかったろうか……出発。

2キロぐらい進むと川に出る。流れがあり深さもありそう。浅いところを探してまわり「よしっ」とカユカワさん突き進む、深みにはいり川につかまってしまった。オートバイは水没しておぼれる。けっこう水流もある。4人でズボンをまくりあげ起こしにかかり向こう岸に引っ張り出した。エンジンがかからない……。プラグ、ガスタンクのガス抜きをしてもダメ。押しがけしてもダメ。エンジンはかからない。

8時を過ぎている、あきらめてトラックで運ぼう……カユカワさんもあきらめかけた。隣では橋を造りかけている地元の人がいた。3人に押しがけしてもらったらエンジンがかかった。よかった、よかった。材料や機材をどかして造りかけの橋を渡って2キロ手前まで戻り泊ることになった。みぞれが降ってきた9時近い。そういえば霜が降りて朝方クルーザーのエンジンがしばらくかからなくなったなー。

西チベット「カイラス山」につく
2004年9月18日土曜（9月19日日曜　どこで間違ったのか？）　はれ
はれ　パリヤン～カイラス

9時出発。再びカイラス山に向けて走る……きのうの川に出る。サンダルのわたしは川下の浅瀬を見つけてカユカワさんに知らせる。今回は転ぶことなく無事に通過。しばらく走るとクルーザーがまたパンクだ。きのう新しいタイヤと交換したばかりじゃないの……また時間をとられる。きのうの夜今日は途中の温泉につかってカイラス山に向かうことになると聞いている。高原の登り下りを繰り返して温泉についた。

観光客のいないひっそりした大きな1軒が温泉浴場の造りになっている。となりで料金を払って浴場にはいる。浴槽は男5部屋・女性5部屋の区切りになっている。部屋はひとりはいれる浴槽……ぬるくはないが熱くもない。幸いガラス天井になっていて太陽が射し込み寒くはない。頭も洗った……5日ぶりの風呂。これから10日間は風呂には期待できないのだ。温泉の写真撮りそこなった。すぐそばには湖もあった。

温泉場の近くの湖を見学……外国人数人が遊んでいた。カイラスについたのは 14 時である。カイラス山は宿からちょこっと頭が見えるだけ。きょうカイラス山めぐりに向かうはずだったカユカワさんはあしたに伸ばすことになった。カイラス山を一回りぐるーっとまわるカイラス山めぐりは 1 泊 2 日かかるらしい。わたしはもうくたくた、とてもカイラス山めぐりの体力はない。

わたしから見ると西チベットの終点に感じられるここカイラスの村。住んでいるのは全部で 100 人ぐらいじゃないだろうか……ホテルは 1 軒か 2 軒か。食堂 3、4 軒、おみやげ屋は 2 軒ぐらい。泊るホテルというより宿屋と言った方がぴったりか……一階建てレンガ造りで土間にベッドを置いてあるだけ……。

泊っている宿の前はどこまでも続く平原になっている……雨期になると沼地になると地元の人に聞いた。風もなくおだやかな青空の気持ちのいい陽気である。その平原の中を歩いて河原に出て「カイラス山」を眺めに行った。大きく見えるカイラス山……思っていた以上に美しい。広い河原に写った逆さカイラス山……青空に映えるカイラス山とまわりを写真におさめる。南の方にはヒマラヤの雪山が並んで見える。

カイラス山に泊まった宿。土間にベッドだけ置いてあるだけ。標高のためなのか、お迎えが来たのかと思うほど息苦しくて早く朝が来てほしいと思った。

子守りを手伝う西チベットの子供たち。幼いころの自分と重なる

びっくりするほど盛装した親子。カイラス山の巡礼に向かうのだろうか、カイラス山のふもとにて。

宿に戻る途中盛装した女性の親子と出会った。カイラス山に向かうのだろうか……まさか行くまい……おそらく。写真をとらせてもらった。いくらかのコインをもちろん差し上げた。くすり指の腫れはなかなか引かない……宿でグローブに手を通そうとしたが腫れあがって指は入らないのだ。

青空の下近くの河原に出て撮った仏教の聖地「カイラス山」。
登山は禁止されているとか、すがすがしい感じを受けた。

2004年9月20日月曜　はれ　はれ　カイラス

　ゆうべは遅くまで寝つかれなかった、昼間寝ていたからだろうか、起きたのは10時過ぎ……今朝はきのうのような息苦しさはおきなかった。窓の外にマンモスみたいなヤク3頭がいた。さっそく写真におさめた……カイラス山に向かう人たちの荷物をどっさり背負っている。「重いか……」と声をかけたら歯ぎしりしていた。きょうも穏やかないい風もなくいい天気。昼はチベタン食堂でヤク肉のスープだけですます。

　カイラス山に巡礼に向かったカユカワさんについて行ったガイドが17時20分頃ひとりで帰ってきた。「どうしたカユカワさんは」ガイドはだまっている。カユカワさんは19時頃戻ってきた……先にひとりで帰ったガイドに

対してカユカワさんカリカリと怒っていた……当然だ。カイラス山巡礼一回りは結構厳しかったとカユカワさんは話す。まぁ無事でよかった。

体力はない。カイラス山の周回はせずに近くの河原に出てカイラス山を撮る

2004年9月21日火曜　はれ　はれ　カイラス～バーヤン

今日からエベレストに向かうため戻ることになる。川渡りしながらバーヤンまで写真は3、4枚だけ……心配していたクルーザーのパンクもなくバーヤンについた。ドライバーの王さんはすぐにパンクしているタイヤを修理場に持っていく。タイヤ修理屋はこれからカイラス山に向かうトラックやクルーザーで混雑していた。トラックの荷台にはどこから来たのか巡礼と思われる人たちがあふれる程満杯に乗っている。

2004年9月22日水曜　はれ　はれ　バーヤン～サガ

10時に出発。きょうはサガまで来た道を折り返す。同じく川渡り……長い轍も乗り越えていく……険しい道も一度来た道は気持ちが違いなんとなく余裕を感じる。

17時サガについた。預かってもらっているオートバイのエンジンをかける……最初はエンジンがかからなかった。工具でセルモーター付近をコッコ

ツたたくとエンジンはかかった……アーよかったー。これで安心だ。久しぶりにホテルにあるネットを打つ。

　こんな高原の果てでも「サガ」の街には丸いしゃれた高層ビルが建っていて「いやーすごいもんだ」と驚く。

いたるところに湧き水が出てぬかるみの道が出てきた。チベットの道

またギアー故障トラックでエベレスト麓まで運ぶ
2004 年 9 月 23 日木曜　はれ　はれ　サガ〜桑桑

　朝エンジンをかけると「カラー」と音がしたきりエンジンがかからなくなった……。アーッ。モスクワ、ネパールで経験した……又ギアーの歯車をやられたのだろうか。何回かエンジンをかけても「ズーズー」の音がするだけ……。ホテルの坂道を利用してエンジンをかけてみたがかからない。しょうがないトラックをチャーターして運んでもらおう。市内中を回って 2 軒目の運送会社みたいなところで交渉……。

　ラッチェまで 2 万 3000 円、うーん高いがしょうがない。午後 2 時の出発になった。今日は「桑桑（サンサン）」まで。

押しがけでエベレストに向かう
2004年9月24日金曜　はれ　はれ　桑桑〜ラッチェ

　朝9時に出発。朝食をとろうとしたが食堂は閉まっていたのでそのまま出発した。小型トラックに積んだオートバイ、きのうマフラーがトラックの荷台に当たってすり減っていた。きょうロープを締め直している。きょうは大丈夫だろう。4回も転んだ場所をきょう通るのだ……。うーんやっぱり険しい道が続く……ガタガタ道の峠を越えた。こんなところでエンストしたらとんでもないことになる。

　よくもこんなところを走ってきたなーとクルーザーに乗っていても感心する。考えようではトラックでオートバイを運んだのは正解だったかもと自分を納得させる。ラッチェに13時頃ついた。さっそくオートバイ屋を探してセルの修理を頼むが「部品」はないとのこと。修理は不可能になった。カユカワさんが「押しがけして」エンジンをかけようと提案した。押しがけしてもらったら……おーぉーエンジンがかかったぞー。

　わたしは「押しがけ」してもかからないと思っていたのでひとまず安心した。しかしエベレストまで走れるかどうか……途中で止まり、にっちもさっちもいかなくなったらおしまいだ。「覚悟」を決めた、よし行ける所まで行こう。昼間だったら途中で止まってもどうにかなるだろう。プラグを交換して途中止まったときはクルーザーにけん引してもらう「ロープ」を買いに走った。太いロープ10m10元140円だった。

　簡単にエンジンがかかるようになって少し気持ちもやわらぐ。NHK地球ラジオ「旅でござんす」担当者に電話を入れた、遅くとも放送予定の26日13時までに再度電話を入れることにした。夜はホテル前の食堂へ。

入山許可書を取ってエベレストに駆け上がる！
2004年9月25日土曜　はれ　はれ　ラッチェ〜チェーカル〜エベレスト

　さー大決戦！エベレストに挑戦だ。押しがけしてもらってエンジンをかけ8時20分早目の出発……クルーザーの2人には構っていられない、2人を

おいてカユカワさんと出発した。標高5220mの峠まで1時間ぐらい……来るとき転んでしまったぬかるみだったがいまは乾いて通過することができた。そういえば走りだしたラサから雨にはあってないな。

　チェーカル12時30分到着。この街でエベレスト「入山許可証」をとらなければならない。街の裏手にまわってオフィスで許可証をとった。クルーザー408元5700円ぐらい。オートバイと本人105元1500円ぐらい。街の食堂へ向かいオートバイのエンジンをかけやすいように少し「下り坂」に止めて食堂にはいる。ここは街中だけアスファルトになっている。13時に押しがけしてもらい再スタート。

このチェーカルの街でエベレスト「入山許可証」をとる。
クルーザー1500円（408元）　オートバイ本人1500円（105元）
登山入り口で許可書見せる

エベレストに向かって走る

　チェックポイントに再び戻りいよいよエベレストへ。どうかエンジンよ止まらないでくれー。気持がおだやかでなくなってきた。これからの道が悪い

と聞いているからだ。本線から左に入っていく……急に狭くなった。山道になり登りになってきた。だんだん急な坂道になりギアーはセカンドに落として走る。ジグザクの登りになってきた。1時間で1つ目の峠だ。この峠からはこれから進むヒマラヤの8000m級の山々を見ることができる。

一つ目の峠・エンジンはかけたまま休憩。8000m級のヒマラヤ山脈は前方に見える。グループの欧米人は自転車で走っていた。

すごいなー。これがチベットのヒマラヤ山脈の山並みなのか……羅針盤ならぬ「景勝地盤」?もあるがどの山がそれなのか……つかみきれない。あれが「エベレスト」と現地の人は教えてくれるがはっきりと目で自分は確認することができなかった。西欧の人たちだろうか、自転車でここまできているグループは何組もいる。カユカワさんたちは峠で軽食をとっている……わたしはエンジンをかけたまま写真におさめる。

前方がヒマラヤ８０００ｍ級の白峰群……走っている姿をカユカワさんと交代で写真に収める。エベレストに向かってヒマラヤ山脈を走る。写ってるのは松尾オートバイ

こんな高所でお米がとれるのだ

　ここからいったん下っていく道になる。今度はいろは坂ならぬ坂道を下っていく。カユカワさんとヒマラヤの山並みを入れて走っている写真をお互いに写真を撮る。下りきった分岐点に出た……。16時になっている。あと「50km」と標識が出た。ここが最後の村の食堂、宿もあるようだ。少しずつまた登りになってきた。村では稲刈り？こんな標高の高いところでも稲作できるのだろうか……不思議に思う。

　エンジンは止められないが、写真を撮っていたら村のおじさんが歩み寄ってきた。話したいがお互いに言葉がわからない……集落10軒ぐらいだった。村のはずれには牛を使って農作業しているのも見える。道が一段と狭くなってきた。イテー洗たく板の道に出くわした。骨折しているくすり指……洗たく板の振動で指に電気が走ったように「ビリーっ」と伝わって思わず右手がハンドルから瞬間的に「離れる」「痛さなのだ」。

ここはいったん下って、又上りになる。ヒマラヤを走る……登ったり下ったりの連続のじゃり道

海からせりあがって出来たエベレストの山。その表情を見せる岩肌。エベレストに向かう最後の村で稲作の収穫。こんな高いところでもお米がとれるんだ!

　右手は親指と小指だけでグリップを操作する。セカンドからローギアーに切り替える、この操作が続く。オートバイもあえぎながらの走りになってきた……あと30キロ、まだ30キロもあるのか。ネンザしている右手の手首が痛い……どうにも痛くなってきた……ここで負けるわけにはいかない、ガマン・ガマンだ。親指と小指だけ操作してきたが限界になってきた……突然、突然白い山が目の前に……クルーザー2台止まっている。

　もしかしたらエベレスト、そうだという。間違いないエベレストだ。初めて見るエベレスト。エンジンをかけたまま写真を撮った。近くにいた人にオートバイとエベレストを入れてもらって撮ってもらった。まだベースキャンプじゃないようだあと7キロか……。登りが急だ。

　10キロ走行になってきた……さっきから石ころのじゃり道になっている。転んだらおしまい……。ぱっと開けた広場に出た……ここがベースキャンプなのか。

エベレストだけが太陽に照らされてキラキラ光り輝いてきれいだった。

指の痛さ、疲れはいつのまにかどこかへ飛んでいってしまって、何とも言えない充実した気持ちになった。粥川さんのオートバイが見えてる。

粥川さんにはお世話になった。転ぶたびに起こしてもらった。彼がいたからこそ走りきることができたと思う。ありがとう。

キラキラ光るエベレストは迎えてくれた

　そうだエベレスト・ベースキャンプなのだ。5200m地点、カユカワさんと握手、ほんとにありがとう。心から思う。2人ともエベレストの見える正面にオートバイを移動させた。周りは石ころだらけ用心して移動させる。きれいな青空の中に白い山エベレスト、ここは中国だから「チョモランマ」と敬意を示そう。そのエベレストだけがきらきら光り輝いている。考えもしなかったところに来てしまった。

　ベースキャンプにつく手前で急に出てきたエベレストは大きく見えた。あーこれがエベレストなのかと感動！

全員で記念写真撮る

　ほんとうに来たのだ。きれいな山だ。もう二度とは来れないところだ。最高のポーズで写真を撮りたい気分。いままでオートバイの上で立ち上がったことはなかった……気持が高揚していたのだろう……自然にオートバイの上に立ちあがっていた。カユカワさんとかわるがわるエベレストバックに撮っ

たあと、周りにいた人たちに注目されながら頼んで撮った。外国人のツアーで来ていた人たちともいっしょに撮った。

皆さんお世話になりました。ありがとうございました。エベレストバックに
左から松尾、ガイドのトウカイさん、ドライバーの王さん、ライダー粥川さん

　なんとなくにぎやかな雰囲気になった。身体、手首の疲れはどこかへ吹っ飛んでいってしまっている。粥川さん、ドライバーの王さん、ガイドのトウカイさんともいっしょに並んで記念写真を撮った。どうもありがとうございました。オートバイの上に立ちあがったとき、なんとも言えないじわっとした充実した気持ちが上から下に身体を通り抜けていく。これが充実感というものか、60年間で初めて身体全体で味わった瞬間だった。

ベースキャンプ・ロンブク寺に泊る
　記しておこう 2003 年 9 月 25 日エベレスト・ベースキャンプ標高 5200m 到着。
（正式には中国側世界最高峰「チョモランマ」ベースキャンプ、ここは 5150m らしいことが後で調べて分かった）オートバイでここまで来ているのはわたしたち松尾と粥川さんの 2 人だけだった。そういえばチベットに

入ってから約1カ月間ラサやカイラス山を走っているときでもオートバイ
の姿1台も見ることはなかったな。

　ホテルは満杯らしい……しかたないお寺の物置みたいな部屋に泊ることに
なった。最高峰に来たのだから文句はない。夕食は4人でカンパーイ。アー
ほんとに気分爽快だ。あした電話によるエベレストから生中継を予定してい
るので夕方ホテルの電話を借りてNHK「旅でござんす」スタッフにエベレ
ストについたことを報告した。

ロンブク寺のとなりテント場には何張りかテントを張っている。
ベースキャンプのここは5150mと後で調べて分かった。

2004年9月26日日曜　はれ　はれ　エベレスト・ベースキャンプ

　ゆうべの安かった中国酒が原因なのか……頭が痛い、薬を飲む。ストーブ
に火を入れるそのたきぎ代7元払う。たきぎ入れの箱には「ヤク」の糞も
交じっている。貴重な燃料なのだろう。12時ごろ唯一電話のあるホテルに
移る。3階建ての近代的なホテルである。ひとり200元280円。ちょうど
そのとき電話がNHKから入った。テストの電話だった。きょうの生中継の

打ち合わせをするこぎれいな部屋で昼寝。

　頭の痛みも直ったようだ。カユカワさんは7キロ先の登山隊のベースキャンプ場まで行って……エベレストは見えなかったと戻ってきた。相変わらずタフな青年だ。雲が午後から出てきてエベレストは隠れてしまっている……きのうのような素晴らしい最高のエベレストはそうは見られないのかもしれない。天気がどんどん変わっていくのだからおれたちは恵まれていたのだろう。太陽よ、ありがとう……太陽に感謝、感謝だ。

　自慢話になるが去年2003年6月日本を出て走り始めたウラジオストックからの初日小雨にあったがそれ以外雨にはあっていない。「走っているとき」には降られてない。ネパールでこれは雨になるぞとカッパを着たら降らなかったのだがパキスタン・カラコルムハイウェイで宿屋に入ってからは山から岩が落ちてくるんじゃないかいと思うほどカミナリのとどろき音と雨が一晩中続いた時もありこわかった。

　1年以上「走っている時」は雨に降られてないことになる。夕方NHKからの電話を待つそろそろ生中継の時間だ。ラジオをもってカユカワさんは待機して放送を待っていてくれている……しかし電話かかってこない……時差を計算して待っているのだ。どうした……こちらからNHKに電話を入れた……「放送は終わりました」との返事。「ええーっ」「どうして」……時差1時間……間違えていたのだ。早くしなければならないのになんと1時間遅くして待っていたのだった。

　あーせっかく26日・日曜に合わせてエベレストまで来たのになー。それまでNHKはこのホテルにずーっと電話をいれ続けていたのに……出なかったという。そういえばこのホテルは電話のある受け付けは誰もいない時が多いのだ。放送中も電話を入れ続けていたが繋がらなかったと「きらきら光輝いている白いエベレストが目の前です」と自慢の素晴らしい情景を伝えたかったのに、かえすがえす残念……あーがっかりだ。

ベースキャンプにはホテルの新築なのか増築なのか地元の人たちはワイワイ言いな
がら男女とも手作業で楽しそうに働いていた

戻ろう国境越えてネパールへ
2004年9月27日月曜　エベレスト・ベースキャンプ〜オールド・チングリー

　さー帰りの準備だ。9時すぎにオートバイを押しがけしてもらうが、なか
なかエンジンがかからない。高地のためなのだろう……押すのにも高地のた
めすぐに息があがる。今度はわたしが押す方にまわってカユカワさんに乗っ
てもらい下りを利用した4回目にしてようやくエンジンはかかった。途中
の坂道を登りきれるかどうか不安がつのる。考えていた以上にパワーが出て
なんなくそのつづら折りの坂も登りきりホッとする。

　本線のふもとの村「オールド・チングリー」についた。エベレストキャ
ンプで予備タンクから満タンに入れたが100キロ足らずでリザーブになる
……通常の半分しか走れない。オールド・チングリーでは量り売りのガソリ
ン。きょうの泊りはこのチングリーだ。ここから1キロでホテルについた、
17時になる。髪もぼうぼうの小さい女の子がホテル前に裸足で立っていた。
親がいないのだろうか、お金をあげたいがコインがない。

　そのままカユカワさんと近くの温泉にわたしのオートバイで向かう。プールと部屋にも温泉がある。10元140円いちばん安いプールみたいな露天風呂につかった。湯かげんはちょうどいい。1時間ぐらいは入っていたろうか、ホテルに戻る途中、道下の田んぼに車が落っこちてる。動けないで座っているけどケガはないようだ。ホスピタルに電話するからとホテルに戻る。

　ホテルで事故のことを話したあと、わたしのオートバイにカユカワさんは泊っていた外国人を乗せて事故現場まで走る、王さんもクルーザーで向かってくれた。さっきホテル前に裸足で立っていた女の子はいつの間にか「靴下だけ」を履いている……だれかが寒そうだったのであげたのだろうか。なにもしてあげれなくて後ろめたさが残る、ごめんね。

エベレストの最後の村で集まってきた子供たち・なぜか自分の幼いころに似ているな

2004年9月28日火曜　はれ　オールド・チングリー〜ネパール国境

　きょうは国境を越える日だ。いつものように出発前に朝……エンジンをかけるため押しがけしてもらう……何回やってもエンジンがかからない……最後はクルーザーにけん引してもらう。運転はわたしの代わりにカユカワさんに代ってもらった……ようやくエンジンがかかった。カユカワさんが戻ってきて……「ブレーキがきかない」と……ええー。うしろのブレーキ本体パッ

ドそのものが無くなっている。探しに出かけるが見つからない。

　近くの修理屋に向かうがご主人が留守だった。しかたないエンジンブレーキと前ブレーキだけで走ることになる。国境まできょうは220キロぐらいだ。峠を越えて下るとき停まっているトラックに追突するところだった……ヒヤっとした。冷や汗もんだ。見慣れた景色に出た……ああここは最初泊った街シャラムだ。ガソリンを満タンに入れる。少しの下りになっているのでちょっと押してもらうとエンジンはかかった。

　雲行きがあやしくなってきた。霧？それともガスか？……雨を覚悟で走る……この先が石ころ……鉄砲水……悪路が続く所だ。トンネル出てすぐの頭上から水しぶき……水たまりでいっきにおもい切って越えようとしたが石ころを踏んで転倒……。笑って待っていたカユカワさんに起こしてもらう。険しい道が続く……国境の町が見えてきた。トラックが延々と止まっている。国境での手続き待ちなのだろうか。

　違うようだ……歩いている人にたずねるときょう国境閉鎖らしい。ええーどうした。しかたない前回泊まったホテルに宿をとる。雨に会わなくてすんだ、17時前だ。国境閉鎖はネパール側の事情らしい。あーもう少しでおわりだ……。

ネパールに到着
2004年9月29日水曜　はれ　暑かったな38℃　ネパール国境～コタリ

　10時ごろ国境は開いていることが分かった。カスタムへ向かう、11時だった。デポジット（保証金）1500$15万円を受け取らなければならない。時間はかかったが1500$預けたままの札束がそっくり戻ってきた。カスタム通過は14時になっている。国境まではあと10キロ相変わらずぬかるみの道が続く。ブレーキは故障したままなので競馬の騎手のように中腰格好で下っていく。

　ガイドのトウカイさんはカスタムでバイバイ。国境についた……荷物をク

ルーザーからおろしてオートバイにつけかえる。チベットをちょうど1カ月走ってきたことになる。橋の手前でクルーザードライバー王さんにはこれまでのお世話になったことに感謝。お礼の代わりに残った中国紙幣をカユカワさんと一緒に王さんに渡した。ありがとうございました……王さんと握手して別れる。橋を渡り大きな鉄製の扉を抜けてネパール入国手続きに入る。

　出国の時手伝ってもらったガイドも今回も来てもらってカルネの手続きなどスムーズに手続きも終わった。話によるとカトマンズはストライキのため今日は走れないと話す。5キロぐらい下ったところのコタリに泊ることにする。若い夫婦と子供たちでやっている小さな宿屋に決める。部屋は裏の2階にある……なんと「とうとう」と沢水が音をたて宿の裏口から流れていた。

チベットはちょうど1ヵ月走ってきた。チベットとネパールの国境に戻ってきた。ネパールへの入国手続き中だ。今考えてみるとこの大型トラックもこれからの悪路を走るのだろうかな。

打たせ湯温泉に入る

　宿から500mぐらいのところに温泉があると宿の人が教えてくれた。さっそく温泉に向かう地元の人たちだろうか若い人からお年寄りまでにぎやかで

ある。４つの打たせ湯が流れて……何とも温泉は気持ちがいい。男の人たちはパンツをはいたままで洗っている。温泉のそばの川はごうごうと音を立てながら流れ下っている。湯上りのさわやかになったところでカユカワさんとまずはビールでカンパーイ。長いことお世話になりましたね。

宿屋の家族総出の記念写真。この宿から５００ｍ上に「打たせ湯」温泉があった。しばらく温泉につかって……あ〜きれいさっぱり

　考えてもいなかったヒマラヤ山脈いくつもの峠を越えてチベットを走り……カイラス山に……そして……なんとエベレスト・ベースキャンプまで走ってきたんだ。転ぶたびにほんとカユカワさんにはお世話になった。夢中で……必死の覚悟で１カ月チベットを走ってきた。同じ泊り客、シンガポールの人たちもわたしたちが気になるようだ……いっしょになって話題を広げる。細かく気づかってくれる宿の夫婦はとても感じがよかった。

１カ月間のチベット・ツーリング終わった
９月30日木曜　朝方小雨　はれ　はれ　カトマンズは暑い　暑い　コタリ〜カトマンズ
　朝方小雨が降っていた……外に出て「太陽よがんばれ〜い」と声をあげる。

出発の10時頃には陽がさしてきた。来るとき最大の難関だった「がれ場」にかかった。10人を雇ってオートバイを運んだ難関の場所である。相変わらず競馬の騎手のごとく腰を浮かしておりる。行くときにこれは道じゃないとあれほど恐かった「がれ場」は走れないのではと「ちゅうちょ」したがブレーキの利かないオートバイ。そろそろローギアーで難なくおりきった。

　自分でもやるじゃないか……と不思議である。1カ月悪路のチベットできたえられて度胸がついたのだ。チベットの後半からぬかるみやアップダウン道だって……恐ろしさは消えていた。大げさにいえば自分のノーマルのオートバイでお寺の階段30段、40段ぐらいは一気に降りきることができる程度胸がついた。降りろと言われれば降りる度胸はいまでもある。

8000m級が並ぶヒマラヤ山脈
エベレストへ向かって走行中

1カ月間のチベット・ツーリングの旅は終わった。印象に残る旅になった。

　最後の階段でマフラーがつかえるかもしれないが暴れ馬にまたがった中腰の感じでおりる。やっぱり「慣れ」なんだろうかな……。頭から水しぶきがかかってくる。道はだいぶ落ち着いてきた。アスファルト・ダストの道にでた……カトマンズの市内になった……かなりの渋滞でなかなか前に進めない。あと少しだ……というところでエンストしてしまった。右側によけてからカユカワさんに押しがけしてもらう。

　暑い中いやな顔見せずカユカワさんは手伝ってくれた。最後までカユカワさんにはお世話になった。うしろのブレーキはない、4000mのチベットから前ブレーキとエンジンブレーキだけでとうとうカトマンズのホテルについた、３時だ。あーついた、ついた……。

　１カ月あっと言う間に終わった。次から次とアクシデント続きは一難去ってまた一難続きの１カ月だった。夕方17時ごろから晩飯にしよう。

　カトマンズを出発ヒマラヤ山脈を越えてチベット・ラサ〜西チベット・カイラス山……そしてエベレスト・ベースキャンプまで……うしろのブレーキこわれたまま約１カ月走りカトマンズに戻った。

　ステーキ用の肉のかたまり２キロを買ってきた。カユカワさんがいなかったらチベットは走れなかっただろうと振り返る……カユカワさんに感謝したい。ありがとうございました。シャワーを浴びたあと別のホテルに泊っているカユカワさんも歩いてやってきた。いやーよくチベットの道、１カ月よく走りまくりましたね。２人で……かんぱ〜い。お世話になりました。粥川さんありがとうございました。

びっくりするようなヒマラヤの山が出てきたチベット。名前など調べる余裕などはない

2004年10月1日金曜　はれ　カトマンズ

　チベット旅の中盤から身体の方も慣れてきていたのでそんなには疲れを感じなく過ごせて疲れは残っていなかった。久しぶりにネットを打つ……NHK地球ラジオ「旅でござんす」にも「目の前に光輝く真っ白なエベレスト」を生中継できなかったことのくやしさを書き込んで。できれば予定外の「放送の中に入れてほしい」とも書いた。きょうもカユカワさんと昼間から飲んでステーキを焼いてたべる。

2004年10月2日土曜　はれ　はれ　カトマンズ

　ネット屋に行くとNHKから次の週「生中継」OKの返事が来た。これからその打ち合わせ、今度は時差を入れて失敗しないようにネパール時間と日本時間を念入りに打ち合わせした。わたしのふるさと佐賀・嬉野吉田から関東に出てきている「関東地区ふるさと吉田会」が間もなく行われる。その抽選会に提出する「景品」おおきな壁掛けをおみやげ屋に買いに出かける。

　家に電話を入れると家内から長男、二男2人とも借金のことで心配しているとのこと。うーん自分でちゃんと生活できるようになってほしいものだ……。

2004 年 10 月 3 日日曜　はれ　はれ　カトマンズ

　午前中ネパールで買ったお土産を「ふるさと吉田会」と自宅に送る……4000 ルピ 6400 円の送料がかかってしまった……高いなー。午後 3 時から電話による NHK ラジオの生中継に入る。生中継は月の終わりの日曜日に設定されているのを急きょ月初めの日曜に入れてもらった。チベットの 1 か月の旅のはなし。放送は「ヒマラヤ山脈越えて平均標高 4000m チベット高原へ……」。

　「ガケ崩れのような道」「ぬかるみの長いわだち」「ギアーが故障したまま」「最後はエベレスト・ベースキャンプ 5200m の地点まで駆け上がった」「目の前にはエベレストだけが」「スポットライトを浴びているような」「太陽の光をうけてきらきら光ってきれいでした」「人生 60 年の中で」「一番充実した気持ちになった」などと忘れられないチベットの話を約 4 分ぐらいの生中継だった。

　NHK 生中継で旅の話ができたことで「もやもや」していたものを「チベットを走ってきた自慢話」を話せたので晴ればれしてすっきりした。カユカワさんと夕食。

2004 年 10 月 4 日月曜　カトマンズ

　オートバイ・ギアーの修理にホンダオートバイ専門店に持っていって調べてもらう。夕方ホンダ店にいくとバラシてあり「ギアーが折れている」とのこと。前回ギアーの欠損のとき的確にアドバイスしてくれた瀬川さんに今回頼んでみよう。注文しなければならない「部品」をコピーして名古屋の瀬川モーターに FAX を入れる。FAX 店のおやじさんの弟さんは日本語が出来るというので「指」の治療に連れて行ってもらった。

　3 軒まわったが医者がいなかったり料金が高かったりして診てもらうことができなかった。そういえば弟さんの家はタメル地区からちょこっとはずれたすぐのところに立派な一軒家を建てられていた。

2004年10月5日火曜　くもり　はれ　カトマンズ

　瀬川モーターさん宅に電話を入れるが「レンチ」が分からないとはなす。うしろブレーキは今ないとのこと……。うーんこまったな、瀬川さんのネットアドレスを聞いてネット上で「図面を見て」引き出してプリントした。あした「サミットトラベル」のラビさんたちと夕食会をやるとカユカワさんから聞いた。

2004年10月6日水曜　カトマンズ

　瀬川モーターさんからのネットで出して製図をネパール・ホンダ店に持って行く。「レンチ」が大体わかった……うしろのブレーキはどうにか直してみるとのこと。3000ルピ4200円を渡す……溶接代らしい。写真の焼き増し280枚2500ルピ3500円。エベレストやポタラ宮の写真の出来上がりもまずまずでホッとする。夕方「サミット・トラベル」のラビさんと、その友達若い女性入れて7人で食事する。夕食会のとき「マツオさん」「チキチキなど」言わないようにとラビさんから言われているとカユカワさんが話す。「卑猥な言葉らしいことだ」と分かったおれは意味を知らずに使っていたのだがそのことだったのかわかった。「ごめん言わないよ」ラビさんは「ベルギー人10人でラサ〜エベレストのツーリングで4日に帰ってきた」と……ツーリング中タンクが破損したとかのアクシデントあったとも話す。二次会にとタメル地区に行くがどこも満員で入ることができなかった。

　わたしは疲れたのでひとりでホテルに戻った。指の治療であしたラビさん

に病院に連れて行ってもらうことになった……11時の約束。チベットから帰ってきてからふるさと吉田会に送る品物、写真の現像、オートバイの部品の注文など落ち着かない日々が続いた。あとは病院に行って指を直すことに専念できる。オートバイの部品はビザが切れる28日までに到着するかどうか心配事は残る。木工所でもらった木片をクスリ指に巻き付けているのでうまく文字を書けない……。

2004年10月7日木曜　はっきりしないはれ　カトマンズ

午前中ボックスに入れていた中古のブレーキ板をホンダに持って行く。うしろのブレーキはどうにか使えそうだとホンダの人。ラビさんに連れられて病院でレントゲンを撮ったら薬指は「骨折」していた。

「ネパール新聞」にオートバイ走行大きく掲載された
2004年10月8日金曜　カトマンズ

サミットトラベル、ラビさんの紹介で新聞社のインタビューを約1時間受けた。「The Himarayan」ザ・ヒマラヤン」という英字新聞。

2004年10月9日土曜　カトマンズ

お昼頃ノートを忘れていたのでネット屋に戻った。途中日本人マイルスさんから声をかけられた。ネットでは知っている名前の人だった。わたしのホテルでお互いにこれからどうするか……話をした。粥川さんはあした出発すると聞いていたので夕方お別れ会を開くことを予定していたのでカユカワさん、マイルスさん3人でビールを飲みながら晩飯とした。

日本では台風22号が関東に上陸したので大変なことになっているとTVは伝えている。今年は次々と台風が日本に上陸したようだ。

2004年10月10日日曜　カトマンズ

朝10時半頃カユカワさんがこれからインドに向かうとオートバイでやってきた。先日新聞社のインタビューを受けたことが載っていると教えてくれた。「大変お世話になりました」「気をつけていい旅を」握手して別れる……

カユカワさんはヨーロッパ経由で最後はアフリカまでの予定と話す。そのあと日本語のできる地元のフランさんがまた迎えに来てくれた。自宅に呼ばれてビール、昼飯をごちそうになる。

ヒマラヤを走ったことをネパール新聞に掲載された。

2004年10月11日月曜　カトマンズ

9時半、インドビザが切れてしまったのでインド大使館に向かう。結構手続きする人が並んでいた……手続きを終えて12時15分、相変わらず仕事がのろいなーまったく。次は15日に受け取りに来ることになる。

2004年10月12日火曜　カトマンズ

朝からしとしとの雨は肌寒い、午前中郵便局に封筒を買いに行く。ネットの写真に説明文を書きつけておしまい。

2004年10月13日水曜　カトマンズ

NHK、九州実家、嬉野町役所、ワッツ（WTN-J）に写真を送った

2004年10月14日木曜　カトマンズ

朝オートバイのホンダ店に行くが部品はまだついていないとのこと。あした15日、16日は連休になるとのこと修理が間に合うかどうか……。7冊目の日記帳がこの日で終わってしまった……新しい日記帳を手に入れよう。あした15日わたしの誕生日。

イラン、マシュハドで買った
7冊目の日記帳終わった

海外に出て5回目の誕生日

2004年10月15日金曜　カトマンズ

インド・ビザ発給の日16時30分に取りに行く。650ルピ1100円ぐらいか。

申請時に 300 ルピ 480 円。受け取ったビザ期間はダブルの 6 カ月になっていた、よしよし。

そうだきょうは 61 歳の誕生日をネパール・カトマンズで迎える。海外に出てから 5 回目の誕生日になった……早かったなー。夜はいつもの通り冷凍のステーキを買ってホテルで焼いて食べる、ひとりで盛大にカンパーイ。

2004 年 10 月 16 日土曜　カトマンズ

一眼レフ、カメラのレンズが曲がってしまっている……よくて安いのがあったら買おうと思っていた。タメル地区のはずれにあるインドチョーク・ニューロード商店街のカメラ店に行ってみた。2、3 軒見てまわったが値段が意外と高かったのでやめた。きのう日記で「はっきりしないはれ」と書いたら……なんとけさから「カラーっとした快晴」になった……カトマンズに戻ってきて来て青空は初めてである。

近くのお土産やで空輸送代理をやっているお店で「写真」を送る、3kg3400 ルピ 5100 円ぐらい。タイまでオートバイの輸送もやっているとか話していた……へー。ここは現地の人と結婚した日本人女性が切り盛りされていた。さぁあしたはオートバイの部品がついたのでその確認をする。

2004 年 10 月 17 日日曜　カトマンズ

オートバイの部品は 14 日夕方についているとカトマンズ・ホンダの人が話した。15 日 16 日連休だったので朝一番ホンダに行く。部品はエアーポートについているとのこと……朝から修理にかかっていると思って店に来たらこうだもの……。タクシーで飛行場カスタムに向かう。受け取りは「ホンダ」になっているのでまた引き返す。ホンダの人と一緒に再び飛行場へ。

12 時になってきた……カスタムが休み時間にならないうちに早く……早くしてけれ～い。

荷物を受け取ったのは夕方 5 時になっていた。う～～ん。まいった。きょ

うの修理は無理になった……あーあー。あと 18・19 日で修理が終わるかどうか心配だな。ここカトマンズでは 20 日から 25 日までは日本の正月にあたりすべて田舎に帰るのでお店はすべて休みらしい……。カトマンズに来て修理は個人のキリンさんに頼んできた……最初からホンダ店に頼めば 3 度も修理しなくてもすんだかもしれない。

　しかしキリンさんやアソコさん、さらには通訳のカジさんなどと知り合いになった。まぁそれはそれで良しとしよう。

ギアー修理中ネパール・カトマンズではしっかりした大きなホンダオートバイ店

2004 年 10 月 18 日月曜　カトマンズ

　ゆうべ 18 時まで修理を見守っていたがきょうはこれで終わりだと言う、しょうがないか。朝 10 時「ヒーロ・ホンダ店」に行く。カトマンズ NO1 の大きなオートバイ屋オートバイもウインドウに並んでいる。入り口には警備の人がチェックしていた。あした 10 時までに修理を終わらせると「チーフ」が話すが、あまり信用できないな。不安を残しながらホテルに戻る。

　部品を送ってくれた名古屋の瀬川さんに部品がついたことを FAX した。ありがとうございました。部品代は家内に立て替えて払ってもらった。

オートバイギア修理
2004 年 10 月 19 日火曜　はれ　はれ　はれ　カトマンズ

　気持ちいい天気になっている……今日も朝 10 時にホンダ店に行く……おい、おーい修理は終わったのかい。スタッフの人に聞くと「OK」だ。自分でテスト走行。よしよし OK だ。「OK」かとホンダ店は言う……わたしは「OK、OK」とこたえる。シャフトにオイルを入れる。修理代金のこと、ゆうべからどのくらいとられるか……をずーっと考えていた。この調子だと 10000 ルピ 2 万 4 千円ぐらい吹っかけられるかも。

　そのことを予想して、いままで一番高いと思ったモスクワでの修理代パーツ込みで 150 ドル 1 万 8 千円……だったことを事前に話していた。世界で一番高いのはカトマンズ……とも話していた。ここで 2 回もギアーの交換修理をしたことも話しておいた。さてさて修理代金の話になった……トータルで 5400 ルピ 9000 円だった。オー助かった……思っていた以上に安かった……ありがたい。11 時にホンダ店を出る。

　スタンドを直すためにアソコさんの鉄工所に寄った。アソコさんは「いくらだった」とホンダオートバイの修理代金を聞いてきた。アソコさんたちが直してくれた「修理代」は 12000 ルピ 16000 円払っている……皮肉をこめて「5000 ルピだった」と応える。スタンドを溶接してもらって 100 ルピ渡してホテルに戻る。洗車場にいくとあしたから正月……田舎に帰るためトラックが洗車場に来ていた。しばらく待って洗車した。

　高圧洗浄水がマフラーの中に入ってエンジンがかからない。押してもらって近くのオートバイ屋へ……プラグを拭いてもらい……最初エンジンが火を噴きながらも……エンジンはかかった。マフラーに水が入るとこんなことになるんだな。ギアーを直して本格的に高速で走っていないので調子はわからない……。ひとまず修理が終わってホッとして安心できる気持ちになっている。

　朝起きて TV で「水俣病の闘い」ドキューメンタリーをみた。なぜか涙が出る。オートバイ屋から戻ってお昼には「プロジェクト X」「ソニー」「家庭ビデオの成功」までを放映していた。なぜかまた涙が出てきた……。これまでのこと思い出したのかな……。テレビに出ているのは苦労している女性、全く技術的には素人の人たちだった。どんな状況の中でもガマンして無心研究している女性たち。

　その「ひたむきさ」にいつしか涙がぽろぽろ出てきた。好きなことしている自分なのに……これまでの自分の苦しかったこととだぶらせてしまっているのかもしれない。もしかしたらくじけそうになってくる自分に「そんなことでいいのか」と励ましてくれているドキュメント番組だったのかもそれない……。NHK だけなのかもしれないが……ここカトマンズでは日本のTV を放映しているので楽しみでもある。

　話は飛ぶが……そういえばあるノルウェイのフィヨルド船めぐりで一緒になった日本人宗教団体ツアーといっしょになった。その日本人に「優雅でいいですねー」と言われたことがあった……「あんたの方がよっぽど優雅なのでは」とのどまで出かかり……言い返したかったが「そうですかねー」と言いたいことを我慢した。

ネパール郊外で摘み取った野草を
押し花にした

日本人ライダー4人から「メール」は「どこかで落ち合いましょう」

2004年10月20日水曜　はれ　はれ　はれ　はれ　カトマンズ

　オートバイの修理は終わった。少しは気持ちが落ち着く。いろいろ心配ごとが頭の中でぐるぐるまわり考えなくてもいいようになった。あっちでつまりこっちで引っかかりしてここまで来るのに自分が考えたようには進まなかったのだ。そう言えば中央アジア・トルクメニスタンの国境で丸1日待たされてタバコを再び吸うようになって……まだやめられないでいる。咳のあと最も汚いタンが出る。最近は1日3、4本になってきてはいるが……。すっきりした姿で次に進みたいので洗車に行ってくる。60ルピ100円。

　帰りにカジさん宅に立ち寄ると「あしたの夕方」食事に誘われる。骨折しているくすり指は腫れたまま、指は曲がったままであるがどうにか顔を洗えるまでになってきた。ネットで「クロのおやじ（岡野）」さんからどこかで落ち合いましょう」とのメールが入っていた。また夫婦で走っている荒木健一郎・優子（滝野川）さん夫婦からも落合いましょうとあった。クロのおやじさんこと岡野秀樹さん、荒木さん夫婦はアフリカをそれぞれ今走り終えて中近東……パキスタンあたりを走っているに違いない。ぜひともどこかで皆さんと一緒にあって話をしてみたいものだ。

2004年10月21日木曜　カトマンズ

　午前中自転車のチューブを買って今まで使っていたゴムのロープと交換した。日本の正月に当たる「ダサイン」に入ったので車も少なくなった。商店街も休んでいるのが目立ってきた。日本と同じ空に上げる「タコ」などもお店で売っている。また日本の「謹賀新年」に当たるような飾り紙をシャッターに張り付けているお店もある。夕方カジさん宅でごちそうになる。

　海外に行っていた人たちも帰ってきてネパールでは一年のうちでもっともゆっくりできる休みだとカジさんは話してくれた。家族で祝うのはもちろんだが……親しい友達も集まってお祝いをするという。22日近くのお寺でお参りして……いけにえの「ヤギ」を自宅でしめて料理してたべるとか。そう言えば街角では自宅庭先で「ヤギ」の体毛をガスコンロで焼いているようす

を見たことがあった。

　ビールを買ってカジさん宅に向かおうとタメル商店街を歩いていたら３人連れの男女が歩いていた……見覚えのある顔……通り過ぎようとしたら「マツオさんじゃないか」と振りかえる……すぐにわかった「あーぁーぁー」ひさしぶり……ブラジル・アマゾン川・マナウスであった男女早稲田学生ペアーである……何せ名字だけで47画なので２人は覚えている人だ。あと１人は知らない人だった。

　2002年３月南米アマゾン川の船旅……途中サンタレン港から大竹さん夫婦と４人で乗り込んできた２人連れだ。そのあとアマゾンのジャングルツアーなど大竹さん夫婦（横浜）と４人しばらくいっしょにすごした旅仲間。あーなつかしい……２人ともまだＷの学生、お互いにこの日は用事があり23日お昼にわたしのホテルで飲み会をやることに決める。

2004年10月22日金曜　カトマンズ
　きょうは何もなし……夕方ネット屋に行くだけ……カジさん宅に来ないかと誘われたが遠慮する。

2004年10月23日土曜　はれ　はれ　カトマンズ
　約束していた11時にコウケツさんオオイワさんクロイワさん３人がホテルに来た。ホテルの庭でいつものステーキを焼いて食べながらビール飲みながらお互いにこれまでのことの話にはずむ……それにしても長旅を続けている２人だ。クロイワさんは初めて会う人。「100カ国ぐらい回ったのじゃないだろうかと」コウケツさん。３人とも岐阜出身らしい。これまででわたしが会った中、岐阜出身は旅人が多いような気がする。

　ふたりとも就職も決まったとか話していた。３人はあしたネパール側のエベレスト・ベースキャンプに向かうと……13時ごろ帰っていった。さてさてあしたホテルを出ることにしているがホテル・オーナーに貸している100ドル。ダサインで家に帰っていて、まだホテルに戻っていないのだ。「いつ帰っ

てくる」のホテルスタッフに聴きながら心配している。オーナーは 15 時頃
ホテルに顔を見せる。

　あ〜よかった、100 ドル受け取って宿泊代 14 日分 ×200 ルピ (310 円)
=2800 ルピ =4480 円支払いを済ませる。ネパールには 5 カ月間いた。最後
の夜になった。1 カ月はチベットを走っていたので実際はネパールに 4 カ月お
世話になったことになる。まぁいつかは……区切りをつけなければならない
……しかし、いざ離れるとなれば……なんとなく離れがたい寂しさを感じるなー。

2004 年 10 月 24 日日曜　はれ　はれ　20℃　カトマンズ〜ポカラ

　お世話になりました……ホテル「デスカバリーイン」を出発。知り合ったい
つも通っていたタメール地区の安い食堂にもあいさつして帰ろうと寄ってみた
がまだ閉まっている。ゆうべカジさん宅に電話を入れたとき家に寄るように
言われていた。家の前でクラクションを鳴らしたら家族全員窓から顔を出す。
一段下ったせまい庭にオートバイを乗り入れる。家族全員の写真をとった。

カジさん・アソコさん兄弟一家が見送ってくれる。オートバイ修理を頼んでいるカ
ジさん宅。1 階オートバイ屋兼鉄骨溶接。通訳のカジさんは 3 階、アソコさんは 2
階に住んでいる兄弟の家族（2014 年に訪れたとき子供たちは 20 才を過ぎていた）

　コーヒーをごちそうになりながらこれからの旅を話す。ボックスの枠が外れそうになっているのをアソコさんが見つけて直してくれる……途中でずれ落ちるところだった……よく気付いてくれてよかったなー。キリンさんも駆けつけてくれた。本当にお世話になりました。8時20分みなさんと別れる。中間点110キロで8リッター給油……心配したほどにはガソリンは減っていなかった。

　インドに向かって走ってきたがどうもいまいち気が進まない。もう一度ポカラに寄ってからにしようと気持ちが変わる。ポカラからの雪山も見たかった……。ポカラの入り口「歓迎門」にジャスト13時についた。前回来た時顔なじみになった安食堂でキムチとビールで昼食。近くの1泊150ルピ210円と安い「ロイヤルホテル」に泊る。

マチャプチャレ山姿見せた
2004年10月25日月曜　はれ　はれ　ポカラ

マチャプチャレ山がきれいな姿を見せた

　午前中ネット屋に行くが閉まっている……。庭から見えるとなりのホテル「ペンギンハウス」には日本人のたまり場になっている感じがするホテルである。そのホテルから女性がオートバイを見に来た。石川県出身・チエミさんをオートバイに乗せて市内・ネット屋をまわってきた。夕食はチエミさんと宮城出身の女性と3人で近くのレストランでステーキだけを焼いてもらって持ち帰りホテルで食べる。

　朝ヒマラヤンの山がきれいに見えたのでダムサイドまで行って写真を撮る。はっきりときれいな姿を見せている。これまではヨーロッパ、アメリカ、中南米、ロシア、中央アジア、パキスタン、ネパール、チベットどこに行っても日本人旅行者と出会ったな。

再びインドに入る
2004年10月26日火曜　はれ　ポカラ～インド
　7時20分ロイヤルホテルを出発。さー今日は一路インドに向かう。カトマンズへの別れ道から右に入ってゆく。途中から山崩れ……川の中には白い土砂が積みあがって川をつぶしている。樹木も押し流されたあとが続くその川沿いを30キロぐらい走っていく。道が極端に悪くなってきた……ほこりで前が見えない、ほとんどたちあがったまま走り続け……抜けた……アスファルトになった。最初の町から今度は左に曲がる。

　うん、気持ちのいい道路になった、よしよし……。時折左の山の方から沢水が流れ出しているところは道路が荒れているので注意が必要。右に大きい川が流れているのはガンジス川か……。バングラデシュでは大水害が起きて60％以上水没していると聞いている。ビザ取りに行ったときバングラデシュ大使館で聞いたのはこのことだったのか。その水害の爪あとはインド国境あたりまで続いていた。

　道端のお店で水を買う。地元の人たちのしぐさでやさしさがわかる。インド国境についた。15時17分。いやー国境を進めないほど混んでいる……車、牛、馬車、リヤカー、一向に前に進まないそれに暑い。身動きできない混雑

からようやく国境事務所ついた……ネパール側を通り過ぎてインドに入って
しまった。「戻って、戻って」と建物を指差して「あそこだ」と係官。

もうすぐインド国境近くで水を買う最後のネパール。

暑い中ごった返していたネパールとインド国境。

　50m ほど戻ったあーここがネパール、国境事務所か。出国手続きは約 1 時間かかった。今度はインド側へ入国手続きだ。インドの手続きが終わったのが 17 時 17 分。ちょうど両方で 2 時間かかった。国境を出てすぐの町で宿を探す。1 泊 200 インドルピ ×2.5 倍らしい……ネパールに比べるとちょっと高いな。夜は外に出てビールを買いに……1 本 150 ルピ 370 円、エエー（2.5 倍じゃなくて 1.5 倍で 220 円、計算違いか）。

　ビールはここしかないらしい……しょうがねーマトンカレー屋でビールを飲みながら食う。国境の近くだけあって活気の動きあるにぎやかさの街。

2004 年 10 月 27 日水曜　はれ　20℃　インド

　8 時 26 分ホテルを出てネパール・ルピーをインドルピに両替する。国境だけに道の両側には屋台みたいな小屋で両替屋は多い。ホテルでは 100$=4400 ルピといっていたがここでは 5100 ルピとずーっと高かった。朝すがすがしい天気である。少し走ったところで水を買うため止まる。この店にはなくてそこにいた人にスーパーまで行ってもらいワタ（水のこと）1 本買ってもらった。すみませんでした。

　ガススタンドで順番待ちしたあとエンジンをかけようとしたがウンともスンとも云わない。バッテリーからの接続がどうもうまくいかない感じだ。しばらくいじくっていたが押しがけしてちょっと戻ったところにバラックのオートバイ修理屋があった。きっちりと直してくれたようだ……100 ルピ 250 円。高いなーインドは……まぁしょうがない。めったに来ない踏切で足止め。さっきスタンドで給油しようとして給油してなかった。

　給油を終わりエンジンをかけるが……またエンジンがかからない。えーっ。スタンドの人に押してもらってエンジンがかかった。そのままさっきのオートバイ屋まで 10 キロほど舞い戻る。エンジンを切って再び入れるとエンジンはかかる……あれどうなってんだ。何度繰り返してもエンジンがかかる。なんだかんだしているうちに 12 時になってしまった。走りだして 3 時間半で、まだ 20 キロなのだ。

とりあえず道端の食堂でマトンカレーをくう。そこから 100 キロぐらい走ったジパールプール？の街で泊ることにする。1 泊 200 ルピ 720 円……まだインド通貨の計算ができてない。

2004 年 10 月 28 日木曜　はれ　快晴　日中は暑かった 38℃　ジパールプール〜パトナー

　道端のホテルだったので一晩中うるさい音で……目がさめるとブーンと蚊が寄ってきた。いままでわからないでいたがひっきりなしに蚊が寄ってきて眠れなかった。ホテルを 7 時 22 分に出る。約 1 時間走るが道が悪いな。ミルクティを飲んで行こうと道端の掘立小屋に寄った。なにげなく「パトナー」まであと何キロ？と聞くと……パトナーはこっちじゃない……25 キロ戻ってとメモに書いてくれた。

　ほとんど今まで走ってきた同じ距離だ……うーん。でこぼこ道を引き返す。走ってきた橋の下に道路があった……この道なんだな。ここからはいい道だろうと思ったが……今までよりはいいがいたるところにくぼみの道が出てくる。パトナーに 12 時につく。チベットでもうこんなにひどい道はないだろうと思っていたのにローギアーで走らざるを得ないほどひどいガタガタ道だ。

　時間は早いがなんだか 120 キロしか走っていないのに道が悪すぎて走るのがイヤになった。市内に入りホテルをあたる……ちゃんと整理された街。4 軒当たって見たがどこも断られてしまった。なぜ……満杯なのか？もわからない。高級ホテル 800 ルピは OK だったが高すぎる。他を探そう……2 軒ともダメだ……なぜだろう。あと 1 軒もだめ……そのとなりにあったホテルもダメ、どうしてだろう。

　次のホテル聞いてきたホテル……どうせ駄目だろうとあたってみると「OK」になった。おーよかった。175 ルピ 450 円はラッキーだった。満室とは考えられないのにどうしてどこでも断られたのだろうかわからない。ここもダメだったら 800 ルピ 2000 円もする高級ホテルに戻るしかないと思っていたのだ。さっそくビールを買ってトマト・玉ねぎだけで昼食。

ゆうゆうと幹線道路を象が歩いている。4トントラックより大きい

2004 年 10 月 29 日金曜　はれ　パトナー

　ここはパトナー Patona の街。泊っているホテルは通り道で少しうるさいがしょうがない。ピーピーとオートバイと車のクラクッションが一日中聞こえる。朝がた 9 時過ぎに近くの ATM にお金をおろしにいく。シティバンクは使えなかった……ドルカードで 3500 ルピ 2 回、7000 ルピ 17500 円おろした。乗合バスも走っているが面倒だというより乗り方がわからない、歩いてそのままネットを高級ホテルまで打ちにいく。

　10 時から 13 時までローマ字で打つ。わたしも経験しているが読む方は「ローマ字」だと見ただけでイヤになる……でも仕方ない。いったんホテルに戻り夕方 6 時ごろ同じネット屋に行くがなぜかダメだった。街角の屋台で焼いている「たまご焼き」とたまごを買って朝方買ったトマト、しょうが、玉ねぎでビールを飲む。マトンカレーをホテルのレストランに注文したが 1 時間半かかるとのこと注文をやめた。9 時に床につく。

ゴミ置き場に人間２人と牛３頭、豚８頭、犬２匹はいっしょにあさっていた

2004 年 10 月 30 日土曜　パトナー

　朝ホテルのベランダから道路を挟んだゴミ置き場を見る。女性と子供、牛３頭、ブタ８頭、犬２匹がごみをあさっている。牛は豚を頭で押しのけ豚は犬を押しのけているが女性は「どけどけ」みたいな態度はとっていなかった。どっちかといえば他の動物を尊重しているように感じられる、うーん初めて見る光景だ。道路ではうしろ足を怪我した牛が今朝もびっこを引きながら歩いている、いかにも痛そうでかわいそうになる。

　前の道は人力車、自転車と車半々ぐらい行き来している。近くのネット屋にいくが日本語で見られなかった。きのうの近くのホテルのネット屋にいき自分の掲示板に送れたが WTN-J には送れなかった。お昼に泊っているホテルに戻る。

2004 年 10 月 31 日日曜　はれ　気持ちのいいはれの天気　いい気候だな
　　パトナー～ブッダガヤ

　パトナ Patona ホテルを７時 10 分出発する。心配していた道の悪さはなくなってホッとする。南に下がって行くにしたがって少しづつ道幅も広くなり道路も良くなってきた。

　11 時、ブッダガヤ市内につく。お寺の前にホテルは何軒かある。オートバイを止めて１軒ずつ料金を聞いて回る。最初ホテルのオーナーはいなかったがとなりの人が連絡してくれたので駆けつけてくれた。いちばん安い 100 ルピ 250 円に泊る。

　２階の部屋で明るい部屋はほこりもなく静かなブッダガヤ。しずかな境内は信者なのか観光客が半々ぐらい歩いている。境内の食堂に入り昼飯をすませ昼寝とする。おみやげやさんばかりが並ぶ境内……ネット屋も境内の中にあった。ここでは日本語も打てて１時間 30 ルピ 75 円……19 時頃までネット屋で過ごす。安くてうまいと聞いたところはテントを張ったような食堂

……観光客も何人かいて楽しめる晩めしだった。

2004年11月1日月曜　はれ　日中は暑い　日影は気持ちいい　ブッダガヤ
　ゆっくり境内を見てまわって午前中ブッダ寺院に入って見る。入場料50
ルピ125円。はだしで中に入らなければならない……ぞうりも預けるにお
金を払う。正面に金ぴかの御釈迦さんが鎮座している。金ぴかの前に信者さ
んたちがお参りしている。本堂の広々とした外廊下には所狭しと茶色の服を
買ったあとグループごとに休憩している。もう少し厳装なところだとイメー
ジしていたがなんかあっけらかんとしてる。

　お釈迦さん聖地。仏陀。法顕や三蔵法師もここで修業した聖地なのだろう
か、仏陀は普通のお寺に感じた。夕方ネット屋に行ったあと鍋をもって食堂
ヘチキンカレー60ルピ150円を買いに行きホテルで食べる。他に食いたい
モノがないのでいつもカレーになる。うまいので毎日食べても飽きがこない。

「ブッダガヤ」はいっしょだとばかり思っていたが「ブッダ」と「ガヤ」と地名はわ
かれていた。ここはブッダ寺院

食堂で働く人たち

2004 年 11 月 2 日火曜　はれ　ブッダガヤ

　石の上に座って修行したところがあると地元の人がおしえてくれたが場所がわかりにくそうだったので行くことはやめた。もしかしたら「石の上にも三年」とここから来たのだろうか……。境内を突き抜けるとにぎやかな商店街が続いていた。ぐるーっとまわりながら「ビール」を買ったり、すぐたべられるトマト、しょうがを買う。夕方ネット屋に行ききょうは終わり。

カルカッタ（コルカタ）に向かう
2004 年 11 月 3 日水曜　はれ　気持ちいい朝 18℃　ブッダガヤ〜アサンソル

　ブッダガヤに 3 泊した……7 時 30 分今日はカルカッタ（コルカタ）に向かう。20 キロぐらい入ったところで幹線道路に乗ることができたが途中工事中だったのでわかりにくい道だった。幹線道はスイスイ走れとイメージしていたがトラックが多く片側一車線で待機時間が長くイライラしてくる。日本の道路をどうしてもイメージしてしまうのが間違いのもとだ。260 キロ走った地点に「ハイウェイ」「カルカッタ 245km」と標識が出てきた。

　これから本格的ハイウェイか……。途中の食堂らしき店でたばこ一服。店の人はカルカッタまで5時間かかると話す……おや？……さっきの標識では80キロ走行で3時間で着くはず。いま14時。行ける所まで走ろう。予定していたアサンソルの街についた、きょうはここで泊ることにしよう。ホテルを探して荷物を部屋に運ぼう……。オートバイに戻ると周りには地元の人たちが取り巻いている。

　シートをかけて部屋に戻ると「シート」をはずしているとホテルの人が部屋まで来た……。降りて行ってフザケルナ……と怒鳴り散らすとパーっと散らばる。階段を上がり始めると再びわーっとオートバイのまわりに寄ってきている……階段から石を投げるふりをするが効き目はない。部屋に戻るとインタービューしたいと新聞社の人が2人来た。30分ぐらい話をする。レポーターと言う1人もやってきた。

　片言の英語でお互いにちんぷんかんぷん……。見たことのないオートバイだからみんな見たいのだなー。さっきは怒鳴ったりして悪いことしてしまった。降りて行って群衆に「もういいですか」と聞いたあと「シート」をかけて部屋に戻るとやっぱりシートをはいでで見ている。頼りになりそうな青年に見終わったらシートをかけてと頼んで部屋に戻る。頼まれた青年はしばらくしてから2人でシートをかけてくれていた。ありがとう。

　この街には15時ごろ着いた、この「アンサンブル」というホテルは100ルピ250円と安かった。胸には日本語のワッペンを付けているオーナーは面白い顔をして面白い話をするおやじさんだった。

2004年11月4日木曜　はれ21℃　昼38℃　アサンソル〜カルカッタ

　アンサンブルのホテルを7時40分スタート、一路カルカッタへ。きょうはハイウェイだけなので昼ごろに遅くともはつくはずと走りだす。が違った……ハイウェイは80キロで終った。

　新道路・旧道路を入れ替わりジグザグに走る。130キロを4時間かかった。

静かな並木道の道路の脇に食堂を見つける 11 時、早目の昼飯 10 ルピ 25 円。
お客さんは早いのでまだだれもいない。

　その食堂に集まっていたひとりがハイウェイの入り口まで引っ張ってくれ
た。ハイウェイがあったのだ……ありがとうございました。ハイウェイをし
ばらく走っていると「おっとっと……」逆走してきたトラックがいる……ど
うしてそんなことするんだ！地元のトラックだったのか左に消えていく。ハ
イウェイからいつの間にか一般道になった大きな川沿いを走りながら「カル
カッタ」「カルカッタ」とドライバーに聞く。

　カルカッタ？「コルカタ」？そう「コルカタ」……地元の人はカルカッ
タをコルカタというんだ。コルカタ市内に 13 時に入り……街の安宿ホテル
を探しているうちに 15 時になる。1 軒 2 軒 3 軒……4 軒目駐車場もありチ
ト高いが 1 泊 250 ルピ 625 円＋駐車料金 30 ルピ 75 円＝280 ルピ 700 円
……他の 3 軒よりは安かった。

2004 年 11 月 5 日金曜　はれ　はれ　コルカタ

　びっしりとホテルや食堂など入り組んで騒々しいコルカタ（カルカッタ）
を歩いて近場を散歩……インド……か。デリーとは違う雰囲気わたしはこっ
ちの方がいいな。となりの食堂で持ち帰りのカリーをホテルで食べる……ビー
ルも買った。午前中シティバンクにお金をおろしにいく……ATM 今度は
大丈夫だろうか……カードを入れる……戻ってきた。どうなってんだ。今ま
で使えていたのにだ。

　シティバンクでは世界で使えるなんて宣伝しているのに腹が立つ。パキス
タンでも同じく使えなくなって日本に一時帰国した時……新しいカードに作
り替えたのにだ……。それでもパキスタンで使えなかった……なんだか「日
本国内用カード磁気」と「海外用カード磁気」があって海外用になっていな
いのでないかとシティバンクの人に言われたことも「あったこと」を思い出
す。理解してない社員がいるのかもしれないな。

　一般には日本用磁気でも海外で使えるようにはなっているとも話すが……じゃどうして海外用・日本用に分ける必要があるのだろうか……とも思う。電話を入れると「磁気の関係でダメになるときもあると」「他のクレジットカードを使ってほしい」とも……ふざけるなクレジットカード使うならシティカードなんかつくるもんか……バ○ヤロめ。「おまえの銀行は詐欺みたいなもんだ」今まで海外から電話代だけでも数万円かかっているんじゃ。金返せ。まったく腹立たしい。夕方ネットを打ちにいくが日本語打てないので見るだけ。

2004 年 11 月 6 日土曜　はれ　はれ　コルカタ

　午前中市内を走って見よう……走り始めてみたが右折できず帰れなくなってしまった。電車の車庫みたいなところに入りこんだり……市内はチンチン電車の線路の石がめくれて怖くてしょうがない。まわりまわって 2 回も道を聞きながらようやくホテルに戻ることができた。ホテルのスタッフが名刺を渡してくれていたのでわかって助かった。9 時半から 11 時まで走っただけなのにもうこりごりだ。

　ニューバザールに行ってみた……ありとあらゆるものが野菜、果物、魚、肉などなど。肉屋で牛肉ステーキを買った……500g30 ルピ 75 円。あーれーっインドは牛は食っちゃいけないんじゃないのか……売ってるということは食っている人がいるんだろうか……と思う。ホテルに戻って焼いて食べると少し硬いな、でも味はいい……全部くった。

2004 年 11 月 7 日日曜　はれ　はれ　コルカタ

　きのうあったオカベさんという女性と昼食はバザールに行ってステーキを焼いて食べる。大阪出身のオカベさんはテレサ・マリア？の施設にボランティアに行くと話していた。そう言えば若い人たちは結構テレサ・マリア施設に行くと話に聞いたことがあった。大したもんだと思う。夕方には旧バザールあたりを散策。このバザールの方が活気がある。

　ニューバザールは雨の時など濡れないのでこっちの方がいいかもしれないニューバザールに入っている人たちも元は路上で商売していた人たちだろうかな。

2004 年 11 月 8 日月曜　コルカタ

　ゆうべ蚊 1 匹いた。これまで蚊と違ってなんだかおとなしいような音だったな。なんで日本では「蚊」「カ」と 1 文字なのに外国では「モスキット」と王さまみたいな長い名前を付けているのだろう ?9 時すぎに「チャ」2 ルピ 5 円をいつものところに飲みに行く。路上喫茶店。道端の塀の下に板 1 枚の上に腰かけに座って飲む。ネット屋に行ったあとバザールの肉屋さんへ。きのうの肉はうまかった「それとおなじもの」を注文。

　1kg70 ルピ 175 円……1 キロだよ 200 円もしない安さ……買ってホテルに戻る。近くのビール屋は月曜休みと数日前に聞いていたのでニューバザールでビールを買う。午後 2 時ごろから帰る道筋を確かめるためにオートバイで出かける。2 回 3 回ブッダガヤ方面のハイウェイ入り口まで走ってみた。約 1 時間でホテルに戻る。夕方「HSB バンク」の ATM で当面のお金 8000 ルピ約 2 万円をおろすことができた。

　これでどのくらいもつだろうか……計算では 10 日間持たせるつもりである。仲々のにぎやかなニューバザールを通りホテルに戻る。ホテルに戻るとオーナーの家にオートバイを移してくれ、1 日 150 ルピだと言いやがる、なぜだ……。息子が悪知恵つけてお金をとれるところからとるつもりだろう、ふざけんな。内容はわからないがそんな感じがする。「OK」あした他のホテルに移るので相手にしなかった。

　実は他のホテルを何カ所かあたっていた。このホテルより安く駐車料金もとらないホテルを見つけていたのだ。そこはキャピタルホテル。

2004 年 11 月 9 日火曜　はれ　はれ　コルカタ

　なんとなく金にこだわるホテルから他のホテルに移る。200m 離れたホテル屋根付きのガレージもある。250 ルピ +10 ルピ =260 ルピ 650 円。今までは 700 円だった。

　11 時になったのでバザールに出向きステーキ肉 600g35 ルピ 90 円買って

ホテルで焼いて全部平らげる。ステーキ焼くのにこれまで油は使ったことはない……フライパンを熱く熱すれば焦げつかないのだ。夕方床屋へ行って髪をそめる、130ルピ330円。最近夕方5時を過ぎると日が暮れるようになった。

停まるたびに地元の人が集まってくる

2004年11月10日水曜　はれ　はれ　コルカタ

　昼前ラジエターの水（緑色）をペトロールスタンドに買いに行く。90ルピ225円。この頃異常にラジエターの水が減っていくようになった。エンジンのまわりも異常に暑くなり「キー」をさしこむ場所や鍵そのものが熱くなる。何か異常の状態になっているのだろうか……心配だ。グリーン「ワタ（水）」を買ったあとカルカッタからバナラシに向かう道をおととい確認したがきょうはその先まで走って見た。大体大丈夫のようだ。

　その先のハイウェイ入口さえ間違わなければ……スムーズにいくはずと確認して戻る。路上にあるガスライターの補充している店があった。ガスボンベのガス充てんを頼んでいるのできょうステーキは焼けない。近くの食堂でチキンカレーを買ってホテルに戻る。ここではチキンとカレーが別々になっている。チキンカレーと注文してホテルに戻ったらライスは付いてなかった。

　これからはチキンとライスと注文しなければならない（するようになった）。ガスボンベ充てん14時に約束していたが店の人は16時半ごろ充てんに行って戻ってきた……ボンベは重くなった。ガスが違っても大丈夫かいな……ホテルに戻ってテスト……うん大丈夫のようだ。いままでカラになると新しいボンベを買っていた……ネパールで450円。ここで充てんすると50ルピ125円ですむ。よしよし……充てんできることがわかった。

インド・バラナシでライダー5人落ち合うことになった！

2004年11月11日木曜　はれ　コルカタ

　路上喫茶店の脇では5、6人で十文字に木枠を造り時計と同じ方向にぐるぐる回って取り外して……水道ポンプの補修をしている。ニューバザールは休み……さーあしたはバラナシに向かおう。バラナシではオートバイで走っ

ているまだ会ったことのない人たち……荒木さん夫婦、クロのおやじさん、鉄馬美女、4人ともアフリカを走り終わりインドに向かって走って来る。ネットで連絡、インド・バナラシで5人は落ち合うことになった。

安食堂が並んでいるコルカタ（カルカッタ）

2004年11月12日金曜　はれ21℃　はれ昼前25℃　コルカタ～シャムシェトブル

　午後温度計見なかった、見るひまがなかった。コルカタ・ホテルを7時15分出発……2回下見をしているので郊外に出るまではスムーズ。だが朝もや……霧が深く30キロのスローで走る。まぁ急がなくてもいいのだ……と自分に言い聞かせる。2度3度4度「バラナシ」「OK」か……「まっすぐ行け」と応えてくれる。うん？？……太陽を見ると南に向かって走ってるな……。まぁいいや、ハイウェイらしい道に出た……オーこれだ。

　走ったことのある道に似てきたぞ……。OK・OK。自分で納得するがどうも違うようだ。2度3度「バラナシ」「OK」か……「まっすぐ行け」道が極端に悪くなってきた。来る時はこんな道はなかったな……。違ってるぞ……食堂にいたトラックの運転手に「バラナシ」は……「このまま走って15キロ～20キロ走ったら右に曲がれ」と……やっぱり違っていた。H11・33

とか幹線道路？標識が出てきた。

　予定ではアサンソルを通ることになっているが違うようだ。予定した道より南の方を走っているようだ……。途中トラックの運ちゃんにホテルのある街を聞く。今13時だ、「あと60キロ」で「ホテルのある街」に着くとおしえてくれる。ほんとにぴったりその街についた。時間は早いがこの街に泊ろう……「ホテル」「ホテル」オートバイの若い人に誘導してもらう。1軒目断られる。2軒目160ルピ400円のホテルに泊ることにした。大通りに面したホテルはオートバイが目立つが仕方ない。

　オートバイのまわりは人だかり……ホテルの人もびっくりしている。また断られないうちに部屋を決める。シャワーを浴びたら4時を過ぎた。きょうは金曜日でビールはダメだと……しかし部屋で飲む分には「OK」と……5時過ぎにビール2本……1本は150円と高いな……カルカッタでは40ルピ100円だったのに。夕方外では爆竹……花火の腹に響く音が鳴りっぱなし。この街はシャムシェトブルとホテルの人が教えてくれた。

　やっぱり予定よりだいぶ南の方を走ってきたんだ……。道理で途中標識は「ムンバイ」「1848k」とか出ていたなー。

再びブッダ・ガヤに戻る
2004年11月13日土曜　朝21℃　はれ　昼31℃　シャムシェトブル〜ブッダガヤ
　朝6時半シャムシェトブルのホテルを出発。ちょっと肌寒いが太陽が出ているから大丈夫。道は走りやすい道がつづく。どっちに向かって走っているのだろうか……太陽は背中にいるから、まぁ西の方に向かっていることは間違いない。道路標識が出てくるが読めない。150キロで給油。「ブッダガヤ」「ブッダガヤ」を聞いても相手は反応なし「??」おかしいな……。

「ガヤ」そうなのか「ブッダガヤ」じゃないんだ。「ブッダ」か「ガヤ」別々にして聞く。180キロトータル330キロ走ったことになった。走ったほう

だろうインドでは……。今度はパトナ方面を聞いて走る。M5のハイウェイに出た。ここらあたりではハイウェイは幹線道路という意味なので日本とはイメージがだいぶ違うようだ。T路地に来た……「ブッダ」「ガヤ」はどっち……5、6人地元の若い人が集まっている。

リーダーらしき青年は「右」……隣りの人は「左」と教える……しかたない右に曲がったところで止まって又聞いて「そのまま」で「いい」と言うのでそのまま走った。「ブッダガヤ」の名前もあまり知られていない感じがする。「ブッダ」より「ガヤ」だけのほうが聞いて通じた。先週泊まったホテル「Happyゲストハウス」に直行、3時前だ。このホテルは管理人が常駐していないのだ。

係の人が来るまでホテル前でオートバイのトランク取っ手が取れそうなので修理にかかる。30分ぐらいで部屋の鍵を持ってきた。部屋代100ルピ250円。

2004年11月14日日曜　朝方寒かった　はれ17℃　昼21℃　ブッダガヤ～バラナシ

朝5時に起床外は真っ暗だ。そのうち明るくなるだろう……とゆっくり支度する。6時に明るくなったので近くの露天でティを飲み6時30分出発する。仕方ない部屋のカギは中に置いたまま。バラナシまで7～8時間かかるときのう聞いているので早目の出発。幹線A5に乗る。走っているトラックは少ない、100キロを2時間で通過……。うんだいぶ早いじゃない……いま幹線建設中でアスファルトの道と旧道路と交互に出てくる。

走っているのにエンジンがスーッと消える？？どうした……いったん止まってエンジンをかけると復活したようだ……事なきを得る。ホッとするが原因がわからない。工事中の一通なのにわたしの走っている車線に入ってくるトラック。よけないで真ん中に止まりトラックをバックさせる。ガンガ川の大橋にさしかかりオートバイを止めて写真を撮り渡る。12時10分にバナラシ市内についた。

　大通りに止めると駆け込んできた青年は宿屋を世話すると話す……。走って行く青年のあとをついてゆく……ええっ……狭い裏道に入って行くどんどん狭い道に入って行く、スローで走る。曲がるのに苦労する狭い道……オートバイ1台ようやく通れる狭い路地裏に入った。オートバイは屋敷の屋根下が駐車場。歩いてホテルに向かう。1泊120ルピ300円。屋上からガンガ川眼下に見える結構な「Pujuホテル」。

ホテルから望むバラナシ・ガンガ川

　ホテルについたのは13時頃、予定より早めについた。予定では14時〜15時だった。宿について少しはホッとした。きょうの道の悪さは思っていたよりそれほどでもなかった。日本の「アキバハラ」「アキハバラ」と同じなのだろうか「バラナシ」「バナラシ」どっちでもいいと地元の人は話す。

日本人ライダー「バラナシ」で集合・1人目岡野さん到着
2004年11月15日月曜　はれ　バラナシ
　ガンガ川に降りてみた。川沿いに歩く朝だからなのか沐浴する人たちを見かけない。人も少ない……。メインガード付近はにぎやかで船も結構つないである。階段を上がるとバザールに出た。トマト、玉ねぎ、だいこん、ニワ

トリ半分を買った。ホテルで小ぶりの大根は塩漬けにした……新鮮でうまそうだ。昼ニワトリを煮込んで2食分造っておこうと思っていたが1回で全部食ってしまった。

夕方ビールを買いに20分ぐらい離れた酒屋に向かう……ワンケース大ビン12本。重いのでリキ車を拾う……ちょこっと走っただけで街の入り口から「入ることができないと」リキシャはいう、なんだー。重いビールを休み休みホテルまで運ぶ。夕食もそろそろ終わりになる頃「こんばんわ」とノックする人あり……。「岡野さんこと・クロのおやじさん」よくぞ混み合っている狭い裏道のホテルを探してたずねてくれたものだ。

初めて会う「クロのおやじさん」イメージどおりの人、国際的な顔つきはたくましい。さっそくビールで乾杯……あれやこれや話は11時半まで続いた。クロさんビールは久しぶりだったのか気分が悪そうだった。

2004年11月16日火曜　はれ　バラナシ

再び14時ごろクロのおやじさんみえた……屋上に上がりひとしきり旅の話……夕方ネット屋さんに2人で行きホテルに戻る。日本からきている旅人とも一緒に3人で夕食。

2004年11月17日　はれ　バラナシ

大根を買いにバザールへ、だいこん小3本なす3個で4ルピ100円。昼めしにしようとしているときクロのおやじさんが来た。屋上で待ってもらった……ナスを焼き始めたらガス欠になってしまった……あれーこれじゃ米を炊けないや……しょうがないあるものですまそう、街に出てガスの充てんを探したができるところがなかった。夕方ネット屋に行くが腰が痛くて身体がだるい……風邪クスリを飲み7時に寝る。

2004年11月18日木曜　はれ　バラナシ

やっぱり風邪だったんだな……昨日痛みは腰から足にかけての痛みも軽くなった。昼はゆうべ食べ残したチキンカレーも食べられるようになった。

夕方ネット屋へ……永原さんのHPはよく出来ているなー。荒木健一郎さん・優子さん夫婦早くて20日か21日バラナシに着くとメールが来ていた……。鉄馬B女さんはいまどこかいな？

岡野さんに続いてライダー鉄馬B女さんも到着
2004年11月19日金曜　はれ　バラナシ

　早朝からなんだか騒がしいなー。昼間寝たせいかゆうべは3時頃までウトウトしていた。7時に起きてオートバイのカバーが破れているのを直しにでかける。チベットでくすりゆび骨折のとき使った残り「固定用バンド」でカバーのほころびをふせる。オートバイを預けているおやじさんの息子がきょうガンガ川でフェスティバルだとおしえてくれる。ガンガ川に行ってみると普段より多くの人たちが沐浴しに来ている。沐浴している人の中にひもをつなぎ磁石で釘を拾っている人もいる……あぶないから拾っているのだろうか…。いつものようにバザールでトマト、玉ねぎ、しょうがを買う。

　クロさんが15時ごろ来た……。部屋に「どうぞ・どうぞ」入れようとするとそのあとから女性がいる。「こんにちわ鉄馬です」ニコニコとあいさつ。あっ「鉄馬B女」さんなのか。これからビールを買いにバックをしょって出かけるところだった。2人は軽いものを食べながら屋上に上がって待っているからと上がって行く。大ビンビール10本で600ルピ1500円……1本150円……結構重いビールをしょってホテルに戻る、1時間かかった。さっそく屋上で「カンパーイ」飲み会を始める。鉄馬さんはきのう18日昼にバラナシに着いたらしい。

　クロの親父さんはわたしと同じ14日到着。鉄馬B女さんもイメージに近い女性だった。明朗活発……物事にあまりこだわらないタイプかな？心やさしい人柄を感じる鉄馬美女さん。クロのおやじさんも大きな気持の持ち主でおだやかさ感じる。9時すぎまで旅の話……雑談。ホテルに門限があるらしくまたあした会うことにして9時すぎに帰って行った。

荒木さん夫婦到着、顔知らぬ同士５人勢ぞろいした！
2004年11月20日土曜　はれ　バラナシ

　野菜市場でトマト、玉ねぎ、ナス、ニワトリを買った。昼に食べるものである。10時頃ガスを鉄馬Ｂ女さんが持ってきてくれた。「12時からクロさんとインド映画を見に行く」夕方５時に戻ると出て行った。ビールは高いから度の強いウォッカーを仕入れに行く。１本130ルピ320円……よく考えるとビール２本分か。うーんあまり変わらないのか……まぁ一買ってしまったものはしょうがない。爺さんでもよく飲むなー。

　これから先のこともあるので４本買ってストックしておこう。ニワトリを仕込んでいると鉄馬Ｂ女さんが５時に戻ってきた。屋上に上がってみるとクロさんも来ている。ニワトリ鍋をガスにかけてまずは「カンパーイ」。７時頃だろうか男女２人が来た。クロさんがあいさつしている。クロさんの友達なのだろう。ちがった……初めて会う「あらけんさんとぽこゆうこさん」であった。ヤーヤーヤー広いテーブルに移動した。

　到着はあしたと思っていたので早い到着だ。まぁまぁまぁ「まずはカンパーイ」ご苦労さんでした。つのる話は山ほどつまってあっちの話こっちの話に飛んで話ははずむ。
　しばらくして「ところで鉄馬美女は？まだ？」と優子さん。さっきから優子さんの目の前に座っていたのに……「アーあのーわたしですけど…」と鉄馬Ｂ女。「あーごめん、ごめん」優子さん。てっきり「旅行者」でクロさんかマツオさんの知り合いかと思っていたと大爆笑。

　なにしろ５人全員はお互いに初めて会う人ばかりであるのだ。名前は聞いているが顔はわからない者同士でやむを得ない。知らない同士でも屈託がなく気持ちは通じているライダー同士であった。マツオ以外ルートは違うがスペインからモロッコ、西アフリカ・南アフリカ・ケープタウン〜そして北上……アフリカをぐるーっとひとまわりしてきたつわものばかりのライダーである。マツオはチベットエベレスト・ベースキャンプから降りてきた。

自己紹介しよう。

クロのおやじさん→岡野秀樹・クロは犬の名前らしい

……XR400R・大阪

あらけんさん→荒木健一郎・ぽこゆうこさんのご主人

……ジュベル250XC・福島

ぽこゆうこさん→滝野沢優子・「ぽこ」は犬の名前らしい

……セロXC225・福島

鉄馬美女さん→杉野真紀子・野宿の達人すごいライダー

……ジュベル250・滋賀

バイクの松尾→松尾清晴・56歳から世界を走行中いま61歳

……ワルキューレ1500cc・佐賀県嬉野出身・埼玉さいた
ま市在住（2020年8月熱海に移住）

4人のルートは違うがそれぞれアフリカを回ってインドまで走ってきた。松尾はチ
ベット、エベレスト、ベースキャンプから降りてきた。左からクロさんこと岡野さん、
松尾、滝野澤優子（ぽこゆうこさん）、鉄馬美女さんこと杉野真紀子さん。ここで全
員お互い初めて顔を合わせる。荒木健一郎さんは二日酔いで顔見せず。

　ふたたびあの話この話……うんうん……そうだそうだ。旅先のこと、オー
トバイのことあっちこっちの国の話に飛んでしまう。久しぶりに日本語で

しゃべれる楽しい宴会になった。荒健さん(荒木健一郎)・ぽこゆうこさん(滝野沢優子) 夫婦はウィスキーボトル (大) 毎晩2人で半分は飲むと優子さん、豪快な酒豪夫婦はたのもしい。これじゃなくちゃ。うれしくてわたしも負けていられない。お互いに相当に酔いも回ってきたようだ。

　優子さん・鉄馬美女女性同士の話もあるようだった。あした12時に会う約束して11時を過ぎたので一旦休憩にしてとりあえず散会……それぞれのホテルに散っていく。

松尾以外見るからに頼もしさをかもしだしている「モサ」ライダー左から鉄馬B女さん、クロさん、ぽこ優子さん、バイクの松尾。インド・バナラシ、ガンガー川の見えるホテルの屋上。荒健さんは二日酔いでダウン (と思っていたらこの写真撮ったのは荒木健一郎さんだったとか本人の話) すみませんでしたね。

2004年11月21日日曜　はれ　バラナシ
　12時の宴会に間にあうようにトマト、玉ねぎ、ニワトリの買い出しに向かう。仕込み終わってガス点火しようとしたが……つかない。レストランの

厨房に 10 ルピ払って煮込んでもらうことにした。クロさん、鉄馬美女さん、優子さんは見えたが……健一郎さんは二日酔いでダウン寝込んでいるとのこと。アルコールは控え目にして 4 人で雑談は 5 時ごろまで続いた。ネット屋に行って 7 時頃ホテルに戻る。

　健一郎さんが来た……優子さんと入れ違いになったらしい。1 人屋上で飲み始める、降りて行った健一郎さんは優子さんと再び現れる……2 人はアルコールが強い、強い。わたしも呑み助大好き人間だ。11 時近くまで飲んであした朝ガンガー川めぐりに行くことになった。あした朝 5 時 50 分ボート乗り場集合。

2004 年 11 月 22 日月曜　はれ　バラナシ
　朝モヤがひどい 6 時前にボート乗り場に着いた。クロさん、鉄馬 B 女さん、健ちゃん、優子さん、日本人旅行者福村さんがすでに来ていた。朝モヤの中ボートツアーいつもは太陽が上がる時刻なのにまったく太陽が見えない。火葬場〜沐浴など見物見て回ったが……残念ながら晴れてくれなかった。終わったあと食事に向かう、日本食レストランで朝食。

　みんな食欲旺盛だがひとり二日酔い気味食欲のない荒木健さん。中華丼を食い終わり荒木さんの残したチキン丼も平らげた鉄馬美女の食欲は目を見張る食いっぷりだ。その鉄馬 B 女さんがこれからブッダ・ガヤに向かって走り始めると話す。全員で見送りにホテルまで向かう。「ではみなさんよい旅を」11 時にお互いに握手して別れる。洗ったばかりのパンティを走りながら乾かすと話して荷物のゴムにくくりつけて走り去った。

　さすがに豪傑そのものだ、頼もしい鉄馬 B 女ライダーに敬服。ネパール・カトマンズで同じホテルだった名古屋出身と三重出身のカップルが来た。インドをオートバイで走りたいと相談に来た。オートバイの購入、走るときの持ち物とか注意することなど聴きに来た。そこへ荒健（荒木健一郎）さん・優子さんがやってきた。ちょうどよかった、2 人を交えてカップルの相談にのってもらう。

ライダー鉄馬 B 女こと杉野真紀子さんブッダ・ガヤに向かって走る……準備中のジュベル 2 5 0

　そのあと荒健さん優子さん夫婦とは 10 時過ぎまで呑みながら過ごす……思い出に残る呑み会だったなーうれしかった……ありがとうございました。

11 月 23 日火曜　はれ　バラナシ

　夕方荒木健一郎さん優子さん夫婦、クロさんこと岡野さんがホテルレストランに来ていた。わたしはネット屋に行き 19 時過ぎにホテルに戻ったところだったのでちょうどよかった。4 人で飲みながら過ごす……あした出発すると話したら「見送りに出る」と……優子さんとクロさん。

2004 年 11 月 24 日水曜　はれ 18℃　はれ 25℃　バラナシ

　朝 5 時半に目が覚めた。外は暗い。停電？か……6 時過ぎに電灯がついた。荷物をまとめてレセプションへ。荷物を積み込んでいるところへクロさんが、7 時過ぎにぼこ優子さんが見送りに来てくれた……荒健さんは飲みすぎて「よろしくと」優子さんが伝える。ぎりぎり通れる狭い裏道……牛が来た……わたしのオートバイなどお構いなしに平然とハンドルにつかえ圧力を受けたがどうにか通り過ぎた。

わたしのオートバイはバラナシの狭い
路地裏に牛が堂々と歩いてくる……ハ
ンドルに牛の圧力を受けるがどうにか
無事に通過……
写真撮影・滝野沢優子さん

インドはどこに行っても人が寄ってくる

「どうもお世話になりました」「お互いに気をつけて」「走りましょう」。バ
ナラシから目的地を聞きながらすすむが違うようだ。逆方向に走っている。
うーん違う……戻ったり進んだり……まったくほんとのこと教えろよ。マイ
カーの人に頼んで、うしろについてようやくハイウェイに乗ることができた。
どうしてだ……？走っているのにエンジンが止まってしまう。集まってきた
地元の人に押しがけしてもらいエンジンはかかった……ホッとした。

2004 年 11 月 25 日木曜　はれ 18℃　バラナシ〜ナークブル

　きょう走るのは 200 キロぐらいだろうか……だいぶゆっくりで大丈夫だ。
道路下の店で道を訪ねるついでに途中ボックスの「取っ手」をなおす。200
ルピだったがポケットには 160 ルピしかなかったので負けてもらう。田舎
道を走る途中のモーテルに入る。150 ルピ宿代。ビール 110 ルピ、料理注
文しているのになかなか持ってこない……酔った勢いでホテルの従業員を脅
かす「約束は守れ」。

そろそろ夕食のビールを確保のため２、３回店を聞いてたどり着いた酒屋前

2004 年 11 月 26 日金曜　朝 18℃はれ　ナークブル

　道はそれほど悪くはないがなかなか進まないなー。ナークブル通過。途中ビール 80 ルピを買って宿泊の用意。トマト、玉ねぎも買う。最後にチャパティを買って野宿の準備 OK。朝赤い太陽の陽を浴びて夕方 4 時キャンプ地を探す。オートバイのエンジンがかからないことも考えてあまり奥深い場所ではなくて幹線道路が見える場所にテントを張る。

　平坦でいい場所があった。満月の月の光の下は気持ちいいものだ。きょうの道はよくなって 300 キロ近い走りだった。意外に冷えてきた……夜中に起きて上衣・下衣を重ねて寝る。どうしてこんなに寒いのだろう。

朝起きるとテントの周りには地元民いっぱい

朝起きたら地元の人たちがテントのまわりを取り囲んでいた。（棒きれもっているのを今見るとやっつけてやろうとの思いだったのではないかと思えるなー）

橋の上事故車迂回する
2004 年 11 月 27 日土曜　19 度はれ　昼 31℃はれ　チキリ

　きのうは久しぶりにでこぼこ道ではなかった。ゆうべは静かでよかった。道はいいなーと走り始めていると……渋滞している。橋の上でなんとトラックが横転して欄干に動かない程がっちり食い込んで……紙の荷物がそこら中

に散らばっていた。相当時間がかかりそうだ。しょうがないう回の道を聞き
だして走りだす「迂回の道」大丈夫かいな。何回も何回も聞き 100 キロ近
くのう回になってしまった。

橋にトラックが横転してがっちり欄干に食い込んでいた。う回道を聞きながら走った。

　初めて見る「どくろ」のマーク……なんの標識だろうか。う回したので「石
寺」を目指していたがわからなくなってしまった。ここはどこだぁ？チキ
リという街らしい。レストハウス 200 ルピ 500 円に泊る。

変わっためずらしいオートバイに集まってくる地元の人たち

インドアジャンタ遺跡

2004年11月28日日曜　はれ20℃　チキリ〜アジャンタ〜エローラ

　ここは朝、温かかった。7時30分出発しようと宿代を払いに行くと管理人がいない。掃除する人はいる「出発するけどOKか」首を横にたおす、OKの意味だ。泊り客の人たちにトラック・マイカーのドライバー5、6人に見送られて出発。喰い逃げじゃない……夜逃げでもない……踏み倒しでもないがこんなことなんていうのだろう。あとでバチがあたるかも。壁画のあるアジャンタに10時半に着く。

岩をくりぬいて壁に長大な彫刻群・アジャンタ

　給油180キロ走って9リッター……だいぶ走るようになったな。そう言えばスピード60キロで走れるようになった。25、26日ころからバタバタと大きな音をさせていたが、それが無くなり「スー」とパワーが出るようになった。アジャンタの壁画部屋は何十も造られている。その都度クツを脱がなければならないので面倒なことだ。岩をくりぬいて部屋を区切り……壁画は目を見張るものばかりであった。

　13時にバスターミナル着く。次の観光地エローラまでは「100キロ」と

……現地の人が親切に教えてくれた。時間的に無理だなと思うが行くだけ
行ってみよう。16時には着いた。充分観光できる時間だ。250ルピ5ドル払っ
て中に入る。いつかガイドブックで見た仏像の中に男女結合の写真が載って
いた。ひと回りぐるーっと見て回ったがそれらしき物は見つけられなかった。

石仏壁画・見事な彫り物に圧倒された。
アジャンタ。係官の女性

　出口でエロチックの「石仏」は……係官が指差す2階に行くとそれはあっ
た。周りにはわたし以外だれもいない。興味あったのはおれだけだったのか
……。まぁ250ルピ370円払ってここに来たのはこれを見るのが目的だっ
たのだから……元をとった気持ちになる。すでに6時を過ぎているエロー
ラを出たところのホテルに泊まろう。出口はどこの観光地とも同じで両サイド
におみやげ屋が並んでいる。

　おみやげ屋の終わったところに高級ホテルらしき玄関……値段だけ聞いて
みよう。900ルピ2200円やっぱりな……高けー。その高級ホテル前にある
……従業員宿舎みたいな宿150ルピ370円。高級ホテルでビール2本85
ルピ210円買って安宿に戻る。

　安宿の裏手に草ぼうぼうの広大な空き地を指差して日本人が買った。これから開発するらしいと宿の人の話だった。インド・アジャンタ、エローラは見終わった。あとはもう見物する気がしない気が楽だ。

石に複雑な彫刻のエローラ

オートバイが飛びだしてドッカーン交通事故

2004年11月29日月曜　朝20℃　はれ　昼31℃　エローラ～ムンバイ

　ホテルミラノ（ミラン）を8時前にスタート。ムンバイに向かう約450キロと現地の人の話。ハイウェイに出るといい道になると聞く。どうもハイウェイと聞くと日本のハイウェイを思い浮かべるイメージをしてしまう。ハイウェイに出たが今までと変わらぬ道路である。標識が出てきた「ムンバイ350km」意外と早くつくなー。12時ごろ昼めし。道は相変わらず片側1車線……カーブも多い。

　だんだんビルの建物が多くなって今までとはだいぶ雰囲気が変わってくる。ムンバイまであと60キロぐらいのところから片側2車線になった。結構車もスピードを出している。80キロのスピードでも大丈夫のようだ。信

号で止まっていっせいにダッシュ……おれも負けじとアクセルを絞った。前方に……あーっトラックが反対車線から走行車線に入ってきたのが見える……やばい……。

やべー、スピードを落とすがぶつかるぞ……。トラックは半分はみだしたまま止まった。オーよかった……すり抜けようと……したとたんトラックの陰からオートバイが飛び出して……ドッツカーン……衝突。頭が一瞬真っ白。起き上がるが右肩が痛い。腕を上げると上がるが痛い。「このやろう……どこを見て走ってんだ……」日本語でどやしつける。オートバイの青年は頭から血を流している。

周りは人だかりになっている……オートバイを起こしてもらう。フロントのカバーがタイヤに食い込んで動かない。自動車工場がそばにあり食い込んだタイヤに食い込んだカバーを鉄棒で戻すが動かない。オートバイに乗った人が手招きしている「こっちに来い」100mぐらいのところにオートバイ屋があると言う。手伝ってもらいオートバイ屋まで押していく。オートバイ屋の2軒隣に病院があることも地元の人に教わる。

オートバイの修理を頼んで病院に行く。腕を上げたり下げたり軽いけがみたいなことを言う。事故った青年も病院に来ていた頭に包帯を巻いている。「なんで左を見ないで飛び出したのだ」「この野郎金よこせ」簡単な貼り薬を塗って70ルピ170円払う。しばらく横になり休んだあとオートバイ屋に戻る。フロントカバーは直してもらっていたが前ブレーキのデェスプレイがダメだ……ムンバイで直せと店のご主人。

修理代はいらないと言ってくれる。「ナマステ」ありがとう。身体は痛いがどうにか乗って走れるようだ……オートバイも走れるようになったのでまずよかった。ゆっくり40キロ50キロのスピードで走る。衝突したのは3時頃……今4時だ!事故現場に1時間いたことになる。17時ごろムンバイの市内に着いた。顔をしかめながら2度、3度ホテルを聞く。5階建てぐらいの旧いゲストハウスがあった。

　そのホテルの前に止めると地元の人だかりになる。アクシデントのため顔をしかめていると……50歳を過ぎた男の人がホスピタルへ連れて行くと……オートバイはそのままにして荷物はおじさんの車に移した。近くの病院は知り合いだと話す……マイカーに乗ってその病院へ向かう。ありがとうございます。レントゲン写真をとってもらう……少しの損傷？2週間ぐらいで直るだろうと。

　2500ルピー6200円の請求。手元には500ルピしかない。残りは12月3日再診察の時に持ってきますからと了承してもらった。病院に連れてきてもらったおじさんは奥さんにも連絡してもらったらしく病院に来て付き添ってもらった。若い人たち含めて4人でオートバイのところまで戻った。ホテルを変えた方がいいとおじさんのアドバイスでついていく。おじさんのマイカーのうしろについてホテルの庭に入る。

　ありがとうございました。おじさんはムンバイと香港を行ったり来たりしていたビジネスマン、今はリタイヤーしているとのこと。香港の身分証明書も見せてくれた。ホテルの部屋に入ったのは8時を過ぎていた。400ルピ1000円。3人が帰られたあと近くのレストランに入る。ビールが高い1本120ルピ300円。カレーライス食べて500ルピ1250円だ……。まぁきょうはしょうがない。痛めた肩にはたすき掛けしたままベッドに入る。

事故のあとムンバイに到着。ホテルも移動
2004年11月30日火曜　はれ　ムンバイ

　泊っている駅前のホテル、きょうシングルルームに移った。しばらくしてオートバイの駐車のことで……問題があるようなこと言ってきた。レストランのお客に迷惑がかかるようなことを言う……他のホテルに移ってほしいとのこと。くわしくはわからない荷物を出してすぐ近くに安いホテルがあると話す。おれは「オートバイは動かせないぞ……」……案内されたホテルに向かう。

　2000ルピ5000円とんでもない。2軒目も同じ……3軒目1100ルピ

2700円、朝散歩がてら聴いていたホテルだ。しょうがないここに泊ることにして荷物をタクシーで取りに行く。さすがに高いだけあって大型テレビ・ホットシャワー、部屋もきのうのホテルとは段違いである。きのう泊まったホテルの部屋はアルミ板で部屋を仕切ったようなプレハブみたいなホテルだった。まぁしばらく肩の痛みがとれるまでここにいることにする。

ケガで気がめいって旅やめてしまおうかな
2004年12月1日水曜　はれ　ムンバイ

　病気したり怪我したりすると気がめいるなー……もう走るのをやめようとかの考えになってくる時もある。これからオートバイの前ブレーキも直さなければならないし……いっそのことここムンバイからオーストラリアに船で送ってしまおう。しかし船便の港がどこにあるのか、船会社もわからない……日本領事館に行って相談してみるかな……頭の中を駆けめぐる。お金も残額が少なくなってきているしなー。

　ここのホテル2750円×10日=27500円は痛いな。まぁ肩の痛みがとれるまでしかたないか。これからのことは肩の痛みが取れてからに考えよう。遠い国でのアクシデントは心細いものだ……だんだん弱気になってきている。東京海上に電話する。診療代は出るがホテル代は事前に予約してないので出ないとのこと……とそっけない。そうなのか、ホテル代が出れば助かるのになぁー。

2004年12月2日木曜　はれ　ムンバイ

　日本大使館に電話してみるがかからない……話し中……それとも番号違いなのか……。今日じゃなくてもいいや。近くのを散歩がてら酒屋へ……あーきょうは休みになっている。駅前の酒屋に行ってみた……オー開いているよかった、よかった。

2004年12月3日金曜　はれ　ムンバイ

　少しは肩の痛みもとれてきた感じだ。ひげそり、顔洗いは左手だけですませる。洗濯は桶に水だけ入れてつけるだけで……足で踏んでおしまい。動く

左手で右手を動かすこともある……。なんだかおかしな感じで寝返りも打てないので不自由なことこの上なし。午前中探しておいたネットカフェに行ってみる。メールは長女からだけ写真がようやく着いたと……ネパールからサンフランシスコまで1か月半かかったことになる。

　自分のホームページにはインド・ムンバイに着いたことだけ書き込み……事故のことは書けなかった……心配するからなー。午後タクシーで日本大使館に行った。オーストラリアへオートバイを送る船会社の相談。女性のイワタさんが応対してくれた……大使館が使っている船会社2つをコピーして紹介してもらった。パキスタンの日本大使館女性には冷たくあしらわれたがここでは温かさを感じる。人間的な親切もある。

　船会社をつかめてひとまず安心だ。きょうはレントゲン写真をとってもらった最初の病院に行く日だった。病院の場所もわからないしそこに行くと残り2000ルピも払わなければならないし、このまましらばっくれてしまおうか……。しかしせっかく香港の人、連れてきてもらった現地の人お世話になっていることだし。そうはいくまい、まぁ月曜日に病院を探してみよう。

コルセット 500 円病院で買う
2004 年 12 月 4 日土曜　ムンバイ
　午後3時過ぎに病院に行く……コルセットがどうも肩に当たるのだ……タクシー20ルピ50円。大きな病院でグッドだとホテル・レセプションの話。いままで布を丸めて背中でしばる簡易コルセットだった。この病院ではアラスカで使ったようながっちりした新式コルセットに近いものだった。200ルピ500円払って買った。ドクターに処置してもらったが脇下がチカチカあたるが慣れれば気にならなくなるのかな。

2004 年 12 月 5 日日曜　はれ　ムンバイ
　日曜でなにもすることなし……夕方ネット屋にいくだけ。さて、あした運送会社のことうまくいくかどうか……。

2004 年 12 月 6 日月曜　ムンバイ

　日本大使館に行く前に電話を入れてみた、イワタさんの都合のいい時間に合わせようと思って電話した。イワタさんは自分で電話してくれるという。その間に最初に行った病院探しに出かけてみた……たしか北の方から下ってきたのでその思いをたどって走った。大通りだったからすぐわかるはず……しかし、いくら探しても結局その病院はわからなかった。「すみませんでした」自分の気持ちだけで済ませてごめん。

　「船会社」に電話したが担当者がいなかった。今まであった運送会社はかなり離れた場所に移転したらしいと親切に教えてくれ午後電話するようにと大使館のイワタさん。午前中に聞きたいことをイワタさんに FAX を送った。「車種・ホンダワルキューレ・1500cc・98 年型・長さ 255cm 幅 100cm 高さ 120cm 重量 330kg(荷物なし)。送り先ムンバイからオーストラリア・パース」、など……。

　また
　①オートバイをホテルまでとりに来てもらえるだろうか
　②輸送期間はどのくらいかかるか
　③輸送費の見積もりも教えて
　と書き込んだ。それによると見積もりは 7 日か 8 日に FAX が返ってくる……それまで待つようにと。よし……ひとまず安心だ。

一夜漬けスイカの皮は元気の素
2004 年 12 月 7 日火曜　はれ　ムンバイ

　朝 10 時前インド門あたりを見物するためタクシーで向かう。120 ルピ 300 円ホテルを出るとき支払う、片道である。インド門まで 12 キロと聞いていたがもっとありそうな距離だった。インド門あたりは人々でいっぱい。インド人らしい人ばかりである。船で遊覧するのは外国人がほとんど。ゆっくり一回りしたあと安いホテル探しに歩く。500 ルピ 1250 円が最低で環境も部屋もあまりよくなかった。

インドムンバイの「インド門」

　12時頃ホテルに戻る、タクシー代150ルピ・300円。15時にイワタさんに電話することになっている。電話すると「オーストラリアからまだ返事が来てない」と……見積もりも、あした電話した時にとのことだった、やっぱりなー。夕方、NHK地球ラジオへネットでレポートを送る。ホテルに8時ごろ戻って、昼間塩漬けていた「スイカの皮」をつまみに晩めしとする。スイカの皮の味はまぁまぁだった。

　スイカの赤身は食わないで日本人は白い「皮を食うのか」昼間屋台を引きながらスイカを売っている人に言われる。皮は別にしてスイカの赤身を切って売っているのだがわたしは「皮だけ」売ってくれと頼んだのである。佐賀、

嬉野古田の実家では夏になると「おんぼしゃん（おばーちゃん）」は食べ終わったスイカの皮をそいで米ぬかに漬けてくれていた。今もその味を忘れられなくて、スイカのある国では皮を塩漬けて食っている。これは何よりも元気が出る。

2004年12月8日水曜　はれ　ムンバイ

　朝、シティバンクまで歩いてカードが使えるかどうか行ってみた。30分ぐらいかかった。やっぱり使えない、まったくなーシティバンクには泣かされる、まいったなー。15時に大使館のイワタさんに電話を入れることになっている。15分前に「船会社」に電話したがまだ「fax」が来ていないと……イワタさんの返事が返ってきた。親身になって船輸送のこと面倒見てくれている。迷惑掛けているなーすみませんイワタさん。

インド門のとなりにある有名なホテル……の名前なんだっけなー
そういえばこのホテルはゲリラかなんかで火災に遭ったことも思い出した。

　5時に再び電話した……「まだ来てないとのこと」これだけ面倒見てくれるイワタさんには申し訳ない気持ちだ。きょうもスイカの皮だけをもらって

きて塩漬けにした。

2004年12月9日木曜　はれ　ムンバイ

　風邪気味だ。クスリ飲んで一日中部屋の中。夜汗びっしょり……少しは良くなるか。ホテル代10日分、27000円＋食事代＝32000円カードで支払う。

オーストラリアへのオートバイ船輸送とんとんスムーズに進む
2004年12月10日金曜　はれ　ムンバイ

　イワタさんより日本語通訳者を紹介してもらった。サリータさんという女性。そのサリータさんに電話を入れた。出来たらきょう「船会社」行きたいと話した、午後2時にホテルに来てもらってタクシーで船会社へ向かう。サリータさんは日本に3年間いたとき日本語を覚えたと話す。1時間以上も……かかって船会社「インタレン Interren」に着く。セキタさんというインド女性が応対してくれる。

　見積もりより800ルピ負けてもらい「OK」することにした。実は……対応したセキタさんは日本語を教えている通訳者サリータさんの生徒だったのである。一緒に来ているサリータさんは「印日協会」で日本語の先生だった。またこの船会社の社長も生徒だったことが分かった。とんとん拍子で話は進みあしたオートバイをホテルまで取りに来てくれることも決まった。5時過ぎにホテルに戻る。

「ケチ」の反対語は「なんという」？わからん、知らん

　風邪気味だったので「新聞紙」でわたしは鼻をかんでいた。ホテルに戻る途中タクシーの中でわたしは「ケチ」なので新聞を使っているのですと話した。するとサリータさん「ケチ」の「反対語」は「なにか」と聞いてきた。ええーっ「反対語？」はないなー。サリータさんは途中で降りた。通訳代いくらですか……今日はいらないと話す。ありがとうございました、降りるとき500ルピを渡した。この金額じゃ「ケチ」と思われたに違いない。すみませんです。

　通訳料についてイワタさんも知らなかった……500ルピはやっぱり少なかったかな……と反省。次の日電話で……通訳してくれたサリータさんに「少ない金額ですみませんでした」ケチの反対語はありませんが「わたしのことを「ケチ」と言うのです……ちょっと間をおいてサリータさん電話口で笑い出した。

オートバイは船でオーストラリアに送る
2004年12月11日土曜　はれ　ムンバイ〜バンコク

　11時にオートバイをとりに来てくれた、汚れたままのオートバイだ。オーストラリアでは汚れたままじゃまずいかな……気になるが肩が痛くて洗う気持ちにならない。総勢12、3人で積み込んでくれた。どうやって積み込むのか心配していたが……さすが運送会社だ、それなりのトラックと人数を用意していた。インド〜オーストラリア船運送料55000ルピ13750円。このお金は朝方ATMでマスターカードを使っておろしていた。

　領収書とオーストラリアの受け取りアドレスについては夕方5時までに届けるとのこと。これですべて終了。オートバイがオーストラリアに着く間日本に一時帰国しよう。それではと……さっそくバンコクまでの飛行機のチケットを買いに行く。バンコクまで行けば日本までの往復チケットが安く手に入ることだろう。街の2階チケット会社に行くと安いチケット・今日の23時50分発があった。32000円よしこれで行こうと……決めた。

　領収書・現地受け取りアドレスなど書類は4時半に持ってきてくれた。ホテルを18時30分に国際空港までタクシーを飛ばす。約1時間200ルピ450円。お世話になったイワタさんに「こんなに早くスムーズに事が運び感謝いたします」とFAXを入れた。なんだか夜逃げみたいな感じでインドをはなれることになる。でもホテル代2700円に食事代を考えると1日も早くはなれた方が得する。19時30分空港に着いた。

　カウンターチェックインは20時30分から……いつものように早めに並んでいちばんうしろの席をゲットする。席がウイング羽根の上だと下の景色

がまったく見えないのでつまらないからだ。出発まで時間がある、レストランでスパゲティとビールを注文……ビール1本200ルピ500円もする。もったいないので持っていたウィスキーをたらして1本でやめとく。ロビーに戻りタバコ屋は……あっちと指さす……行ってみるが「ない」。

こっちと指さす方へ行くが「ない」。「切れた」・「知らなきゃ知らないと言え」……ウィスキー屋に戻って怒鳴りこむ。まったく最後の最後までだまされ続けたインド。結局タバコ屋はなかった。23時20分搭乗が始まり。2005年12月12日12時12分インドをはなれた。やったーインドを抜けた。もう来るもんか、インドなんか！でも親切でいい人にも出会った。しかしそれ以上に誠意のない人が多かったなー。

一時帰国前タイ・バンコクに到着、カオサン通り
2004年12月12日日曜　はれ　バンコク
　朝5時ごろバンコクに空港に着く。バンコクにもうついたか……。タクシーで「カオサン・ロード」通りまでタクシーで行く。街は朝が早いせいでひっそりとしている。ホテルを探す250ルピこぎれいな部屋だったので泊ることにする。「トップゲストハウス」はカオサン・ロードの中にあるホテルだ。夕べほとんどほとんど眠ってないのでベッドで横になる。10時過ぎにぎやかな街カオサン・ロードを歩く。

　これがガイドブックに出ている有名な「カオサン・ロード」なのか。11時半日本の食堂「すし屋」に入る。ひさしぶりだ目いっぱい食いたい。まずビール・刺身。にぎりはマグロと鉄火を注文。店の窓にはマスコミに取り上げられた新聞・雑誌の記事をはってある。刺身もマグロの色も味もいまいちだった。がっかり……しょうがないのかなー。マスメデアに頼って味の方をおろそかにしてないか……。

2004年12月13日月曜　はれ　バンコク
　カオサン通り2日目の朝。さすがに外国人が多い……ほとんどが外国人ばかりである。レストランやカフェの店先に出しているガーデンテーブルは

どこでも混んでいる。朝食……ビールを飲んでいる人も。おみやげ屋さんは
これから営業なのか少しづつ商品を並べにかかっている。昼食はカオサンの
1本北の道で屋台に行った。サカナの揚げたもの、焼いたもの惣菜も盛りだ
くさんだ。

はじめてきたにぎやかなタイ・バンコク・カオサン・ロード。外人さんばかり
この時間は朝早いのでまばらだけど昼間は賑やかに人出になってくる

　その屋台でたまご、アジの揚げ物持ち帰りパックに入れてもらいビールは
コンビニで買う。ビールは店で飲むより半分以下40ルピで買えるからグッ
ドだ。午後昼寝したあとぶらぶら歩きながら航空券チケットの安売りショッ
プを探す。裏通りに小さな格安航空券ショップ店どこよりも安いバンコク日
本33000円を見つけた、なんと往復で・ある。一気に日本へ一時帰国する
気持ちに動く。しかしまだ買わなかった。

　夜は近くの屋台でつまみをパック詰めにしてホテルに戻って食べる。カオ
サン通りのにぎやかな音楽は明け方2時頃まで響く。うるさいなどとは言
えまい……自分からここに飛びこんできたのだから……。いつの間にか寝
入っていた。

外国人が多く夜遅くまでにぎやかな街。バンコク・カオサン通り

2004 年 12 月 14 日火曜　はれ　バンコク

　10 時過ぎ街の散歩に出かける。いい天気が続いている。午後になっても
それほど暑くはないな。きのう格安航空券ショップで日本まで往復航空券を
申し込む。きのう聞いた航空券 33000 円は日本からバンコクに戻るチケッ
トがキャンセル待ちになっているという。いやいやこれじゃ予定の日に戻っ
てこれなくなる。他の航空券を探してもらう。インド航空は帰りも OK だ。
しかし 1 万円高くなって往復 43200 円。

　まぁ仕方ないその日本往復チケットを買う。18 日日本へ一時帰国するこ
とにした。夜は韓国料理店でサカナ、イカを炭火焼で食べる。ビールは 60
ルピと安かった。うまかったなー……魚もイカも……。「18 日」一時帰国す
るからと自宅に電話を入れる。

2004 年 12 月 15 日水曜　バンコク

　一日中ぶらぶら歩き夕方ネット屋に……晩飯はきのう行った韓国店へ……
今日は焼肉を注文したがうまくなかったなー、でも食ってみなきゃわからな
いからしょうがない。損した気分だ……失敗。

2004 年 12 月 16 日木曜　バンコク

　ふるさと、佐賀・嬉野吉田出身の石井さんは長くバンコクに仕事で来ている。「関東地区ふるさと吉田会」前会長石井種郎の息子さんである。朝方その石井さんに電話を入れる。今日はお客さんがある。あした 17 日 18 時に会うことになった。息子の石井さんはいくつ位なのだろうかな。昼前に髪をカットして染めてもらうために美容院へ……1 軒目 500 バーツ、2 軒目 400 バーツ。安い 2 軒目に入った。

カオサン通りの路地裏にある
泊った TOP ホテル

　カットして染めている間 30 分の待ち時間……店の前の屋台でビール、うどんを食べる、美容院を出て夕方いつものネット屋へ。NHK スタッフ安田さんからメールが入っていた。帰国したとき「正月 1 月 1 日」特別企画「地球ラジオ」生放送にぜひ出てほしいとのメールだ。うれしいな……世界同時放送なので、なんと言っても正月に日本の人に世界の人に聞いてもらえることはなんとも嬉しくうきうきしてくる。

　スタジオがどんな風になっているのかも興味があるし、さっそく「OK」の返事を出した。サッカーが延長にならなければ午後から 3 時間の特別番

組らしい。今までより出演時間を多くとると保田さん。また同じ地球ラジオに出演しているバックパーカー「藤原夫婦」がバンコク・カオサンに来ているとのこと……さっそく泊っている「ホテルアドレスと電話番号」を送った。あしたまでだからなー……さて会えるかどうか。

2004年12月17日金曜　バンコク

　夕方泊っているホテルまで石井さんが迎えに来てくれた。運転手つきの車だった。かなり走って日本人街の居酒屋へ。ビル街といい日本語看板といいまったく日本と同じ雰囲気だ。新鮮な魚の店に入る……あつかましくたべたい刺身注文、腹いっぱいごちそうになった。息子さんはお父さんに似てやさしい人柄だった。ごちそうさまでした。そのまま空港まで送ってもらった。ありがとうございました。

日本……一時帰国……自宅へ
2004年12月18日土曜　バンコク～日本

　バンコクから成田空港、日本時間9時頃到着……自宅には13時頃着いた。ただいまぁー。家内は仕事で留守……19時頃帰ってくる。久しぶりにゆっくり風呂につかる。マグロ刺身を用意してくれている。ありがたい。

ここから日記しばらく休憩中…………
2004年12月26日　日本

　スマトラ沖の大地震で犠牲者が多数でている（最終的には22万人の犠牲者と報道2005年2月1日現在）周辺国の海岸には津波が襲った。わたしはインド・ムンバイからチェンナイに向かいチェンナイの港からオーストラリアに船で送ろうと最初考えていたが事故にあったのでムンバイから送ったのである。考えるとチェンナイで津波の犠牲になっていたかも……行かなくてよかった。

帰国した理由は日本の駅伝大会期間

　インドで事故った肩の傷を治すこと。12月……高校駅伝、正月の実業団・そして正月1、2日は箱根駅伝……さらには都道府県対抗駅伝……女子、男

子と続き……マラソンも……正月から２月までほとんど毎週のごとく競技
は続く期間である。約２カ月たのしい時間を日本で過ごしたい。……2004
年終わり。

2005 年新年おめでとう。NHK「地球ラジオ」出演

2005 年 1 月 1 日土曜　日本

　NHK「地球ラジオ」特別番組・後藤繁榮さん、大輪香菊さんアナウンサー
の司会で進む……初めてお会いするアナウンサーのお２人、スタッフの方々。
無事になんとか終わった。スタッフのみなさんといっしょに渋谷NHK放送
センター近くの居酒屋で「新年おめでとう」カンパーイ！たのしかった・あ
りがとうございました。さー今年もいいスタートがきれそうだ。

後藤繁榮・大輪香菊アナウンサー
渋谷・ＮＨＫ地球ラジオスタジオ

オーストラリアに向かう

2005 年 2 月 2 日水曜　晴れ　日本〜バンコク

　オーストラリアへの旅……朝 7 時 45 分自宅をでる。成田空港 9 時 45 分
到着。インド航空は欠航になっている。JAL 便に代わって 15 時 55 分に振
りかえられているようだ。ホテル代と食事代 1500 円で近くのホテルに泊る
こともできたがそのまま JAL に乗ることにする。とんかつ屋でビール飲ん
で昼めしとする。食事券 1500 円を使う。16 時 20 分、日本からバンコクに
向かって飛行機は飛んだ。

これからオーストラリアの旅へ

　飛行機は本線からスピードあげ離陸するまでの間……毎回わたしが測った
ところでは、どこの国でも大体 32 秒から 35 秒ぐらいで飛び上がって行く
ようだ。中にはあれーっと……40 秒近い時もあるがそれ以上はなかった。
着陸もタイヤがついてブレーキをはずすまでもだいたい離陸と同じ 35 秒ぐ
らいのようだ。バンコクには 22 時 30 分現地時間 8 時 30 分に到着。タクシー
でカオサン通り……12 月に泊ったホテル「TOP」は満員でとなりのホテル
150B に泊る。日本からくると……ここバンコクは 30℃と暑いな……。

2005 年 2 月 3 日金曜　はれ　バンコク

　10 時過ぎにネット屋に行くと、アフロアキラさんがホテル「TOP」に泊っているとメールを見る。いっしょに泊ることにした……2 人で 300B 安く上がって助かるな。「アフロ」さんはペンネーム。わたしが世界を一周して日本に戻った時に北浦和駅まで出迎えてくれた人……アフロさんは世界を走りまわっているライダーでもある。昼食は 2 人屋台でしゃべりながら過ごす。

2005 年 2 月 4 日土曜　はれ　バンコク

　午後からオーストラリアの航空券……日本に帰国する時利用したチケットショップに行く。最初聞いていたチケットはすでに売れ切れていた。7 日出発便はいっぱいでダメ……。9 日発のブルネイ経由オーストラリア往復……6 カ月オープン・約 5 万 8000 円の航空券を買う。約 1 万円高くなっている。

　そのあとネットをやったあとアフロさんと食事に行く。相変わらずにぎやかなカオサン通り……そのはずれにあるきのうと同じ焼き魚レストランに入った。サバとイカを注文……ビール 2 本。アフロさんはビールはいらないという。少しだけコップにつぐ。ところで食べ物はなにを注文した……「いや注文してない」松尾さんの残りものを食べる……。ええーっ。目の前に座っているアフロさん……自分ひとりだけ食べるわけにはいかない。

　昼間もビール代わたしが払っている……ちょっと自分で食べる分ぐらい注文して払ってよ。ジャガイモだけを注文した。なんか気まずいことになってきた。話もはずまず早めに切り上げた。これからたのしい旅をと思っていたのに。

2005 年 2 月 5 日土曜　はれ　バンコク

　預金残高を確認しておこう……シティバンクに電話を入れる。やっぱり残高 60 万円と残り少なくなって心細くなってきたなー。夕方ネット屋に行く……オーストラリア・パースの「のり」さんという「バイク屋」からメールが入っていた……「9 日に到着」したら「迎えに行く」とのメールだった。事前に頼んでいたオートバイの修理・タイヤの交換「OK」とのこと……。ありがたい。これで少しは安心だ。

　ワッツ（WTN-J）の掲示板にはカオサン通りに「オオツカ」さんが泊っているとの掲示板。「カオサン通りにだれか泊っていたら「会いたい」と書き込みがあった。いつもの通り屋台に食事に行くとき……なにげなく看板を見たら「フレンド・ゲストハウス」を見つけた。あーここだ。ホテルの人に「ジャパン」「オオツカ」を聴いていると自転車乗りの姿で戻ってきた。「あーオオツカさん」「アーマツオさん」

　わたしは床屋に行くので30分あとに待ち合わせることにした。8時ごろ2人で屋台に行くがビールがない。あした選挙でアルコール類は一切売ってないという。仕方がないつまみだけ持ち帰りにしてホテルに戻る。ここのホテルには小さい冷蔵庫でビールを売っている。大塚さんと部屋で飲みながらこれまでのこと、これからのこと話しながら過ごす。

　大塚さんはここまではドイツから飛行機で来た……これまでアフリカ、南米など自転車で回ってきたと話す。アフリカでは永原夫婦、ウランちゃん、タカさん、シーグルさんたちとも会ったと話す。わたしも知っている人たちである。11時頃まで飲んで……彼は飲まない人だった……別れる。

2005年2月6日日曜　はれ　蒸し暑い　バンコク

　昼飯は屋台で買って宿で食べる……うまかった。夕方ネットを終わったあといつもの焼き魚屋へ。コンビニストアーではきょうもビールは売ってないがこの食堂ではわからないように「バケツ」に入れて飲ませていた。どこのテーブルにもあっちこっち「バケツ」を置いてある……みんな隠して飲んでいる。鯛を焼いて持ち帰ってホテルで食べようと思ったが腹いっぱいになってしまった。

　持ち帰ってホテルの感じのいいおばさんにあげよう……ホテルに戻ると感じのいいおばさんは仕事が終わって違うおばさんに代わっていたのであげなかった。そこへ日本人女性が泊まりに来たのでその女性にあげた。

2005 年 2 月 7 日月曜　はれ　バンコク

　午前中ネット屋にいき帰りに屋台でビニール袋に入れてもらった「うどんの親分」みたいな汁も入れたものを買ってきた。きのうあった日本人女性が受けつけにいたのでいっしょに部屋で話ながらご飯に汁をかけて食べたがうまかった。女性は神奈川・座間の人で 1 年間ぐらい英語の勉強をしていたらしい。どこの国かはわからない。名前はナナさん、わたしはナナシのゴンベイと言って笑わせる。

　晩飯もいっしょに食べることになった。いつもの焼き魚に行きナナさんの名前とメールを紙に書いてもらったが……どこかにいってしまい名前もわからない、ごめん。

同じふるさと嬉野市出身と会う

2005 年 2 月 8 日火曜　はれ　バンコク

　昼ごろ食事を買いにフロントに降りる。日本人青年がいた。「どこからですか」「佐賀・嬉野から」えーっ。わたしの田舎と一緒だ。今は千葉に住んでいるらしい。それじゃいっしょに飲もう。きょうは旧正月で中国レストランからの差し入れなのだろうか。ホテルフロントの前のテーブルには炊き込みご飯、唐揚げおかず、果物もいっぱい並べてある。「それを、タダだからたべて」とフロントのいつも気づかってくれるおばさん。

　2 人分皿に盛って……ごちそうさまです、ありがとうございます。青年は嬉野「一位原」はお母さんの出身らしい。千葉で生まれたが 3、4 才の頃から毎年嬉野に行っている。お父さんは秋田出身らしい。しばらく部屋で飲んで夕方もいっしょに食べることにして 7 時頃から焼き魚に行き 2 時間位のんでホテルに戻る。めずらしい驚く出会いもあるもんだな。

オーストラリア・パースに到着

2005 年 2 月 9 日水曜　はれ　バンコク～ブルネイ～パース

　朝 5 時に目覚まし時計をかける……3 時にトイレに起きたてうとうとしてる間に 5 時になる。フロントに降りて「タクシーを予約している」が……

フロントの男は「知らない」ええーつ。予約した紙を見せるが……わたしは知らないと。15分過ぎたころ外からノックする音。タクシーの運転手さんだった。あーよかった。空港に5時45分到着。搭乗手続きをすませる。7時40分発だったが8時15分に変わっていた。

　飛行機は8時35分に飛び発った。インドネシア・ウナイ？（ブルネイ）初めて聞く国の名前に到着。この空港で乗り換えるらしい。小さい空港だなー。空港をうろうろするだけ……2時間ぐらい待っただろうか。15時発で再びオーストラリアへ。パースに着いたのは20時30分。パースのオートバイ屋には「18時40分到着」とメールで知らせていた。待っててくれてるだろうか。荷物の検査がきびしい。

　一個一個トランクを開けて検査している。ウイスキーやタバコなど没収されている人もある。わたしの番だ！検査官は「探知機」で確認しただけで中を開けなくてOKになった。「出口」に向かうと「日本語で「松尾様」と書いたプラカードを見つける。迎えに来てくれていたのだ……あーよかった。日本人女性、パースにあるバイク屋「のりNORI」さんだった。のりさんが予約してくれていたホテルに……10時着いた。

　車で送ってくれた「のり」さんに料金65ドルを請求される。メールでは50ドル有料と書いてあったけどな……。飛行機が遅れて待たせた時間も入っているのだろうか。しかたないのかなー。街に出て晩飯をと探したがほとんど閉まっている。1軒だけ開いていた店でパスタ、とビールを飲んでホテルに戻る。部屋は6人部屋ドミトリーだ。

2005年2月10日木曜　はれ　快晴　暑い　パース
　午前中ネット屋を探す……近くの街角にあった。2時間3.5ドルか……。ホテルに戻ってフロントの人に「オートバイ引き取り」についてお願いして電話してもらう。あした受け取ることができるかどうか「ホテル」に電話するとのことだった。よかったなー。フロントの人とあれこれ話しているうち……空港からここのホテルまでいくらぐらいなのと聞いてみた。20ドル〜

25ドルぐらいと話す。それじゃ「のりさん」の料金は高いなー。

　これからオートバイの修理もなんだか高くとられそうな気がしてきた。他のところと比べてみなけりゃとも思う。

2005年2月11日金曜　はれ　快晴　パース

　きのうの残りマトンを焼いて食べる……やっぱり硬いなー。このホテルは自炊もできて過ごしやすい2階建てのゲストハウスだ。日中の日差しは強い。ビールはプールのそばのテーブルで飲む。泊り客は男女7、8人いるようだ。感じのいいおじさんも長期滞在旅行者みたいである。きのうに続いてフロントの人に「オートバイがどうなっているか」電話してもらうように頼んだ。

オーストラリア・パースについて初めて泊ったゲストハウス
「マイ・ストリートバックパーカー」

「オートバイの消毒」が終わっていないようだ。月曜日に再び電話することになった。ネット屋にいき2時間7ドル＝500円やっぱり高いなー。パースに来て初めてホテルの周辺を歩いてみた。スワン川のほとりのふかふか芝生を歩く……。すっきりしたオーストラリアの……広ーい空……気持がいいなー。

2005年2月12日土曜　はれ　快晴　パース

　ゆうべはホテルのそばの駐車場で若い人たちが明け方近くまで騒いでいた……眠れず。泊っているホテルの前は生活道路になっている、その道路を挟んで駐車場があるのだ。9時すぎに起きてパース駅まで歩いてみた。散歩のついでにユースホステルを確認に行く。駅の反対側にあった……泊りの予約で14、5人並んでいる。並んでいる旅行者に「パーキング」はあるかと聞いた「NO」の返事。それじゃ……あきらめよう。

　あと1軒ユースホステルがあると本に出ていたが営業していなかった。スーパーで買ってきた「めんつゆ」を昼飯に「うどん」をゆでてくったが味の方はいまいちだった残念。夜は泊っている人たちで「焼肉パーティ」だった。マネーいくら……ノンプレグラム……いらないと……。だれが出してくれたのだろう……ごちそうさまでした。泊っている人たちの中には筋肉モリモリで映画俳優顔負け……みたいな頼もしい男たちもいる。

スワン川を渡って広大なビクトリア公園・広々として・雄大さを感じる。
オーストラリア・パース。

2005年2月13日日曜　はれ　夕方パラパラと雨　パース

　オートバイの保管場所について長女がオーストラリア税関に問い合わせて

メールで知らせてくれた。(Kent Removls97 Belmont Avenue) ありがたい。きのうに続いて朝 9 時から散歩に出かけるスワン川の橋を渡ってビクトリア公園に入って……広大な公園の中をゆっくり歩き……ぐるーっと回ってみた。約 3 時間歩いて 12 時にホテルに戻った。芝生の中の散歩は気持ちのいいものだった。夕食はニワトリを煮込んで食べたあと……うどんも食って食いすぎた。

「ATM」の機械がないシティバンクの高層ビル
2005 年 2 月 14 日月曜　晴れ　のち午後くもり　パース

　午前中シティバンクにお金おろしに行くがやっぱりダメ……というか。ATM そのものがないのだ。素晴らしいシティバンク高層ビルはある。しかしその中に ATM の機械は 1 台も置いてないのだ。おかしな銀行だ。行員に「どうしてお金をおろせないのだ」オーストラリアにはシティバンクの ATM はないと話す。ほか銀行の ATM で下ろしてほしいとぬかす。となりの銀行に行って ATM にカードを入れるがカードそのものが入って行かないのだ。

　どうしてくれるのだ……。まったくシティバンクには泣かされる。他のカードでお金をおろしてカリカリしながらホテルに戻る。午後 2 時ごろフロントに行くとたまたまカスタム（税関）から電話がかかってきた。きょうオートバイを受け取ることができるという電話だった。さっそくタクシーで出かける。15 分ぐらいのところだった。係の人と話をするがまったく話が通じない。

　まぁなんだかんだしているうちに通関に電話がかかってきた。サンフランシスコにいる長女からだった……偶然だった。きょうオートバイを受け取ることができるがオートバイの「鍵」を忘れてきた。鍵を取りにホテルに戻り再び通関へ。バッテリーをつないでエンジンをかけるとかからない。押しがけしてもらったがダメだった。5 時を過ぎている……あしたオートバイ屋さんに頼むことにした。

オートバイ消毒代通関代→ 10 万ドル（104000 円）
　オートバイ消毒費用 10 万ドル＋通関費用 3 万ドル……合計 13 万ドル

=104000円。インドで事故にあい肩が痛くてオートバイを洗ってなかったのでエラク高くなった……オーストラリアは海外からの「土、果物、穀物」など持ち込みについて厳しいと聞いていた……やっぱりそうだった。それにしてもたけー消毒代だぁー。

2005年2月15日火曜　午後くもり　パース

　ゆうべ「動かない」オートバイを受け取りに行って「さてどうするか」……いろいろ悩みながら方策を巡らせる……。ネット屋に行くとのりさんから「オートバイの再度の見積もり」と「動かないオートバイを運ぶことができる」「問題なし」とあった。送迎「50ドル」でどうですか。わたしは「オートバイの輸送は頼みます」がのりさんの「送迎は高くて頼めない」「タクシーだと16ドルですみました」とメールを送った。

　まぁあしたは受け取りに1日中かかるだろうと覚悟する。午前中9時ジャストネット屋に行く。オートバイ屋のりさんから返事が来ている。「車を派遣する時、待ち合わせ場所」をはっきりさせて「受け取りに行く」ようにとのこと、ありがたい。さっそくホテルに戻って電話をかけてもらう。なんとも要領を得ないようだ。電話料金を払ったあと……コインを両替して自分で「In　City」オートバイ店に電話する。

　「ハロ・ハロ」「ジャパンマツオ」「モトバイク・セル・アクシデント」「マイ・テン・オクロック・モルモット」「ユー・OK」か「テンオクロック・モルモット」「マイ・マツオ・タクシでゴー」「OKか」「OK・OK」「サンキュウ・サンキュウ」どうにか通じたようだ。まぁ通関モルモットに着いてからまた電話すればいい……タクシーを拾ってモルモットに向かう。10時10分についた。

　倉庫に入れてあるオートバイを出して、オートバイにつけているトランクをおろしていると……声をかけてくる男……「ハロー」名刺を出した「InCity・オートバイ店」のジョイJoeさんだった。「オーはやいな」「オーびっくり」……オートバイ運送用・荷台の低い小型トラックには1枚の板をかけてある。ジョイさんは軽々とオートバイをトラックに乗せてあっというま

に終了。10時20分、アー助かった。

　トラックに乗せてもらい15分ぐらいで「In city　オートバイ店」に着いた。オーナーにあいさつして3点の修理個所を頼む。

　①タイヤ交換

　②ラジエターホースの交換

　③オイル交換・オイルフィルター交換

　……出来上がりはあさって17日12時とのこと。オー意外に早いな……。バスでホテルに戻る……どこで降りたらいいのだ……。あっ……行き過ぎた……次で降りて歩いて戻る。

日本女性「のり」さんが嫁いでいる「イン・シティ In city オートバイ店」オーナーとスタッフ。パース市内からバスで３０分ぐらい離れている

　一日中あくせくして汗だらけになって一日が終わるのだろうと覚悟していたが……ウソみたいにあっけなく終わった。あーよかった、よかった……とりこし苦労に終わって。案ずるより産むが易し？かな……。オーストラリアではいったいどのくらいかかるのだろう……。

　ワンリッター→1・Aドル＝80円……100キロで533円……。

2005 年 2 月 16 日水曜　くもり　パース

　10 時前バスに乗って IN　City オートバイ屋に行く。停まったバスの運転手さんに「行き先」の「番号 72」を書いてもらい……その「バスの 72」が来るのをまって乗った。ビクトリア公園を過ぎてオートバイ屋方面に行くかと思ったら右に曲がり、左に曲がり……終点・ユニバーシアード……。乗り換えのバス……運転手が教えてくれたが 1 時間に 1 本だった。パース行きのバスに乗ってビクトリア公園の手前で降りる。

　そこからは歩いてオートバイ屋に向かう。着いたのは 11 時だった。インドで衝突した時ひんまがってしまい……割れている……気になっていたオートバイの①フロントのフェンダー見た目のいいように直してほしい。②フロントの風防が欠けている部分をくっつけてほしいと頼んでホテルに戻る。ああー……ひもを通して落ちないようにカメラの「ふた」に穴開けてもらうこと忘れた。12 時過ぎにホテルに戻ることができた。

2005 年 2 月 17 日木曜　くもりのちはれ　パース

　修理は終わった……オートバイを受け取る日……10 時過ぎにバスに乗ってインシティオートバイ屋（incitemotorcycle）に向かう、きのうバスの番号を確かめていたので今日は失敗しなかった。12 時に修理出来上がりと聞いていたが遅くなりそうなのでいったんホテルにひき返して昼食。3 時過ぎにオートバイ屋に行くとラジエターから水が漏れている溶接しないとダメだと……それにハンドル本体が右に曲がっている……どうするかという。完全に直してと頼んであした 18 日夕方 5 時に来るからと引き上げる。

オートバイ修理終わった……12 万円うーん

2005 年 2 月 18 日　快晴　パース

　午後 3 時頃インシティオートバイ屋に行くとようやくオートバイの修理が終わっていた。さっそくテスト運転してみる。うん……エンジンの音……ほぼ完全だろう。お互いに記念写真を撮って……会計を済ませよう。トータルで約 US ドル =15 万日本円で 12 万円ぐらいか……。高くても 10 万円ぐらいとくくっていたがなー。本体のハンドルのブレを直したからこんなもの

だろう……かな。手数料というか技術料は時間制らしい……。

　修理の終わったオートバイでホテルまで乗って帰ってきたがいままで聞いたことのない「シャッ、シャッの音」がする……あした又オートバイ屋に行ってみよう。夜は宿泊客同士でテキラーをまわし飲み……して過ごす。

2005 年 2 月 19 日土曜　快晴　パース
　ラジエター付近から異常音が聞こえてきたので少し走ってインシティバイク屋に 10 時に行く……。テストしてもらうがその時は「音」がでないので……どうしようもない。インシティバイク屋から戻ってウインカーがつかないことに気づく……。折り返しバイク屋に。ウインカーのスイッチが劣化してしまい……小さいスプリングが折れているようだ。運転には差し支えないのでそのままにしておこう。

　12 時にホテルに戻るとき例のラジエターの音がしてきた。ファンのまわる音だ……どこかすれているような音だが原因はわかった……問題ないようだ……。これなら大丈夫だろう……。

2005 年 2 月 20 日日曜　はれ　パース
　あしたから本格的に走るため、午前中きのうと同じように走るコースを確かめるために走る……片道約 50 キロハイウェイを走ってホテルにお昼前に戻る。14 時頃ネット屋にいき「あしたから走ります」といっせいに皆さんに送った。さぁ・あしたは出発だ。

オーストラリア一周スタート
2005 年 2 月 21 日　　はれ　くもりパラパラ　くもり　はれ　パース～アルバニー
　オーストラリア一周だ……7 時 30 分スタートする。きのう、おとといと出口を確認したつもりだった 2 号線は途中で途切れてしまった……。左折して雑貨屋さん前に止めて道を聞く……「もう少し走ったところ」で「左に曲がれ」……なるだけ海岸沿いを走って行こうと計画しているのだ。「サンキュウあり

がとう」とお礼を言ってエンジンをかけるとスースーエンジンがかからない
……エーどうした……整備したばっかりというのに……あせるなー。

　こんなことはインドでもあった……押しがけしてもらってエンジンをかけ
るしかない。朝食を買いに来たトラックの運転手さんに頼んで２人に押し
てもらう……あーかかった。よかったー……。このままイン・シティ・バイ
ク屋まで戻って見てもらおう……引き返しにかかったが……思い切ってエン
ジンをふかして見る。以前もそうだった……強くふかしてみると大丈夫のよ
うだ。少し不安だが予定通り進むことにした。

　ガススタンドで地図を見せてアルバニー方面を確かめる。給油に来た人に
も聞いてみたら同じ方向だった。２つ目を左に入りぶつかったらレフトに行
けと……。オーストラリアの英語は氷のリンクを滑るような言葉で聞き慣れ
ないしゃべり方だったがなんとなく感でわかった。すんなり１号線に入っ
た……よしこれでいいのだ。Bunbly ブンブリ？に 11 時に着く。ここから
30 号線の案内標識が出てきた。

最初に泊ったユースホステル

　大丈夫かいな……ガソリンを給油しながら道を尋ねる。これで「OK」と紙にアルバニーまでの地図を書いてくれた。ありがとう。道は片側1車線110とか90とかのスピード表示……車やトラックも100キロ近いスピードで走っているようだ。久しぶりに乗ってスピードに慣れなくて90キロ平均で走ってきた。アルバニーに着いた。ユースホステルを探して17時ジャストにユースに着いた。

2005年2月22日火曜　はれ　アルバニー〜エスペレンス

　ユースを6時30分スタート。エスペレンスEsperenceに向かって走る。意外に早く15時に到着。市内入口のインフォメーション看板を見て……ユースホステルの位置を確かめる。近くに「ピンクレイク」がある……ピンクレイクを見てからホテルに向かおう。すぐにピンクの池は見つかった。ピンクというより白い氷河のような感じだ。曇ってるからだろうか……。市内に戻りいったんテントキャンプ場を確かめた。

　その後……とりあえずユースを見てみよう。ユースは海辺のそばにあり……いい感じの場所だった。泊まることに決める。晩めしはきのう買って残っている肉、玉ねぎ、トマトを食べる。食堂で会った日本人女性3人はワーキングで来ていた。

走り始めのパースを出発・オーストラリア一周。反時計回り

初のテント泊！カンガルが挨拶？
2005年2月23日水曜　青空　快晴　あつい　満月　エスペレンス～ノースマン～ナラボー平原

　6時15分宿を出る。本線に出るのに違った方向に走り出している……途中からマイカーの人に案内してもらって本線に乗ることができた。ほんとにこれで大丈夫かいな……不安になって反対方向から来た車を停めて再び聞き直す「OK　OK」……ほっとする。ノースマン Norseman に出た……静かな村のような街。なんか家並みは西部劇に出てきそうな雰囲気だ。マーケットでハム、玉ねぎ、トマトを買った……。

　ビールは12時オープンになっていて買えなかった。あと1時間は待てないな。さーこれからナラボー平原に入ることになる。道は今までと変わらないが片側一車線……直線の道が続く……続く。100キロのスピードに乗せてイーブンで走る。気持ちがいい……しかしトレイントラックや大型トラックとすれ違う時「バンバン」と風圧をうける。そのたびに頭を下げて……風防フロントに頭を下げて身をかがめて少しでも風圧を避ける。

パーキングから奥に入った場所にテントを張ったかまど跡を見つけた。同じ場所にテント泊。出てきたカンガルがしばらく立ち止まってわたしを見ていた。

　500 キロぐらい走ってきたろうか……テント場を探そう……パーキングから 100m 程細い道に入って奥まったところにテントで泊ったかまど跡があった……おーよしよし。ここに決めテントを張る。17 時を過ぎている、寒さは……まぁあたたかいから大丈夫だろう。最後の給油所で高いビールを仕入れてきた。小ビン 3 ドルを 3 本買った。この奥に村でもあるのだろうか……小型トラックが通り過ぎてゆく。さぁビールだ……あーうまい。

　あれーカンガルが 1 匹テントの前に来た……しばらく立ち止まってこっちを見ている。見慣れない「顔」だなーという顔をしていた……。パンを投げてみたがくわない……ピョンピョンとたち去った。満天の星空。

路肩でオートバイ転倒天を向く
2005 年 2 月 24 日木曜　青空　はれ　ナラボー平原
　朝 5 時に太陽が出ている……6 時前にスタート。本線に出て直線の道を写真に撮ろう……路肩にオートバイを停めた。写真を取ろうと歩きだした……「あーっ」スタンドにはかせた「下駄」が外れてオートバイが横倒し……イヤイヤ……オートバイが腹を青空に向けて倒れている。自分のオートバイの腹をこんな形で見るのは初めてだ。修理屋でも見たことがない車体の裏側。

路肩でひっくりかえってしまい、オートバイの腹を見たのは初めて

　いつものようにあわてた……しかしひとりで起こせない。しょうがないフィルムを入れ替えて天井を向いているオートバイをアップにして写真にとる。ようやく車がやってきた……大きく手を振って……「頼む」のポーズ。少し行き過ぎたところで停まってくれて手伝いに来てくれた。簡単にオートバイは起きた「サンキュウ」……。車が来るまでだいぶ長く感じたが15分ぐらいだったろうか。

路肩に止めたあと「さし下駄」が外れて見事に転倒……腹を見せた

　路肩がぬかるみだったり、極端にオートバイが傾くときとか足場が悪い時にオートバイのスタンドに履かせる「さし下駄」を使う。ハンドルの脇に常に携帯して走っている。今度止めるときはもっと慎重に止めなければと思う。直線の道を撮って走りだす。どこかで聞いて思いだしたのでコインみたいなものをアクセルにかませて……アクセルを固定して直線の道を走る。要するにアクセルから手を離しても大丈夫のように固定して走るのである。昔パチンコのハンドルにピンかコインをかませていたのと同じ「らくちん」装置である。

　ボーダービレッジを通過……反対車線のみチェックを受けている。あとで気づいたことだけどオーストラリアは州ごとに決まりがあるようだ。右に海が見えてきたので Sedona から海岸に行ってテントを張ろうと考えた……し

かし、じゃりみちになっている。30キロ近く走ったがそこは砂丘になっている。

　用心深く探すがなかなかいい場所が見つからない。本線に戻ろう……こんな誰もいないところで転んだら大変なことになる。おそる、おそる……スタンドで聞いた通り進むと本線に戻れてほっとした。バックミラーに太陽が入ってきて、まぶしい……もうすぐ夕暮だ。早いとこ寝る場所を探そう……ちょっと先に民家らしい家がある。左側のちょっと隠れた場所に道の端にオートバイを停めた……まぁまぁの場所だ。陽も暮れている……。

ナラボー平原で見る満月の月

　テントを張り終えたのは7時だった。やっぱり早め早めにテントの場所を見つけないと……。ヘッドライトで食事だ……きのうの残り玉ねぎと途中で買ったサンドイッチだけ。ビールはなにせ高いからな—ビールは2本買って夕べ1本残していたのを飲む。ナラボー平原に見る満月のお月さん。そう言えば今日は10才ぐらいだろうか女の子を乗せて走っていたライダーの父親がいた……たのしくて仕方ないといった女の子だった。

ナラボー平原の途中にあったサービスエリアに建っていたカンガルのモニュメント

どこまでも続く直線道路 1700km

2005年2月25日金曜　はれ　快晴　暑いなー　ナラボー平原〜ポートオーガスト

夕べ「ゴー」「ゴー」とでかい音が近づいてくる……大型トラックが通る
たびに起こされて目が覚める。6時にスタート、相変わらず直線が続く、き
のうまでより後半カーブの道が入ってきた。ポートオーガスト Port August
に着いた。エアーズロックの入り口出口にあたるところ。西オーストラリア
からオーガストまで約1700キロはほぼ直線道路になっている。途中の検問
所で玉ねぎは没収されてしまった。

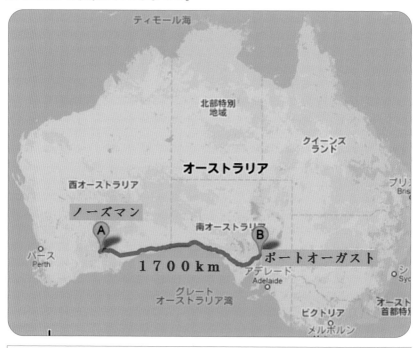

ノースマンからナラボー平原の直線道を走ってポートオーガストまで約1700キロ

　　さっそくマーケットで買い物ソーセージ、玉ねぎ、トマトそしてビールも
……。ここまで来るとビールもパースと同じぐらいの値段になってきた。大
びん3ドル300円……2本買った。きょうは早めにテントを張ろう、疲れ
てもいることだし……。アレー、スピードメーターが動いてないぞ……困っ

たぞ……。引き返してオーガストで見てもらうか、でも遅くて時間がない。どうするんだい……あれこれ考える。

　ガソリンを給油したところでメーターを「ゼロ」にしてだいたい 200 キロで給油している。まぁーしばらくは道路の「キロ標識」で判断するしかないな……これ以外に給油方法はないだろう……な。しばらく走りながらも「動揺」してしまった。本線から奥まったところに入ってテント場を探す、じゃりみちになってきた……どうするか。うんいい場所が見つかった。道は広いが車は通らない場所と思われる……その道のわきにテントを張った。

　今は太陽の陽差しがまともにあたり暑いぐらい……の中での食事になった。ビールはまだ冷たい……ソーセージ、玉ねぎ、トマトとごちそうだ。暑く感じていたがしかし太陽が沈むと涼しくなってきた、19 時に食事終わる……そのままおやすみだ。丸い月の出が遅いな……夕べは 16 夜だったのかなー。ナラボー平原の直線道路も終わった……イヤー長い直線の道が続いたなー、カンガルだろうか小動物の死骸も道端に続いて転がっていたな。

どこまで続くのかナラボー平原の直線道路……道端には両サイドにカンガルや小動物の死骸も続いて残っていた。

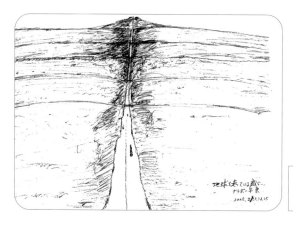

ナラボー平原・直線道路、
手描き

2005 年 2 月 26 日土曜　快晴　いい天気　ポートオーガスト〜アデレード

　6 時前にスタート……太陽は出ている。本線に戻り予想通り 300 キロで
アデレード……（Adelaide）に 9 時に着いた。ガススタンドでユースホス
テルの場所を聞く、地図を見ながら説明してくれるがまったくわからない。
給油に来たマイカーの人に「ここに行きたい」途中まで「引っ張ってほしい」
「OK してくれた」ありがとう。途中までと思っていたらユースホステルま
で引っ張ってくれて「その番地」に着いた。ありがとうございました。

　近くの人たちにユースを聞いてみるが要領を得ない。買い物して帰ってき
たおばさんに聞くと……ここにあったユース、今は他の場所に移ったのよ
……。あたらしいアドレスを教えるから家に来るように……2、300m 程行っ
た、家の近くで待った。コピーしてくれたユースのアドレスと地図をもらっ
た、サンキュウ、ありがとう。おばさんは「イチ、ニイ、ゴ」とか日本語を
知っている人だった。ありがとうございました。

　地図を見てその時はすぐにわかったつもりだったが地図の場所に着くとわ
からない。その建物の位置がわからない、あっちこっち探して 11 時によう
やく着いた。広場の近くにあった……あーよかったなー。レセプションに行
くときょうは「満室」でダメだと……エー。しょうがないネットだけ借りて
宿はそれからだ。1 時間程 NHK などへの報告を打った。ちかくの B&B に
泊ろう。ユースの人に宿を聞くと近くに 2 軒あると……アー助かった。

　B&B の前に止めて部屋を見る。1 階はバー、2 階が部屋になっている。10 人部屋で 20 ドル……泊ることにした。オートバイはホテル前の道路で大丈夫らしい。4 日ぶりにシャワーを帯びた……洗たくして気持ちすっきり……ここには 2、3 泊してもいいなー。藤原さん夫婦はタスマニアに行ってメルボルンに戻るのは 10 日ごろだろうから。ところで時差があり 11 時のつもりだったが 15 時？わからない時刻。

トイレの水洗所の水をいつも入れて使っている
2005 年 2 月 27 日日曜　はれ　快晴　暑い陽ざし　アデレード

　夕べはここちよいカラーっとした涼しさだった。10 人部屋で出入り口のベッドなので音がちょっと気になった。まぁぜいたくは言えないところだろう。牛乳の空ペットポトルはエスペレンスのごみ箱から取り出して洗ったもの……。ガソリンの予備に使おうと持ってきたのだが、キャンプの時水を補給するのに重宝だ。水は休憩所のトイレの水洗所の水を入れて使ってきた。少し下痢気味なのはそのせいかな……。

　けさ、8 時頃起きた……ホテルの近くを一回り散歩。お昼近くになってホテル前の外ロビーテーブルで地図を広げて見ていると聞いたことのある九州弁で携帯で話している。オーやっぱり福岡出身だと話す。昼飯をいっしょに食べることにしてマーケットに肉を買いに行きホテルのキッチンで焼いてビールを飲みながらお互いにこれまでのことを話す、オバタミホさんという女性。ワーキングで 7 カ月オーストラリアにいるらしい。

　2 時頃昼寝する。日曜はマーケットが 17 時に早じまいすると昼に行ったとき聞きいていた 4 時頃買い物に行く。閉店間際だったためかラベルを書き換えて安くなっていた。ニワトリブロイラー 1 羽 8 ドルが 6 ドル……それを買ってホテルに戻る。夕食もオバタさんと食べることにしている。オートバイのメーターが壊れているのでホテルの人に修理屋を聞いたら地図に書き込んでくれた。すぐ近くにあるあした月曜に行ってみよう。

　ガソリン代……21 日パースを出てから 26 日まで 6 日間で約 3000 キロ

……約23000円300キロ2300円……100キロでだいたい760円……やっぱり高いなガソリン代。

2005年2月28日月曜　はれ快晴いい天気が続く　午後陽ざしがつよく暑い暑い　アデレード

　メーター故障を直しに行こうと9時前ホテルを出ようとしたところにオートバイに乗った地元の人が停まった。「メーター」アクシデント……どこか知ってないか。すぐ近くにあると話す……ホテルの人に教えてもらった修理屋に行くつもりであったがやっぱり修理専門店に行った方がいいと……。そこはビックオートバイ屋ヤマハ、ホンダ、スズキとか世界のオートバイが並んでいる。

　どこの国なのか知らないが2300ccと……どでかいオートバイも並んでいた。さっそく修理を頼むと裏側の修理工場へ。
　①メーター直し
　②スタンドの不安定を直す
　③ヘルメットの使わなくなっている「フェイス用」をフロント、ガラを付け足す。（チベットで泥がフロントにくっつき前が見えなくなってしまうので半分に切り取っていた）
　以上3点をお願いした。

　2時間位で直ると話す。いったんホテルに戻りかけ……ビールショップが近くにあるかどうか停まっているマイカーの人に聞くとすぐ近くにあるとおしえてくれた、サンキュウ。歩きだして反対側に渡ろうとしたら……さっき教えてくれた車の人が手招きしている……なんだろうと近づいてみると「乗れ」とアルコールショップの前で下ろしてくれた。大びん3本10ドル=900円を買ってホテルに戻る。

　午後2時オートバイを取りに行く。スタンドの「軸」がどうのこうの……言ってるようだが肝心なことがわからない。なにか2、3カ月しかもたないとかいってるようだ……。その時はその時だと考える。

①メーター直し OK

②スタンドには「幅広の足つき」を溶接してくれていた。

③フロントにヘルメットのプラスチックをうまい具合に着け足してもらい
　OK。

全部で 12000 ドル＝約 11000 円ぐらいだろうか。

　テストを兼ねてメルボルンに抜ける道を探しに出かける。これでしばら
くは不安なく走れそうだ。あした出発してもいいが居心地がいいのであと１
泊してから進もう。ここのホテルは１階がバー、中庭にはキッチンつき冷
蔵庫、テーブルもある。

メルボルンの手前でテント泊
2005 年 3 月 1 日火曜　はれ　アデレード〜メルボルン

このままだと夜になる…メルボルンまであと 120 〜 130 キロ残してテントを張った

　あと１泊と考えていたが出発することにした。9 時にホテルを出る。一
路メルボルンへ。カーブが続く……意外に寒いなー走りだして感じる。あ
と 120 〜 130 キロ残して早めにキャンプを張ることにした。このまま走っ
てもメルボルンには夜になってしまい宿を探すのに苦労しそうだ。ビールも

買ったしきのう買った肉を出かける前に焼いてトランクに入れてきた。テントは幹線道路からちょっと入った所に張った……大きな木の下であるが風が強い。夕方6時過ぎに夕食を終わる。

メルボルンに到着
2005年3月2日水曜　朝寒い　はれ　はれ　涼しいな　メルボルン

　早めにメルボルンに着きたい、ユースホステルを探さなくてはならないのだ。メルボルン市内に入った……いつものようにセントラルに向かう。公園のあるところで一服、うしろに止まっている清掃車、その車の運転手が何か言ってきた。「なんだかわからず」「サンキュウ・サンキュウ」まぁいいや……ユースホステルの場所を「聞きたい」。運転手はトラックに戻り地図の本を持ってきてくれた。

　うん・うん……ちょっとバックして左へ。オーサンキュウ。それからもタクシー……マイカーに道をたずねる。ユースホステルに着いた、着いた。11時ジャストだった。どうなるかとひやひやだったが着いてよかった、よかった。ユースの前にオートバイを停めてフロントへ。メルボルンのお祭りか行事があって団体が入ってくるとかで「きょうとあした」2日間だけしか泊れないという。まーしかたない……「OK　OK」25ドルだ……うーん高いなー。午後昼寝した後市内に向かい旅行会社に「スマトラ」行きのツアーについて聞きに行った。3月25日まで船の予約はいっぱいでだめだった、人気があるんだなースマトラ。

2005年3月3日木曜　はれ　はれ　快晴　すがすがしい　メルボルン

　ラジエターの影響だろうか温度計の赤ランプがつきっぱなしになっている。午前中2、3軒オートバイ屋に寄ってみるが直るまで2週間ほどかかると話す……。ここに泊るのはきょうまでだからしばらく走ってから見てもらおう……心配ではあるが……。グリーンウォーターを買って足してみたものの赤ランプは消えない。夕方日本語の打てるネット屋に行く2時間8ドル720円。

2005 年 3 月 4 日金曜　はれ　くもり　くもり　はれ　くもり　メルボルン ～ローン

　団体が入ってくるので泊っているユースホステルを出なければならない。きょう新しく宿を見つけなければならない。レセプションの人に海岸通りのユースに電話してもらったら OK になった。メルボルンから 150 キロのところらしい……10 時前に Geelong の町を走って Lorne にあるユースホステルまで走る。ローングレートオーシャンロード……ユース（YHA）に着いたのは 13 時を回っていた。

　今までのユースホステルと違って山小屋風……山の斜面にロッジの小屋がいくつも建っている。テントの小屋も、ドミトリーの部屋もある。今日だけ予約していたが 4、5、6 日の 3 日間予約した。テントだと 3 日間で 20 ドル 1800 円。ドミトリーより気楽にできそうなテント部屋にした。昼めしを喰って散歩がてら近くのマーケットに。森の中にあるここベランダにはカナリアみたいな白い鳥が 5、6 羽遊びに来ている。

　静かなところだなーと思っていると……夕方中学生ぐらいの団体が入ってきてだいぶにぎやかになってきそうだ。

2005 年 3 月 5 日土曜　朝方雨　くもり　はれ　小雨　くもり　晴れ…のくり返し　ローン

　5 分ぐらいの近くの海岸まで散歩……一本道はオーシャンロードというらしい。地元の人たちはテントを張って催しが行われていた。浜辺 500m に並んでボート競走、サーフィン、救助訓練など……一生懸命だ。宿に戻り昼飯はビールと肉……肉屋で仕入れた肉なんだけど味はイマイチなんだなー。夜はハイスクールの人たちの団体といっしょになった。今夜はとり肉と玉ねぎを煮込んでいたら……。

　子供たちがつくったチキンをどうぞとすすめられた。たべたいような顔をしていたのだろう……きっと。オーありがたい……自分の煮込みはあしたにまわそう……さっそくいただいたチキンにがぶりつく。たすかったなー。きょ

う昼間ネット屋で見るだけにして終わる。

満天の星空・南十字星ははっきりとわかる

2005年3月6日日曜　くもり　はれ　小雨　ローン

　近くの浜辺に出てぶらぶら昼飯ビール……きのうつくったニワトリの残りで終わり。ハイスクールの子供たちも帰っていったようだ。ネット屋に行き日本語で打てたので一気に書き込みする。夜トイレに起きると星空が出ていた、なんとなく見ていたらあれーっあれが南十字星では……オーストラリアで初めて見た。

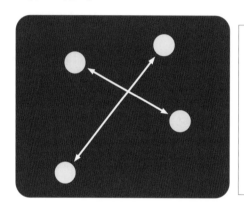

夜空の中に南十字星…、ニセ十字星もあると言われていた…たしかこれが南十字星だろうとおもう…ブラジル・アマゾン川・赤道近くのマナウスでは北斗七星と南十字星を同時に見ることができた。帰国したとき天文台の人に電話で確認したら「見えますよ」とおしえてくれた。

オーシャンロード

2005年3月7日月曜　朝快晴　すぐ小雨に　くもり　ローン〜ポートフェアリ

　テント生活3日間ベッドのスプリングがやわらかすぎて寝ごこちが悪かった。朝8時に起きるがなんとなくまだ早いような朝に感じられる……きょうは天気がよさそうで青空が広がっている。荷物をまとめて出発するとしよう。ジャスト9時にスタートすることができた。オーシャンロードを西に向かって走るカーブの連続だ……途中から森の中に入ってしまう。道路が濡れている、昨夜降った雨なのか……。

　ぽつぽつと雨になってきた……ザーッと降りだした森の木陰に入りカッパを着てハンドルカバーをつけようとしたら雨はやんだ。海岸を走るときはやっぱり青空でないと……海の青も映えないからなー。オーシャンロードメイン

の「12 の使徒」と有名らしい場所に着いた。長い間波や風に洗われて硬い岩だけが残った奇岩が立っていた。奇岩はキリストの使者のかたちに似ていることから「12 の使徒」といわれているとか……。観光客も多く歩いている。

オーシャンロードにあるキリストの使者の姿に似ていることから「12 使者」の名前の奇岩

　ポートカンベル Port Compbell のユースホステルは 17 時でないと開かないらしい。となりのゲストハウスはいっぱいでダメ。しょうがない……インフォメーションで教えてくれた……100 キロ先のユースまで走ることにする。そのポートフェアリ Port Fairy に 16 時過ぎに着いた。意外と早く着いたなー 17 時オープンだと思っていたがここは開いていた。受付 OK。しずかな小さい町だ……4 人部屋だが……きょうはおれ 1 人らしい。久しぶりにゆっくりくつろげる。近くのスーパーで肉、ビールを買い込んで……シャワーも浴びて 9 時すぎにベッドに入る。

2005 年 3 月 8 日火曜　はれのち曇り　ポートフェアリ

　8 時に起きてオーストラリアの地図を広げる。パスポートのこと、カルネのこと、飛行機のチケットのこと……あれこれ考える。カルネ有効は 6 月 5 日までだからカルネの延長が一番先だな…、どこの町で延長手続きをする

か。飛行機は8月8日までだから大丈夫。パスポートビザはオーストラリアからニュージーランドに飛んで戻ってくればさらに3カ月延長出来るし。空がくもっていてきょうも外に出る気になれない天気だ。

2005年3月9日水曜　くもり　今にも雨が降り出しそう　メルボルンはれ
ポートフェアリ〜メルボルン

　大空に広がる青空……星空を期待してオーシャンロードまで来た。しかし2日間ともくもり空で夜も星空など望めそうにない、メルボルンに引き返そう。宿に置いてある情報ノートに自慢話を自分も書いて写真も貼った、名刺も貼った。日本人もぽつぽつここのユースに泊るらしく書き込みがあった。オーストラリアの北の方で倒れていた「日本人のお墓を直してきた」「3日間かかった」とか……の書き込みもあった。

　若い2人だろうにたいしたものだとおもう……おれにはできないことだ……頭が下がる。静かだったが夕べ団体客がどっと来た……。日本人も1人ツアーに参加している。9時15分ユースを出発一路メルボルンに向かう。これまでオーシャンロードはこまかいカーブが続きオートバイをちょっと倒すと……マフラーじゃない……スタンドが道路につかえ「ガガー」とすってしまう。左に曲がるときはちゅうちょしてしまう。

　しかし、きょうはカーブも少なくて走りやすく気持ちよく走れる。メルボルン市内に13時に入った。今まで泊っていたユースではなくてちょっと離れているユースホステル「チャップマン」20ドルぐらいだろうから……行ってみる。13時30分についた。なんと26ドルもする……建物は旧いのにな一居心地もいまいちだ……。そんならと、5分もかからない前回泊まったハワード・ユースにまわる。

　ここのユースホステルはこぎれいで一般のホテル並み寝室も洗面所もシャワーも浴槽もありベリーグッドだ。1泊25ドル1800円ぐらい。とりあえず藤原夫婦と会うまでだから14日まで6日間予約した・150ドル=13500円。初めて洗たく機をつかう……厚めのズボン、シャツなど……まとめていっ

きに洗おう。高いなー2ドル30セント……225円。乾かすのには乾燥機さらに1ドル90円……もったいないなー、外に干すことにした。オートバイブーツも洗った……シャワー浴びてマーケットに買い物。

メルボルン・中央駅に着いた。ここがメルボルン駅なのか。

2005年3月10日木曜　朝から小さい雨が降ってきた　メルボルン

　9時に起きて日記を書く……昼ビール飲んで夜もビール飲んで晩めしは醤油ライスで終わりとする。すっきりした天気になれー。残高はいくら……シティバンクに電話する。

2005年3月11日金曜　はれ　久しぶりに朝から快晴　メルボルン

　久しぶりに朝からカラッとした青空になった。朝風呂、洗たく、洗車して終わったのは9時半……近くのマーケットまで歩いて買い物……ある、ある、肉、肉に鮮魚もある。マグロの刺身もある。牛の肉おしりの肉は「硬くない」と店員がいう……500グラム=3.5ドル320円。マグロ1切れ7.5ドル670円これは高いがくいたかった。トマト、玉ねぎ、しょうが、米……トータル20ドル1800円ぐらいか。夕方大ビール6本……1900円。

```
3/1 ガソリン① 12,78        3/6 スーパー      17.26) 17.26
   "   ② 10,59            3/7 ガソリン      10,80
   "   ③ 12,82 }46,49      "  ビル・ハム    7,80  }96,37
   "   ④ 10,30  56,19      "  ユースホステル  40,00
   "  かさもの   10.00      "  スーパー     37,77
3/2 ガソリン   12,99       3/8 マーケット肉  11,29) 11,29
   "  ユースホステル        3/9 ガソリン     12,04
      3/2,3日  50,00 }74,90  "  ユースホステル6日分 150,00 }201,94
   "  マーケット  11,91      "  マーケット肉と野菜 17,70
3/3 うどんとウォーター 19,71   "  ビール6缶    22,20
   "  スーパー   6,68 }48,59  3/10 かいもの→   00,00
   "        11,10                       ¥595,82
   "  ATM   100,00(キャッシュ100,00)
   "  ビール   11,10          10日間  8X(円)47,665.6円
3/4 ガソリン            1日当り4,760円
      ローンにて  16,64
   "  スーパー   30,18 }58,32
     ビール    11,50        595
3/5 スーパー   30,96}30,96   X 8,5
                            2980
                     }50660円
```

3月1日から10日まで10日間の経費を計算してみた……1日4760円……。
走っていない日が多いのでまともに走っているとすればガソリン代平均4000円かかるので1日7000円ぐらいかかっているのではないだろうかと思う。

ユースホステルで洗濯物を干しながら見るメルボルン市内

メルボルン・宿に藤原寛一さん、浩子さん夫婦来てくれた
2005 年 3 月 12 日土曜　快晴　メルボルン

　中央市場にオートバイで買い出しに行く……ここはどでかい市場でまわるのに慣れないと大変……。きのうと同じ肉とマグロを買った。赤身の肉がわたしにはうまいのでいつも赤身の肉。午後ネット屋に行くと藤原さん夫婦がメルボルンの郊外まで来ているとあった。「今夜会えれば」とメールさっそく返信しよう……すると「ここのホテルは」「のらのら」とひらがな変換になっている……これじゃだめだ。

　この近くにネット屋はないかと「スタッフ」に聞く……ちかくのネットカフェ「ジャパニーズネット」に……しかしきょうは予約でいっぱいとことわられる。さらに近くのネット屋を聴きだしてビル 4 階に行く。エレベーターが動いてない？どうした。電話を入れてスタッフに降りてきてもらって上がって約 2 時間……NHK と藤原さんに書き込みする。ユースホステルに 18 時半に着いた。

　すると藤原さん夫婦が玄関にみえていた……あーすみません。17 時半頃着いて 1 時間位待っていたらしく……もう帰ろうとしていたと……話す。昼間市場で買っていたけど足らないのでさっそくマーケットで買い出しの追加。ビールと肉を買う……ユースのテーブルであの話この話……藤原寛一さんの電動バイクはバッテリー充電で大変らしい、1 個のバッテリーで 20 キロ走る……6 個のバッテリーを次々と交換するとの話。

　で、1 日 120 キロ……スピードは自転車並み 20 〜 30 キロとか。それじゃパースからメルボルンまでくるのに時間がかかるわけだ。それだけじゃないバッテリーを充電する、場所も見つけなければならない。浩子さんは終わったバッテリーを積んで戻って充電するか……先に進んで待っていることも度々らしい。走るのも大変だが充電するサポート役の浩子さんも気が気じゃないだろう。

　でも自転車並みのスピードだからオートバイでは見られない動物や風景に

出会うので「これはこれで素晴らしい」と2人とも自慢げな笑顔。寛一さんはお酒飲めないとは初めて知った、浩子さんは充分に飲む。藤原さん夫婦は友人の家にお世話になっている、その家まで電車で30分ぐらいかかるとか、次シドニーでまた会いましょうと玄関でわかれる。

藤原寛一さん、浩子さん夫婦は電動バイクで走行中
メルボルン・ユースホステルに来てくれた

2005年3月13日日曜　快晴　メルボルン

　朝からいい天気だ……オートバイのハンドルに着ける安い時計を探しに午前中、中央市場に向かう。時計5ドル450円、接着剤1ドル90円、L型工具1ドル90円。これまでもハンドルに安時計を巻き付けていた。ウクライナでは少年たちがペットボトルを使いながら「洗う」とき盗られてしまったことを走りだして気付いた。あと1回はトルコのインスタンブル、ユースの前に止めていた時盗られていた。まぁ安い時計が見つかったのでこれからはいちいち腕をまくらなくてすむ。

2005年3月14日月曜　はれ　快晴　メルボルン

　あしたオーストラリア首都キャンベラーに向かう……メルボルン市からシドニー方面の道路確認のため走って見る。午後ガソリンの補給……グリーン

ウォーターを買う。シドニーのユースホステルを地図に書き入れたりして1日をすごす。あしたも晴れてくれー。

首都キャンベラー＆シドニーに向かう
2005年3月15日火曜　くもり　はれ　メルボルン〜キャンベラー

　ホテルを7時30分ジャストにスタート。メルボルンはラッシュに入っているようだ。約20キロはノロノロ……の走り、郊外に出たらスイスイ走られるようになった。山に入ってから霧が出てきたりしてきょうは雨かなと思わせる雲行き。走りやすい道になって100〜120キロイーブンのスピードで走れるので気持ちがいい。11時半、オルベリー市に着いた。川のそばにある公園に入って……夕べ握ったおにぎり1個をたべる。

いたるところに建っているカンガルの標識……さすがオーストラリアだ

　12時にスタート……あれー戻っている感じだなー。途中から列車と並行して走る…………列車と並んで走るのは気持ちがいいもんだ、気持ちの中では「日本からきたんだよー」と叫ぶ。並行して走るのは初めてだ。しかし、すぐに列車は離れていく。道路標識を確認するとシドニー Sydney 方面になっている。大丈夫だな……間違ってないなーよしよし。時々方向音痴になることがあるので注意が必要だ。

　本線31号線から日本の県道みたいな道……右に入り走って行くとキャンベラー市内に着いた。16時を少し回っている。インフォメーションでユースホステルを確認ついでにきょう「部屋があいている」かどうか電話で聞いてもらった「満杯」。エエー、インフォーで紹介してもらったB&B（ベッドとブレークファースト略）の宿に向かう。あれれ……地下道トンネルに入って行く……地図で見ればすぐにわかるホテルなんだがなー。大きなロータリーに出た……出口がわからない。

　適当なところから出て停まって・聞く……停まる・聞く、わからない。4、5回聞いてようやくたどり宿に着いた。17時半になっている……うーん時間がかかったなー。4人部屋で2人の泊り客だった。スーパーに買い物シャワーを浴びて19時頃から晩めしをはじめる……21時にキッチンは閉めるとのこと……なにかせわしさを感じるなー。あしたユースホステルに行っていっぱいだったらシドニーに向かおう。ホテルに着いた時オートバイのラジエターの水がプシュプシュと湯気を出しながらグリーンの水も噴き出していた。なにが原因なのだろう？

2005年3月16日水曜　くもり　午後降ったりやんだり　キャンベラー

　B&Bホテルを9時10分に出る。ユースホステルに向かう。きのうと同じエンペラー噴水などある中央ロータリーを過ぎてからどこを走っているのかわからなくなってしまった。道の端に止めて自分の止まっている場所を地元に人に確認する。信号で止まっているマイカーの人にユースの場所を聞くと「次の交差点を」「左に」……オーラッキー。地図を見るとそうだこの通りだ。

　タクシーが停まってくれた、インフォメーションでもらった地図「ここは」と指差すと次のロータリーで右へ……ありがとう。ユースは静かな街はずれに建っていた。坂道を上がって「きょう部屋あいてますか」部屋4人部屋に2人だけと……受け付けを終わった。きのう本当に満杯だったのかな……なんか疑問だ。まぁ終わったことは仕方がない。キャンベラー市内中心も走ることもできたことだし、よしとしよう。

　そうこうしているとオートバイでオーストラリアを一周してきたと日本人ハギワラさん埼玉、北本出身がやってきた。これからシドニーに向かって自分へのほうびとしてオペラかなんか見に行きたいと話していた。せっかくオーストラリアを走り切って充実した気持ちになっていたのに……これまで走ってきた世界ルートのわたしの名刺を渡した。彼には気持ちをぺしゃんこにさせてしまったようで申し訳ないように感じた。マーケットの買い出しビール４本、肉、トマト、玉ねぎ１日分計30ドル270円。

オーストラリア首都キャンベラーのユースホステル

シドニー宿「東京ビレッジ」に到着
2005年3月17日木曜　くもり　くもり　キャンベラー〜シドニー

　夕べまで雨が降ったりやんだり……ときには強く降っているような気配を夜寝ていて感じていた。朝は雨もやんでかすかに雲の間から青空ものぞいている。太陽さんありがとう8時30分に出発。30分ぐらい走って31号線に乗る。霧雨みたいな雨が降ってきた……いつの間にか120キロイーブンのスピードになっている。不思議なもんだ、走り始めのパースを出た時90キロでも早すぎる、恐いなーと思っていたのに……。

　慣れてしまったのか、それが120キロでもスピード感がない……ほんと

に 120 キロ出ているのかメーターがこわれていないかと思うほどである、「慣れはこわいものだ」シドニー市内に入った 11 時 30 分。ガソリンスタンドやドライバーに「セントラル・ステーション」と聞きながら走る。3、4度聞き直して中央駅に着いたのは 12 時半。ユースホステルは中央駅の近くにあることはわかっていた。茶色の 10 階建てぐらいの大きなビルの中にあるユースホステル。

いっぱいで泊れなかったシドニーのユースホステル

　オートバイを停めて受けつけに、きょうは「プール」いっぱいだと……どこも混んでいるんだなー。2、3 日泊ってから「東京ビレッジ」に泊ろうと考えていたがこのまま「東京ビレッジ」を探して泊ろう。中央駅からひとまわりふたまわりしてようやく道の角に建っている「東京ビレッジ」に着くことができた。玄関のカギは暗証番号になっているようだ。インターフォンで「ハロージャパン」と告げると中からスタッフの人が出てきてくれた。

　日本人のスタッフもいてオートバイは中庭に入れた。ドミトリー 7 日間予約を入れた。115A ドル 1 万円……1 日 1400 円ぐらい。泊っているのはコリアンの人が多い、ヨーロッパの人も、日本人も男女かなり泊っているようだ。わたしの部屋にはコリアンの人若い男子コリアンの 5 人はなんとな

く気持ちがやさしい感じのする人たちばかり。自分の気持ちまで何かすがすがしくなる。日本人に比べて素直さがあるように感じるな。

　朝から何も食べてない腹は減っているがもう3時を過ぎている……スーパーに買い出しに行く。とりあえず2日間分、肉4片入り6ドル500円。肉にはケチャップをかけて食べるのでケチャップも、ビール6本トータル30ドル2550円。早めの夕食……その前にシャワーを浴びてから食い始める。

　コリアンの女性からキムチを2ドル分わけてもらう……本格的キムチである。これさえあれば鬼に金棒いうことなし、うきうきになる。このビレッジは「ごはん」食べ放題……それが無料になっている……大きな電気釜で炊いてある。なくなればレセプションにお米をもらいに行って洗って炊くようなシステムになっている。これだけでも……もう・もうお金の心配が少なくなり助かるし……ありがたい。8時過ぎネット屋に行き2時間5ドル400円打ってホテルに戻る。ベッドは2階だ、寝ていてなんとなく落っこちるような不安を感じる。そうだオートバイにつけている自転車のチューブをベッドに2本張ろう。オートバイからチューブを取りだして取りつけた。よし……これで大丈夫……安心感がある。10時半にベッドに入る。

2005年3月18日金曜　くもり　シドニー

　まだ7時なのか……とっくに8時を過ぎていると思ってトイレに起きるが……やらなければならないことがある①佐賀・ふるさとからここシドニーに赴任してきているカワグチさんに電話する　②カルネの延長のこと……。9時前だったがカワグチさんに電話を入れた本人は「誰だろう」と思われていたに違いない。カワグチさんの同級生小林ヒデヨさんから電話番号を聞いてかけていると告げた。出入りされていたのを知っていたのでわたしの実家の裏の山下さんとかの名前を出して話してみた。

　月曜にカワグチさんの勤務先ゴルフ場に行くことになった。カルネのこと……ホテルのレセプションの人に電話を入れてもらったが「音声」のみでつながらないようだ。仕方ない次の月曜日にアタックしてみよう。きのうキム

チをもらったコリアンの女性に「キムチの店」を聞きだしてキムチだけを
午後買いに行く。駅前通り Pitt st、2～3キロビニール袋詰め入り12ドル
1000円を買う。うまいキムチがあればビールのつまみと食事が楽しみになる。

オペラハウスにオートバイ乗り入れた「バカモン」

2005年3月19日土曜　快晴　いい天気　シドニー

　8時前オペラハウスまで歩いてみよう……カワグチさんの勤務先テリーヒ
ルズゴルフ場に月曜日に行くためハイウェイの入り口を確かめるためであ
る。40分ぐらいでオペラハウスに着いた。ハイウェイの入り口も丹念に目
印を頭で確認する。よしこれで安心だ。朝が早いためか歩いている人が二人
ぐらいと少ない。天気は青空だシドニーブリッジが見える……そのとなりに
見えてきたのがオペラハウス。アーこれが写真でよく見る……ホタテ貝を立
てかけたような建築……オペラハウスなのか。

　ついに来たなー、オーストラリアと言えば、
　①オペラハウス
　②エアーズロック
　③コアラ
　④カンガル
　……わたしの中に持っているオーストラリアのイメージである。ひとまわ
り公園の中を歩いてみる。ジャングルみたいな森も造られてオーストラリア
はどこに行っても広いひろい公園ばかりである。これだけ緑の多い広い公園
ばかりだと心の豊かさも大きくなるに違いないと思う。いったんホテルに
戻って……11時だ。昼めし食って午後写真を撮りに行く……朝方オペラハ
ウスの係りの人に「オートバイを乗り入れてもいいですか」すると「OKか
まわない」との返事をもらっていた。

　そろそろとオペラハウス・広場まで乗り入れた。太陽に照らされてオペラ
ハウスのタイルが光り輝いてなんとも美しいものだった。オペラハウスを撮
り終わったころ婦人警官が来て「オートバイの乗り入れはダメ」と注意され
る。「すみません……ごめんなさい」出口に向かってそろそろ走るが出口が

わからなくなってしまった……あっちこっち人目につかいないようにと思ったが行き止まっては引き返して逆に人目につくレストラン前に……ようやく出口にたどりついたが……イヤー冷や汗ものだった。

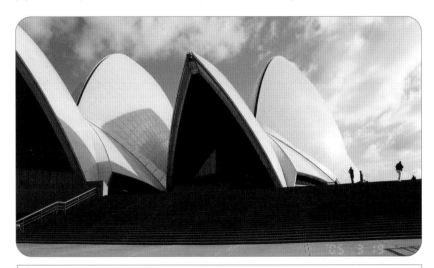

ホタテ貝みたいな太陽に照らされたオペラハウスのタイルは光り輝いて美しい輝きだった。

シドニー市内をひとまわり

　日本人に会ったら「このバカモンメ」と白い眼で見られるところだった。日本人じゃなくとも常識として乗り入れはできない場所なのだ。自分の厚かましさにうしろめたさが強くなってくる。本当に馬鹿な自分だとあと味が悪い1日になってしまった。夕方5時から7時までネット屋で過ごす。昼前中国食料店でステーキ用肉が安く買えたのでブロックで買ってきた。夕食にはブロックを厚めに切り取って焼いて食べる。

　うんうまい……。あーご飯がない……宿泊者はアルバイトに出かけるとき昼飯にここのホテルのご飯をお弁当にして持って行く人もいてすぐにご飯が無くなる時もある。自分でレセプションからお米をもらっておいて炊いた。炊き立てのご飯はうまいなー。きょう1日中天気はよかったが10時過ぎたころ雨がザーッと降ってきた。

シドニー駅から7、8分の交差点の角に建っている「東京ビレッジ」1泊1400円

2005年3月20日日曜　はれ　はれ　シドニー

　朝カワグチさんから電話が入る、あしたの確認だったカワグチさんの話ではあしたの天気は大丈夫だという。11時過ぎ、歩いて魚センターに向かう。2、3度聞きながら30分ほどかかった。大きな魚センター日本の築地市場といっ

たところか……日曜のお昼時なのでどこのお店も大混雑していた。お店で注文したものを屋外のテーブルまで運んで家族連れ……仲間同士にぎやか……テーブルがあくのを待つ人たちもいる。魚をその場で調理してもらった刺身、出来たてのてんぷらなど、どの店を見てもうまそうな食材ばかり……。

　マグロのブロック 12 ドル 1000 円を買った。「生カキ」1 個 1 ドルはそのまま口に入れる。6 個 6 ドルはわたしには高すぎる……1 個だけで満足したことにする。ホテルに戻りマグロを 6 等分に切り分けて冷蔵庫に保管する。泊った人たちが出て行く時余った食材だけを冷蔵庫に「保管する」スペースがある。食パン、しょうゆ、みそ、などいっぱいある、その食材はだれでも自由に使ったり食べていいことになっている。週に 1 度ぐらい冷蔵庫の中を整理して名前を書いてない食材は冷蔵庫から出されて机に並べられる。今回その中には「韓国ノリ」があった。50 枚ぐらい「ひと束」もあった。スタッフに「もらっていいの」「OK　OK」と返事……ラッキーだ……そっくりノリを頂いた。

　これから出かけるときにおにぎりに使えるので貴重品になる。夕方ネット屋に行くと家内から「九州・福岡地方」に地震があった。九州の実家に「電話したがつながらない」とメールが入っていた。自分のホームページに「大丈夫ですか」と書き込みを入れた。夕食は昼間買ったマグロと肉を焼いて 10 時頃食べ終わる。これまで 10 日間の出費を計算してみた……オートバイで走っていない日が多いので前回と同じ。
　44000 円　1 日 4400 円……だった。食べて、飲んで、泊った合計金額。

2005 年 3 月 21 日月曜　はれ　くもり　はれ　シドニー
　9 時すぎにカワグチさんの勤務先に行くため「これから行く」と電話する。ところが 2 号線を走っていて……1 号線・3 号線の入り口がわからず……2 号線の終点まで走ってしまった。ガススタンドで聞き直してどうにかカワグチさんの Tell Hill のゴルフ場に着いた。ゴルフ場入り口で迎えてくれた。ゴルフ場のレストラン昼食・ビールなどごちそうになる……。近くの自然動物園を案内してもらって 15 時カワグチさんと別れる。

　カワグチさんはわたしと面識はなかったが親切に案内していただき帰りには梅干しまでいただいた。宿近くのマーケットでビールを 6 本買ってホテルに 17 時に着いた……到着したあと雨になってきた。

にぎやかな 10 年前 1993 年〜 94 年の旅人たち

2005 年 3 月 22 日火曜　一日中雨……ときどきはげしい雨　シドニー

　昨夜からはげしい雨……断続的に降っている……風もある一日中雨は続きそうだ。よかったなーきのう買い物を済ませていて……。泊っている宿「東京ビレッジ」に備え付けてある「情報ノート」1993 年〜 94 年分をずーっと読んでいく。広島の「ぶっちょん」さん、山下里美さん（もんがーさとみ）、どいうらさんたちの名前が載っている。そしてオートバイ 10 台ぐらい、宿泊者 40 人ぐらいと書き込みになっている。

　10 年も前のことだけど……かなりこのころは旅人たちでにぎやかだったことがわかる。早いものだな……時が経つのはと思う。これほどではないが今も旅人は多い。

オーストラリアの道。本線から外れたキャンベラーへの道

2005 年 3 月 23 日水曜　雨　はげしい雨　ちょっとやんだ　シドニー

　やっぱり雨降りだ……荒れている感じのする降りかたである。きのうカルネ

の延長のことスタッフ日本人に相談したがなんとなく面倒のような感じ、そうだろうなとも思う。よし自分でやろう。カルネの延長手続きは首都「キャンベラー」になっている。バスで移動するかなー……ちょっと考えよう。ビザの延長はニュージーランドに向かい……戻ってくれば自動的に 3 カ月延長になる。

　ニュージーランドまでの飛行機のチケットは 360A ドル往復約 3 万円だった。これは駅の近くのトラベルで聞いた。NHK 地球ラジオ生中継することが 27 日に決まっているので「東京ビレッジ」の電話番号を連絡しておこう。ネット屋に行きなんだかんだきょうも 2 時間ぐらいかかってしまった……5A ドル 420 円。晩飯は残っていた最後の肉を焼いて朝鮮漬、しょうが漬、トマト、玉ねぎの大ごちそう。

　ご飯はほっかほっかであったかい……きょうはかろうじて炊かなくてすんだ。なくなると自分で釜を洗ってコメをといで電気釜で炊くのだ、みんな炊くのが面倒なので少し残してそのままにしておく。ずるいやり方だがおれも同じだから仕方ない。部屋は 2 段ベッド 3 個の 6 人部屋。オレ以外はコリアンの若い人たちばかり……ワーホリなのか、夜 11 時になると仕事に出かけて朝方 6 時過ぎ戻る生活が続いている。がんばるな。

2005 年 3 月 24 日木曜　はれ　快晴　シドニー

　雨は上がり青空になっている……。日本人のメカがいると聞いていたオートバイ屋に行ってみよう。フィッシュセンターを過ぎてビクトリア・ストリートに入ったところ……1 回目わからなくて U ターンして……見つけた。ボブさんというオーストラリアレーサー NO.1 だったという人がいた。奥さんは日本人、川口市出身の人だった。しかし、ここでは修理がたて混んでて……以前ここで働いていた人のところを紹介された。

　10 キロぐらい先のホンダ店の地図を書いてもらった……そこには日本人のメカの人がいた……しかしあした 26 日から 28 日まで休みだと話す。クラッチ、ラジエター、電気系統など見てもらいたかったが出来なかった……仕方ない。その人は泊っている東京ビレッジの近くのオートバイ屋を教えて

くれた。帰り道すんなりホテルに戻れなくてぐるぐる回って迷ってしまう。あげくの果てに……いつのまにか、アレレ……ハーバービレッジを渡るはめになった。Uターンしてようやく東京ビレッジに着いた。きょうは1日ずーっと晴れたいい天気だった。

2005年3月25日金曜　はれ　くもり　くもり　シドニー

　きょうから28日まですべてお店は休みに入るとのこと……スーパーマーケットに行ってみるが休み……途中街の魚屋さん1軒だけ開いていた。揚げ物、サバの開きみたいなものを1ドル半だけ買う。酒屋ではビールも売ってない……バーで買おうとしたら店内で飲むのならいいけど外に持ち出してはダメ……。夕方ネットをやってホテルに戻ると藤原さん夫婦が到着していた、オ、1日早い到着だ。松尾も日本から同じ8時にかかってくる電話を待つ……。

　NHKから次わたしにかかってきた……NHKからテストの電話であった。8時半ごろからビールはないがウィスキーは持っているので3人で飲み始める……ご苦労さまでした……カンパーイ。11時を過ぎたキッチンは閉まる……あしたまた話すことにしておやすみ……12時ベッドに入る。

藤原夫婦電動バイクでシドニー走行中
2005年3月26日土曜朝　小雨　シドニー

　午前中に藤原さん夫婦とスーパーに買い物に出かける。ビールだけ買って先に戻る、ニワトリの煮込みをつくる。突然雨になってきた……こうなんだもんなー。いい天気になるかなーと思っていたら雨になってしまった。藤原さんたちは濡れて帰ってきたようだ。出来上がったニワトリの煮込みで3人はいっしょに食べる。昼寝したあとネット屋へ。夜はオーストラリアを一周してきた青森のムラカミさん、そのムラカミさんのバイクを買って走り始めるという大阪の青年と……にぎやかな夕食になった。11時を回ったのでお開きとなる。

2005 年 3 月 27 日日曜　はれ　快晴　シドニー

　朝からいい天気だ……今のところは……。昼飯のあと……藤原さん夫婦は電動バイク、浩子さんはスクーターで市内見物に繰り出してゆく。わたしはビール飲んだあと読み続けていた賀曽利隆さんの「世界を駆けるゾ！　40代編下巻」を読み終わる。賀曽利さんとは日本で一度だけ浜松秋葉神社のキャンプでお会いしたことがある。次の朝だれよりも早く夜明けとともに出かけた。すごいもんだとカソリさんの印象が残っている。名前を聞いた時最初サソリをもじってカソリにしているハンドルネームだろうと……思っていたが本名だった。

　アルゼンチン・ウスアイア「上野山荘」で、その賀曽利さんの本を読んだことがある。本の題名は忘れたがこれで 2 冊目である。やっぱりすごい人だ……読み終わってつくづく感じる。なにせナイトランなどと夜中に走り出す。それも夜中 0 時に合わせて走りだすことなどわたしにはとてもとても出来ない、考えられない。夜中は寝るものだとわたしは思っているのでなおさらおどろいてしまう。それに時には一気走りとかで……。

　夜中も走り続け 2、3 時間の休憩だけ……シュラフだけで寝る……もちろんテントは張らないのだ……恐れ入る。こわい人だ……並大抵じゃない体力の持ち主だろうな。朝昼晩三食は、きっちり食べるからなのだろうかな……。夜は夜で遅くまでビールウィスキー、酒……なんでもこいの酒豪・賀曽利隆さん。日本に帰ったら賀曽利さんと会ってゆっくり話してみたい……。オーストラリアはきょうから夏時間が終わり日本との時差は 1 時間になった。夜 8 時過ぎ、日本時間 18 時 NHK から電話が入った……本番前のテスト電話はスタッフの安田さんからである。台本はきのうネットで送られてきている……それをコピーして手元にある。20 時 15 分再び NHK から電話……20 分から本番に備えてそのままスタジオ中継を聞きながら待つ。

　月の最後の日曜日は旅している人が現地から旅の様子を電話で直接生中継する。「いま話している方が話し終わったら」「松尾さんの出番です」と保田さん。本番に入った後藤繁榮アナウンサー、大輪香菊アナウンサー「きょう

は大型バイクで旅を続ける松尾清晴さんです」「いまオーストラリアです」紹介のあと、ナラボー平原の直線道路が長くて長くて「おどろいた」これだけ長いと「地球を走っているなー」と感じる……。

　など……生中継は5分間ぐらいで終わった……となりで聞いている藤原さん夫婦のことも話した。終わったあとスタッフ保田さんから声がはずんでいてよかったとおほめの電話が入った。自分でも声が明るくはずんでいることはわかっていた。お世話になった保田さんは今日限りで他の部署に移るとメールにあった……お世話になりました。生中継が終わったあと藤原さん夫婦、きちさん4人で夕食11時頃まで過ごす。

電動バイク・藤原寛一さん（前）バッテリー取り換えのためサポートの浩子さん（うしろ）
シドニー市内を走る

2005年3月28日月曜　朝くもり　すぐに青空に変わる　シドニー

　きょうまでオーストラリアは4日間休みなのだ……マーケットにビールを買いに行くとアルコールショップは10時かららしい。朝方曇っていたが昼頃には青空が広がりおだやかないい天気になってきた。午後新たに「独学のすすめ」加藤秀俊著文庫本読み始める。17時過ぎネット屋にいく。あした天気がよかったらオートバイで首都キャンベラーまで行って「カルネ」の延長手続きをしてこよう。雨の場合は電車かバスで行こうと思っているが……。

2005年3月29日火曜　くもり　シドニー〜キャンベラー〜シドニー

　6時30分オートバイでキャンベラーに向う……曇っているがまずまずの天気……雨は大丈夫のようだ……。ガソリンを給油しながらキャンベラーまでハイウェイの道のりを聞き走り始める。すんなりとハイウェイに乗ることができた。車やトラックなど結構走っているが50キロぐらい郊外に出るとグーっと少なくなってきた。120キロのスピードで走り続け9時30分キャンベラーに約3時間で着いた。インフォメーションで「カルネ」のことをたずねるとなんと200m先の建物だとわかった。

　そこのカルネ事務所に入って係官と話すが……まったく通じない。日本大使館に電話してもらって通訳してもらうように頼んでみた。すると大使館のオーストラリアの人が電話に出てくれた。
　①カルネの延長はできる
　②パスポートのビザ延長は移民局でもできる
　カルネの延長は……。①各州の自動車クラブ又は税関でもできる
　　　　　　　　　　②ビザ有効期日まで「延長」できる
　オーストラリアからいったん出国して戻ってくると新たに3カ月のビザが自動的にもらえると思っていたがそうではないらしい。その時の税関の判断……またオートバイを置いて他の国に渡った場合「オートバイを捨てたことになる」と判断されることもあると聞かされた。わたしの場合カルネ2カ月、ビザは1カ月ほど残っている……手続きは早すぎる……手続きは残り10日間ぐらいになってから手続きした方がいいとも話す。片道300キロ走ってきたのに……うーん仕方ない15時にシドニーに戻った。

　藤原夫婦と大阪出身の話の面白い女性といっしょに夕食11時頃まで過ごす。藤原さんたちはあした30日ロンドンにオートバイ2台を送ると話していた。疲れたのかいつもより酒のまわりが早い……ベッドに入る。

2005年3月30日　シドニー

　夕べ雨が降っていたが朝方になるとやんでいた。10時過ぎにニュージーランド行きの飛行機のチケットを買いに市内まで歩いて出かける。中国旅行

社のお店に入ってみた。航空券360Aドル+TAX150Aドルトータル510ドル、約4万円まずまずの値段だ。あした3月31日7時25分発ニュージーランド・オークランド行き……帰り4月5日のチケットを買った。

飛行機でニュージーランドに飛ぶ

2005年3月31日木曜　シドニー曇っている　ニュージーランド青空　暑い
シドニー〜オークランド

　東京ビレッジを朝4時45分に出る。きのう中央駅まで行って空港行きの「ホーム」「切符の買い方」……そして5時10分発に間にあうように確認していた。5時10分発の電車で空港には13分で着いた。空港のカウンターで座席の予約……いつものように早めに並んで一番後ろの座席をお願した……。カスタム・税関に向かう。

　違う「ここではない」と……なにー!!……座席のNO37C……これは窓際ではないなー。再びカウンターに戻って「窓際の席を」……なんとゲートまで間違っている。56ではなくて55ゲートだった。でも出発までまだ時間がたっぷりある。こんなこともあるのだ……あわてなくてもいいように飛行機に乗る時はいつも3時間前に空港に着くようにしている……やばかったなー。ゲート55番に入る。

　入るとき身体検査いつもの「X線検査」だ。「あなたは危険物爆発物……なんとかに選ばれました」「ここから先進めません」日本語での説明のファイルを見せられた。どうした……。「綿棒」みたいなもので荷物の「ごみ」「ちり」をつけて再検査させられた。すぐに「OK」になったが気持ちのいいものではない。日本語「ファイル」を写真に撮っておこうとしたらダメだと係官。

　出発は遅れに遅れて8時35分ようやく滑走路に向い飛んだ……いつの間にか眠っていた。ニュージーランド・オークランドに着いたのは3時間かかって12時前。現地14時前。インフォメーションでパンフレットをもらいユースホステルを予約した。バスチケットもそこで買ってバス乗り場は空港ターミナル。青空が広がって暑そうな陽ざし……ブルーバスに乗ると宿泊のユー

スホステルの前で下ろしてくれた。

　坂道の多い町だ……それも急な坂道。ユースの部屋に入ると216号室5人部屋である。シャワーを浴びて買い物に出かける……やっぱり高いなー。いったんコリアン食堂で注文したものをパックに入れてもらいホテルに持ち帰って部屋で食べる……ビールが高すぎる。小瓶ビール1本5ドル・400円。酒屋で2ドル160円と高い。21日から31日まで10日間ニュージーランド飛行機代入れて……1日5678円。

ニュージーランド・オークランド市内

2005年4月1日金曜　快晴　気持ちいい天気　昼間は暑いぐらい　オークランド

　9時すぎカメラを持って市内をぶらぶら歩いてみた。結構歩いている人たちが多くにぎやかな街だな。歩き方も普通の速さである。日本語の「看板」のお店もあった。マーケットの中にある「寿司パック」7ドル560円を買ってホテルでビールを飲みながら食べる。あしたから「北の方」に向かうため昼寝したあと3時頃からバスの予約に行く。ターミナルまで行ってバスチケットを買う。

　帰りにネット屋によって NHK にレポートを送る……NHK スタッフの保田さんのあとには翠（みす）さんが入ったとメールが来ていた、保田さんお世話になりました。ホテルに 7 時頃戻る。厚めの肉だと思っていたがきのう買ったステーキは焼こうとしたら「薄切りの肉」だった。えーっ、しょうがない……米も炊いた。肉と朝鮮漬で残った飯はあしたの弁当をつくった。日本人旅行者 3 人見た……あいさつ程度ですませる。

2005 年 4 月 2 日土曜　はれ　途中小雨　はれ　オークランド〜カイタイア

　ホテルを 7 時 40 分に出て北のカイタイアに向かうためターミナルへ……すでに 4、5 人並んで待っている。いちばん前の席に座りたいと早目に来たのだ……ダメだった。荷物はバスボディの荷物入れに……。8 時 15 分に乗合バスに乗る。1 号線を走り山道に入って行く片側一車線になった。登ったり下ったり狭い道を走る。平坦な道だろうと想像していたが……山間地帯ばかりで意外だった。

　ときどき町に入り降りる人乗る人と入れ替わる。わたしにはカワカワとかケリケリとかわかりやすい町もあった。リゾート・ビーチも走った。カイタイア・ユースホステルの前にバスは止まってくれた……15 時 10 分だ。すべて平屋の建物の町にユースはあった。マーケット、リキュール店で肉、玉ねぎ、トマト、ビールを買いホテルに戻る……部屋はドミトリーであるが泊り客はわたし 1 人。泊り客は全部で 10 人ぐらいか……。

　あしたはニュージーランドの最北端ケープレンガまで行くチケットを買った……最北端から戻るとき海岸の浜辺……90 マイル 150 キロを走るのが楽しみである。21 時ベッドに入る。

竿使わずさかな釣りあげたと……

2005 年 4 月 3 日日曜　快晴　はれ　快晴　青空いっぱい　カイタイア〜ケープレンガ〜カイタイア

　朝 7 時に目が覚める。昨晩の残りカラス貝を温めスープとして飲む、うまい。朝から太陽がさんさんと輝いていて……いい天気を予想させる。9 時

にツアーバスをホテル前で待つ。バスが来た4人が乗っている……ユース
ホステルからわたしを入れて3人が乗り込んだ。さらに途中から乗り込ん
できて全部で13人のツアーになった。すぐに海岸に出た、90マイル（約
150キロ）ビーチである。うーん気持ち……いい。

道路じゃなくて海岸砂道路をハイスピードで走るツアーバス

ニュージランド・最北端ケープレンガに向かう海辺を走るバスから見た奇岩

100のスピード標識はあったが運転手に「何キロで走ったの」「150キロ」
で走ってきたと話す。スピード感を感じさせないほど海岸の砂の硬さがちょ
うどよくて普通の道路より快適であった。海岸岩場の魚釣りらしい場所にバ

スは止まっている。途中磯釣りリールを曲がって釣りあげている場面に出く
わした。さっきの釣り上げた場所に魚を見に行った。50〜60センチぐら
いのタイにそっくりの魚3、4匹釣り上げていた。

　運転手は面白くおかしくしゃべって旅行者を楽しませている。川を渡って
登って行く、川の中を走るとき「ノーマネー」「ウオッシュ」「無料の洗車」
とマイクで笑わせながら走って行く。どんどん坂を登って行くと「砂スキー」
場についた。スノーボートで大人も子供も楽しんでいる。最初やる気はな
かったがスノーボートを借りて1回だけ滑って見た。結構スピードが出て
足でブレーキをかけるが転んで頭から身体いっぱい砂だらけ、目にも入った。
12時頃メインの最北端ケープレンガに到着、40分の休憩。

ニュージーランド・最北端ケープレンガ岬。東京まで3800kmと標識が出ていた
意外と近いんだな

　青空のもと岬は灯台があり断崖絶壁。草むらの上で風を受けて休む。各国
との距離をあらわす標識がかかっていた。日本・TOKYO 3800km……こん
なに近いんだろうか……。直線距離だとそんなものなのかもしれない。昼飯
は静かなビーチで食べる。短い休憩時間でもビーチで泳ぐ観光客……わたし

の前に来たツアー女性が水着に着替えている。チラーチラッとのぞいていると
ブラジャーパンティまでバスタオルで隠して着替えていた。

　帰りは陸路……道路で戻る。リゾートで何度か停まった時釣りから戻った
地元のつり人に大型の容器に魚がいっぱい詰まっていたのを見せてもらっ
た。1匹いくらですか「ハウマッチ」買おうと思って聞いてみた。商売では
ないようだ。3、40センチのタイをもらった……それもビニールに入れた
氷といっしょである……あーラッキーサンキュウ……ありがとう。ホテルに
戻ってさっそく3枚におろして刺身で食べるぞ。醤油がない……「塩」を
軽く振って冷蔵庫へ2時間。

スイス、ドイツ、スコットランドのユースの宿泊客といっしょに夕飯

　泊っているスコットランド、ドイツ、スイスの男女5人で夕食とした。
醤油の代わりに塩だけで召し上がる刺身。タイの魚は日本のタイの味には届
かない、いまいちの味だった。スイス人は自転車で世界を回っている人だ。
この人は海岸でリールを使わず糸だけを投げて5、60センチの魚を釣り上
げと話す……焼いて食べていた……焼いた方が味はいいのかなー。

リールを使わずに釣り糸を投げただけで釣り上げたと……これから焼くところ

2005年4月4日月曜　はれ　はれ　カイタイア～オークランド

　ユースホステルを9時30分出る、10時30分のバスに乗るためだ。約1キロと聞いて歩き始める。町外れのBANKの前にいた男の人に「バスターミナル」の場所は「どこ」するとこっちじゃなくて「戻ったところの左」えー……戻り始めたら子供と乳母車の女性……初日ユースホステルで受付してくれた人だった。バスターミナルは「この先左」と教えてくれる。さっきの男の人が教えてくれところに戻っていたら……汗かくところだった。よかったなー受付の女性に出会って……。バスターミナルは町はずれにあった。

　インフォメーションの前にバスが1台止まっていた。そのバスがオークランドに向かうバスで10時30分ジャスト出発した。太陽に日差しを受けない席に座ったつもりだったが違っていた。そうなんだオークランドは南に進むので左側に座らなければいけなかったのだ。乗り換えのバスターミナルに着いた、12時40分。13時発は30分遅れで出発した。ターミナルで食事をしていた女性2人はハワイから来ていた日系3世と話していた、日本語も話せる。ワイキキの近くに住んでいると聞く。アラスカで交通事故、ハワイで療養した。

　ハワイでお世話になった長谷川さん夫婦に写真を渡してくれるように頼んでみた。「朝ワイキキの広い公園」で「タイ式体操」を「毎朝指導している人」長谷川さんです。と話すと「OK」と「写真を受け取ってくれた」無事に長谷川さんに届けばいいな……。

　オークランドに17時30分に着く。ユースの宿泊手続きを終えてシャワーを浴びた。フロントに行くと同じバスに乗りこんできた日本人……自転車でニュージーランドを走っているという宮本さんがいた。若い日本人女性タナカさんもいた……南ニュージーランドは美しすぎて涙が出たと話すタナカさん。ネット屋でNHKにレポートを入れたあと8時から宮本さん、タナカちえさん3人でしゃべりながら夕食にした。11時過ぎまで話しこむ。

シドニーへ戻る
2005年4月5日火曜　はれ　快晴　オークランド〜シドニー

　ユースホステルラーメンとビールを飲む……。きのうの残ったビールだ。税関で没収されるのでもったいないので飲んだ。きょうはシドニーに戻る日だ。10時20分空港行きのバスに乗る……飛行機は13時05分発。空港に11時に着き……すぐに受付カウンターで一番うしろの席を確保したがもう12時になっている……やっぱりなんだかんだ手続きしているとこんな時間になってしまう。

　これまでも出発時刻3時間前に着くようにしている……なれないこともあり、この3時間前がわたしにはちょうどいいというより……どうしても必要なのだ。飛行機は1時間遅れで飛び立った。市内が小さくなり海は青いオークランドよ……また来るからね。17時にシドニーに着いた。タイ航空はサービスがいい……いやしいわたしは飛行機の中でビール3缶、ワインを飲んでぐっすり眠る。アメリカのユナイテッドは有料だもんな。

　宿の「東京ビレッジ」に18時に着いた。シドニー時間16時。シャワーを浴びてスーパーに食料とビールの買い出し……19時頃から飲み始める……きょうは疲れているようだ……ネット屋に行くのをやめて21時にベッドに入る。

気持ちのやさしいワーキングホリディの若い韓国の人たち

2005年4月6日水曜　はれ　はれ　シドニー

4月9日から旅を再開するため……

①オートバイのオイル交換

②トコヤ

③シティバンクの残高を電話で確認

④東京ビレッジ旅ノートに自慢話を書き残す……

以上これからしなければならないこと。朝一番赤シャツを洗い……日記を書いて……10日分の生活費を書き出して整理してみた。

3月1日～10日まで50575円

　　11日～20日まで40430円

　　21日～31日まで56480円（飛行機代のぞく）合計147485円

オートバイオイル交換に行くがきょうダメであした9時に予約した。ここのオートバイ屋は以前のレーサーの修理屋さんに紹介してもらっていた。オーストラリアはすぐには出来なくてだいたい予約制が多い。しょうがない……ホテルに戻りトコヤへ……12時前だったが午前中はおしまい、午後1時半まで休みだと……。しょうがない……ホテルに戻ると日本からミヤモト

さんという人が来ていた。いっしょにビールを飲みながら過ごす。そのあと
トコヤにいく……その前にシティバンクに電話したのでやらなければならな
い４つの内２つ終わらせた。

東京ビレッジの心やさしいオーナーと

東京ビレッジに泊まっている日本人旅人のみなさん

2005年4月7日木曜　朝雨だった　8時頃やんだ　シドニー

　朝9時予約しているオートバイ屋に行く……日本人スタッフがいた。オイル代55Aドル手間賃さわっただけで45Aドル、トータル100Aドル8500円も……。自分でオイル交換してもいいがオイルを捨てるところがないので頼むしかないのだ。時間がかかりそうなのでそのまま歩いてホテルに戻る。ホテルの情報ノートに自慢話を書き残しておこう。写真も貼った。お昼前にオートバイをとりに行く98Aドルだった。夜は飲みながら新潟の人たちと11時過ぎまでしゃべって過ごす。

2005年4月8日金曜　はれ　シドニー

　夜中に雨の音がしていたが朝はやんでいた。午前中洗たくTシャツパンツだけだけど……昼はきのう作っていた肉の煮込みとビール。情報ノートに書き残しがあったので付け加える。全部で3ページになってしまった……イヤがられることだろう……ほとんど自慢話だからな。一応「最後に長々となってすみません」とは書いたが。昼寝したあと、あしたから向かう地図の確認をすませ夕方ネット屋へ……。さぁーあした……雨でなければ出発だ。シドニー「東京ビレッジ・ゲストハウス」には18日間泊ったことになった。お世話になりました。

シドニーから無料キャンプ場

2005年4月9日土曜　はれ　一時パラパラ雨　シドニー～ニューカステル ～コフス・ハーバー

　雲ひとつない青空の中東京ビレッジを7時30分スタート。オーナーや泊りの人にはきのうあいさつはすませている。1号線に乗ってシドニーよ・さらば……ハーバーブリッジを渡る。霧が出てきた海岸に近いところだからなのだろうか。ニューカステルNew castleで海岸線に入って行く。コフス・ハーバー Coffs Harbourでテント泊を探す……きれいな川沿いを走りながらいい場所右に入って柵のそばを見つけてテントを張る。

2005 年 4 月 10 日日曜　はれ　パラパラ　コフス・ハーバー～ブリスベン ～チローチレー

　静かな一夜であった。朝からガガー……ギギーオホホ……ガァハハ……と 鳴く森の鳥に起こされる。7 時ジャストスタート……海岸線を走っているは ずなのに海がいっこうに見えてこない？ほとんど森……林の中を走る。時々 高原になっていて意外と道が狭い。カーブが続く片側 1 車線の道。ブリス ベン Brisbane を通過……メルボルンよりチト小さい街、ブリッジより高 層ビルなど眺められる。15 時過ぎに小さい町に入りインフォメーションへ ……ここには無料のテント場……シャワーも無料……芝生の張ってあるテン ト場。これは助かった少し早いがきょうはここに泊ることに決めた。

シャワー使って無料のキャンプ場だった……助かるなー前方に停まってるキャンピ ングカーの夫婦にコーヒをごちそうになる。

優雅なキャンピングカーの旅

　チローチレー？ Tiro(Tiree) という町。キャンピングカーの止まっている ところからちょっと離れた場所にテントを張った。日本の貸し切りバスと同 じ大型キャンピングカー……には夫婦が旅をしている。キャンピングカーの 中を見せてもらった……炊事場、ベッド、など家の設備と同じつくりである。 これだと快適な旅ができそうである……走るのも 1 日 400 キロぐらいと時 間にして 5、6 時間だろうか。無理をしなくて……うらやましい優雅な旅で

ある……アドレス交換してお互いに「グ・ラックいい旅を」。夜にトイレに
２回起きた……星がいっぱいだ。

退職後だろうか、キャンピングカーで旅を続けている夫婦

キャンピングカーの中を見せてもらった……ＴＶ、シャワー室、台所など立派な設
備にびっくり……

2005 年 4 月 11 日月曜　はれ　ロックハンプトン

　夜中に起きたとき星が出ていたが明け方雨がぽとぽとテントをたたく音だった……あーきょうはもう 1 日連泊か……6 時過ぎ起きてみると雨は上がっている。いい天気になりそうだ……キャンピングカーのおじさんはコーヒーをテントまで運んでくれた、ありがとうございます。写真を撮って 7 時 30 分出発する。相変わらず緑の林の中を走る……大きな町 Rockhampton を横目で見ながら走ってきた。そろそろキャンプ場をさがそう……。ガススタンドでキャンプ場とビールショップを聞く。

　キャンプ場について料金 13A ドル 1100 円、まぁ安い方だからいいか。テント場から海岸を見ると引き潮なのか海はだいぶ遠くなっている。テントは 15 分で張り終えた。シャワーを浴びて缶ビール 1 本 3 ドル 250 円、ちょっと高いなー、4 本買った……つまみは途中でハムを仕入れていたので一気に飲む……アー冷たいビールで疲れが取れる。

雨は目の前で消えた！

2005 年 4 月 12 日火曜　快晴　くもり　はれ　タウンズビル

　キャンプ場 7 時ジャスト出発……快晴で気持ちがいい。海の光が太陽でまぶしい……しかしすぐに海岸通りは終わって林の中に入ってしまった。走りやすい平坦な道遠くには山も見えてきた……その山をぐるっと巻いて走ってきた。タウンズビル Townsvill の町に入る手前で真っ黒い雨雲が待っている。これは避けられない……ハンドルカバー、カッパを着込んで完全武装……さぁー来い。午前中にも目の前に雨雲があり完全武装して走りだしたら雨は上がっていた。

　でも今回は避けられない前方の山 2 つも雨雲におおわれている。さぁー、いよいよだ。バシャバシャ水しぶきを上げて土砂降りの中のずぶぬれの走りになりそうだと思いきや道が急に右に曲がって行く……。あれれっまさに雨の中突入寸前……流れ雨はフロントを濡らす程度。対向車線の車はワイパーをかけながら降りてくる。この先はやっぱり雨なのか……。しかしである……なんと雲の間から太陽がうす陽をさしているではないか、まったく濡れ

ずにすんだ。雨が目の前で消える?

　これまでこんなこと……これで3回目かな……太陽さんありがとう。きょうはもたもたしていたので距離をかせげない。タウンズビルの町に入る前インフォメーションでユースホステルを聞くとすぐ近くだったので泊ることにした。バスターミナルビルの2階からうえがユースホテルになっていた。22Aドル1900円。ビール6本、ハムは途中のマーケットで買っている……あとはコメを炊くだけだ。風邪気味なのかな……咳が出てきた……20時にベッドに入る。

ケアンズの宿
2005年4月13日水曜　くもり　タウンズビル〜ケアンズ

　ユースホステルを8時に出ようと荷物を1階におろした。社員食堂の中に好意でオートバイを入れてもらったが……9時にならないと開かないという……うーんこまったな。それまでネットを打つとしよう……2ドル20分で電源が切れた。8時半ごろきのう親切にしてもらったおじさんが「事務所オープンして」と言ってくれたのかどうかわからないが……食堂の人に話してくれたようだ。

　おかげで食堂の扉を開けてもらい9時10分前に出発することができた。ケアンズまで100キロのところで昼飯をとる。雨が降ってきた……しばらく待とう。1時間ほどで雨は上がった。雨具をつけて走る……ケアンズに着いたのは3時を過ぎていた。宿の名前は「60S」線路を越えて左に入る……近くの人に地図を見せて聞いた。「廃屋」みたいに最初感じた……よく見ると小さい看板がかかっている、その平屋が宿「60S」だった。

　シドニーであったオートバイで走っている赤司光君がひとりいた。荷物をさっそくといて部屋に入れる。きょう出て行く人の荷物は廊下にある。

　管理人の花村さんが帰ってきた。1泊10ドル×3日分30ドル支払う。あーうれしーなー、10ドルとは、ごはんも食べ放題なのだ。光君に案内してもらっ

てビール、肉など 3 日分 30 ドルを買う。久しぶりに心やすらぐ安い宿に泊れてホッとする。

生活費 10 日間で 8 万円の出費

2005 年 4 月 14 日木曜　ケアンズ

　日本人全部で 7、8 人ぐらい泊っているようだ……きのうは雨が降ったりやんだりの繰り返し……夕方ネット屋に行き戻ってから宿の情報ノートに自慢話を書き込んだ。これまでの 4 月 1 日から 10 日まで 10 日間の生活費を整理してみた……10 日間で 8 万円とニュージーランドに渡ったこともあり 4 万円近く多くの出費になっていた……やっぱりなー。8 時過ぎから夕食に入り宿泊の人たちと 12 時頃までしゃべってベッドに入る。そう言えばケアンズに来てからアボリジニの人たちに多く会うようになった。

「60s」日本人宿として人気のあるケアンズの宿

2005 年 4 月 15 日金曜　はれ　くもり　ケアンズ

　午前中オートバイでコアラを見に 2、30 キロ離れた公園に向かう。18 ドル 1500 円の入場料結構高いなー。ここでようやくコアラを見ることができた。ワニ、カナリア、カンガルなど 1 時間ぐらいでひとまわりしておしまい。公園を 11 時に出る。きょう雨は大丈夫のようだ。ケアンズに来たあたりで

左手の小指と薬指にしびれが出てきた……どうしたんだろう。あした出発の
用意を終わらせてから晩飯をとる。

動物園のコアラ

2005年4月16日　快晴　青空　暑い　ケアンズ〜ノルマントン

　3泊した……7時25分「60S」を出発。一点の雲もない青空である。西
に向かうとすぐに山道になってきた。どんどん登って行く山頂付近からケアン
ズの市内を一望できる。深い山の中が続いて……ちょっと不安になる……
車は少ないが道が狭い……極端に狭い道も出てきた……ようやく平坦な道に
なった。50〜60キロのスピード程度でゆっくり慎重に走る。ノルマント
ン手前150キロの場所でキャンプ場10ドル850円。

　静かな村である。途中雨になるかなと心配していたが内陸に入ってから快
晴にもどった。途中アリ塚はずーっと続いて目を見張るほど……なん十キロ
も、あたり一面アリ塚が続いた。

延々と２日間アリ塚街道は続く

2005年4月17日日曜　朝26℃　はれ　暑い1時〜2時40℃　ノルマントン〜クロンカリ

　キャンプ場7時30分ごろ出る、朝が6時だとまだうす暗い感じだ。きょうも朝からいい天気。走っても、走ってもきのうに続いて今日もすぐにまたアリ塚が右に左に出てきた。小さいものから大きなものまでアリさんたちの住宅地に見えてくる。アリさんたちのはなし声が聞こえてくるような感じがするほど。ぱっと見ると墓標ではないかと感じる時もある。きのうときょう合わせて500キロ以上続いた、まさに「アリ塚王国」の道路だった。

　形はいろいろびっしりしかし同じものはひとつもないだろう……ひとつ塔が多いが中には二塔三塔あるものは五塔、六塔と連なって建てているアリ塚、人間でいえば二所帯住宅三所帯住宅に当たるのかなと……雨が降っても濡れないような人間よりも建築術はあるのではないかとさえ思った……ひとり感心しながら写真をとった。ノルマントンの町から70キロ走った北のはずれの港カルンバ Karumba までいって引き返した。もう少し大きな港かと思っていたがちょっとさみしさを感じる小さい港だった。

　2日間で500km以上続いた……見事なアリ塚群……「アリ塚街道」と名付けよう

延々と続く大小さまざまな形のアリ塚

　アッというまにひとまわりしてしまった……全部で20所帯ぐらいだろう
か。この街に入る前におまわりに停車させられた10時前である。体温計み
たいな白い筒に「ふーっと」息を吹きかける。日本の飲酒運転の風船を膨ら
ませるに似た取りしまりなのだろうか……「問題はなかった」。しかしオー
トバイの「なんとか・かんとか」言ってるようだ……。

　走行許可書? カルネなどを見せる。まだ何か言っているがわからない
……ほんとに何を言ってるのかわからないのだ。おまわりさんもイヤになっ
たのか国際免許証を返しながら「OK」とあきらめ顔だった。約650キロ走っ
てクロンカリ Cloncurry のキャンプ場に入った。8ドル700円に泊る。いっ
たん止めたキャンプ場でエンジンがかからなくなった。近くにいたおじさん
に押してもらいエンジンをかけるとかかった。

　食料、ビールを買いにお店まで行きプールも備えてあるキャンプ場に戻っ
て風呂の代わりにひと泳ぎして冷たいビール夕食だアーこれはこたえられな
いうまさ疲れも吹っ飛ぶ。結構キャンプ場に泊っている人がいる。きょうは
途中のレストランでハーレの4人組と会った、オートバイの人たちと会う
のは久しぶりだった。お互いに写真を撮りあって別れる。

2005年4月18日月曜　快晴　暑い　クロンカリ

　やっぱり朝6時はうす暗い、7時出発は無理だ。7時25分テント場を出
る。道路もいい。西に向かって走っているので太陽が背中を照らして暑い。
2回目のガススタンドでこれから270キロ無給油区間に入る。ガス欠にな
るのが不安なので10リッターのポリ容器20ドル1700円を買う。3時ちょ
うど前だった「ワリキリー」の名前がついたキャンプ場を見つけた。

　うん、おれのオートバイと同じ「名前」だ……夜にはまだ早かったが泊る
ことにする。シャワー、トイレ、もちろん自炊場もある……10ドル850円。

2005年4月19日火曜　はれ　快晴　クロンカリ〜アリススプリングス

　昨晩は7、8人兵隊さんがキャンプしていた……夕食をごちそうになる。

7時30分キャンプ場を出発……きょうはオーストラリアで一番期待している「エアーズロック」まで走る予定だ。200キロでオーストラリアの真ん中を縦断しているスチュアートハイウェイに出た。ここから北に向かうとダーウィンだが逆の方向に給油して一路南のアリススプリングへ……。幹線道路なので車も多いかと予想していたが意外と少ないな……。

　アリススプリングスに3時過ぎに着いた……ガススタンドでユースホステルを聞くとすぐ近くだった……エアーズロックはあしたに回そう。ユースではプールのそばで外国人が本を読んだりゆっくりと過ごしている。スーパーに買い物をすませてからプールでひと泳ぎのあと夕食とする。部屋には冷房がはいっている。

太陽さん……に助けられていい天気の中を走ることができている。これからエアーズロックに向かう

あこがれのエアーズロックに向かう
2005年4月20日水曜　はれ　はれ　快晴　アリススプリングス～ウルル
　さぁーきょうは待望のエアーズロックだ。400キロそこそこと思っていたが480キロとユースのスタッフはいう。ホンダ店があったので本当はオイル交換でもしてからと考えていたが……それどころではない。出発は8時半と遅れる。スチュアートハイウェイを200キロ走った……今度は右に入っ

て西に向かう。もしかして……赤土の未舗装のダートかもしれないと心配していたが立派なオールアスファルトの道で安心した。

エアーズロックの町ウルル Uluru? には2時過ぎに着いた。街からさらに走ってエアーズロックへ……入場料を払う……3日間有効となっている。

ガススタンドはどこだろう……ここからバックしたところにある……。ガススタンドまでいったん戻って考えて……エンジンをかけると……エンジンがかからない……女性係官に押してもらうがダメ。入ってきたマイカーの男の人に押してもらいようやくエンジンがかかった。

やっぱりおかしいな……これからも心配だ。給油してエアーズロックに向かう……見えてきた赤い岩のエアーズロック……全体を見渡せるパーキングでとりあえずの記念写真だ……。ついにきたぞー……エアーズロック‼ エアーズロックの正面で眺める。下から見ると直登になっていてこわそうな急斜面だ……登る人降りてくる人あり……。登るのはあしたに……きょうはゆっくり休んでから登ろう。

ユースホステルについて宿を確保……な、なんとドミトリー37ドル3100円もする。やっぱり世界の観光名所だからなー仕方ないのかな……。シングルは165ドル14000円もするのだ。うーんしょうがない。エアーズロックでそしてこの街でも何人か日本人を見かけた。10日間の経費52579円……1日5000円。

下りるとき怖く感じる急登のエアーズロックに登る
2005年4月21日木曜　はれ　はれ　快晴　ウルル～エアーズロック

　夜明けとともにエアーズロックに向かう。まだ寝ている人ばかり……部屋から荷物を持ち出すときいったんドアーの外にしずかに持ち出す。エアーズロックに7時半……風が強くて危険なので「登山禁止」だったときのう会った日本人男性は話した。きょうも風が強くて朝はダメのようだ。近くの名所なんとか……岩山に行ってみよう。料金所でその岩山のこと聞くと45キロ

先と教えてくれた。

　遠くからも見えるところまで来た……見るからにでかいもっこりした岩
だ。そのどでかい岩石のまわりをぐるっと歩いてみた往復1時間。再びエアー
ズロックに戻る。見晴らし台で記念写真を撮ってもらう。11時に着いたが
登山口に日本人2、3人いて10時もダメで11時もダメのようだと話……し
ていると係官が来てゲートを開けた。風がおさまったのだ。いいタイミング
で帰ってきたな。靴を運動靴に履き替えて登山にかかる。

あこがれのエアーズロックに到着した

　取りつきから直登になっている……クサリにつかまって登る。イヤー怖い
滑ったら終わりだ……年に何人か……亡くなっている人がいると入口掲示板
にあった。鎖場は30分ぐらいで終わった。頂上だと思っていたが何のなん
のエアーズロックに頂上はアップダウンのでこぼこになっていた。45分で
標識が立っている頂上についた。ハエがこんなところにも登ってきやがって
……「ハエよけ」網帽子をもらっていたのでかぶる。

　この網帽子があれば助かるな。頂上はまさに360度見わたせる……15分
ぐらい頂上にいて戻る。最後の降りるクサリ場の場所に来た……上から見る

と一段とぞーっとする怖さを感じる。股に鎖を挟んで後ろ向きでおりる。13時に降り切った、ちょうど2時間かかった。朝からなにも食べずにきた……戻ってビールを飲もう。ユースホステルには泊らずとなりにあるキャンプ場に泊ることにした。10Aドル850円。

エアーズロックの頂上……平坦なところはない……頂上まで、でこぼこが続く。
（現在は登頂禁止になっていると聞く）

このキャンプエリアーにあるビールショップで6本買ってその場で1本飲んで……残り5本無理を言って夕方来るからと預かってもらった。夕食はユースの炊事場でつくる……日本人女性、東京、青梅、草加の人3人といっしょに食べる……暗くなる前にテントに戻る。エアーズロックに登ったので、あした手足が痛むかも……。あーでもオーストラリア最後の目的エアーズロックを見て触れて登った。

ナラボー平原、オペラハウス、コアラ、カンガル、そして一番期待していたエアーズロック……これで目的は終わりだ……あとは走るのみ……。きょうは走っている時はちょうどいい気温だった。

2005年4月22日金曜　はれ　快晴　エアーズロック～クーバー

　キャンプ場を出たのは7時15分。250キロ走って……スチュアートハイウェイに出たのは10時半。ここから南へ、南へ……右手の見えるのが・うん、あれがニセのエアーズロックなのか……700キロ走ったところにクーバー？ Cooberの町に……鉱山なにを掘っているんだろうかこんもり盛りあがった白い土があっちこっちに出来ている。16時半……ビールとハムを買ってキャンプ場に入る。

ポートオーガスタ近くに鉱山なのだろう平坦なところに掘り出した白いボタ山が続いていた。鉱山の地下にホテルもあるとか聴いた。

　店のおやじさんは……近くにいたアボリニジの人たちは気にくわないような「口ぶり」……うーん……でもここには「おじさんがあとから来たんじゃないの」って言いたい気分だがよした。料金8Aドル700円……キャンプ場には遅くとも16時頃に張らなければゆっくり気持ちが落ち着かないなー……。食事を終えるころには陽が落ちて暗くなってしまった。

2005年4月23日土曜　はれ　快晴　クーバー～ポートオーガスタ

　7時15分キャンプ場を出る。きょうは無理をしないで……「オーガスタ」泊りとゆうべ決めていた。そのポートオーガスタに着いたのは14時ジャスト、キャンプ場を聞きながら走る。14ドルだと……高いなー、ほかの場所に向かおう。ところがまたエンジンがかからない……。泊りの人に押してもらう……エンジンはすぐにかかった。次の寝場所を探すアデレード方面に5

キロほど向かうとキャンプ場看板あり……10 ドル 850 円。

キャンプ場はいたるところにあるオーストラリア。しかしそれ以外は鉄線が張りめ
ぐされて中には入れないようになっている

夜中にはねられたものと思われるカンガル……オーストラリア全土でカンガルや小
動物の死骸が両サイドの路肩に無数に横たわっていた。

2回目のアデレード
2005 年 4 月 24 日日曜　はれ　はれ　アデレード夕方くもり　アデレード
　ゆうべ下痢で夜中に 2 回起きる、水が悪かったのか……。いつものよう

に6時半に起床7時25分キャンプ場を出る。2回目のアデレードに11時ジャストに着いた。前回泊まったBP宿に泊る。とりあえず2日分40ドル……デポジット入れてA50ドル。ここにきてからいい天気なってきた。部屋に荷物を入れてマーケットにビール、食糧を買い出しに行く。ホテルの掲示板には気温が平均20℃になっている。中央のエアーズロックに比べて10℃ぐらい下がっているようだ。エアーズロックあたりはカラッとして気持ちがよかったのにここにきてちょっと湿度があるようだ。

2005年4月25日月曜　はれ　快晴　アデレード

　朝一番オイル交換・オイルフィルター交換をしようと8時半にフロントへ……。するときょうオートバイ屋は「休み」と話す……しょうがないあしたにしよう。ゆうべはベランダでの話し声、そして朝方帰ってきた人などいてそのたびに起こされる。朝方はやっぱり冷えてきた……。夕方ネット屋に行く……2時間。戻って夕食のとき買い込んで来たビールを飲んでいたら「外で飲まなきゃダメ」と注意される。1階はバーになっているので当然なのだ。

2005年4月26日火曜　快晴　アデレード

　9時30分前オートバイ屋に行く……8時半でも開いていた。
　①オイル交換
　②オイルフィルター交換
　③バッテリーの点検……ホーンがならなくなる時がある
　④エアーフィルターの洗浄
　……わかってもらえてるのかな。午後3時に取りに行く。150Aドル12750円支払う。これまで5000キロでオイル交換をしていたが今回7000キロまで走ってきた……オイル交換が終わってオートバイへのいたわりが出来てホッとする。

2005年4月27日水曜　快晴　アデレード〜HAY

　なにかあったのかゆうべ夜なか中騒がしかった。それにとなりの人のすごいいびきで寝つかれなかった。6時過ぎに起きて荷物を廊下に全部出して着替え出発準備……きょうも快晴のようだ。コーヒー無料を飲んで7時8分

に出発。シドニーには12号線を走る。前回メルボルンに向かった道に入る
……つもりだったが違っていた。2回3回マイカーの人に聞きながら走るが
わからない。ガススタンドのトラックに聞く。

　太陽が真正面から入ってまぶしい……。12号線は100キロ走ったところ
にあるはずだ……出てこない……2台のドライバーに聞いてもわからない
……ガススタンドに戻って12号線を確かめる。3キロ走ったところに別れ
道12号線が出てきてホッとした。そこから左に入る。シドニーまで1300
キロの標識だ。左右は風をさえぎる木立の中を走る。カーブが多い12号線だ。
16時前にHAYの町に着いた。

　650キロ走ってきたことになる……。インフォメーションでキャンプ場を
聞く……無料のテント場らしい……川のほとりにあった。シャワー水はない。
大木の下にテントを張る。5、6組のテントもいる。マーケットでビールを
買い込む、つまみはきのうのハム、ごはんはゆうべつくっていたおにぎりを
食べておしまい。

2005年4月28日木曜　はれ　ワガ・ワガ〜シドニー
　朝方グーっと冷えてきた……ジャンバーを寝袋の上にかける。6時に起
きて7時ジャスト出発。きょうはシドニーまで720キロ走る予定。Wagga
wagga市内に入った……11時である。この調子だとシドニーには3時頃に
はつくかも……。いやいや4時か5時になってしまうことだろう。ワガ・ワガ?
を過ぎるときれいなハイウェイに入った……朝からずーっと南に走っている
感じで大丈夫かいなと思うぐらいだったがこれでよかったのだ。
「Yass」「Sydney」の標識が出てきた……あと400キロだ。おとといの残
りおにぎりを昼飯にする。少し硬いがたべられないことはない。さぁーもう
ひとふんばりだ。残り200キロでガススタンドへ。ここの草むらであおむ
けにして……背中を伸ばす……いい気持ちだ10分……背中を伸ばすと後半
ばてなくてすむ……。スムーズに軽く走れている……120キロイーブンで
走ってきたエンジンの調子はいい。

オーストラリア東半分走ってシドニーに舞い戻った

　シドニー市内に入った。「シドニーシティ」看板を目当てに走って宿「東京ビレッジ」に着いた 15 時 40 分。受け付けを終わらせてスーパーに買い物。日本人男性 2 人はまだいた……高山市の女性ライダーパピさん……ひとり旅の高槻市、岐阜の女性 4 人といっしょに夕食をすませ早めの 9 時前にベッドに入る。オーストラリア東半分を 4 月 9 日からぐるっときょうまでちょうど 20 日間走ってきたことになった。シドニー〜ケアンズ〜エアーズロック〜ポートオーガスタ〜シドニー。

2005 年 4 月 29 日金曜　はれ　快晴　シドニー

　疲れていたのだろう……ぐっすり眠ることができた。ここ東京ビレッジは道路の交差点に建っている。自動車の音が夜も聞こえてうるさいが慣れればなんともなくなる。朝一番 7 時に久しぶりに洗たく機を使って洗う。夕方ネット屋でクロのおやじさん(岡野さん)が東京ビレッジに着くとメールがはいっていた。自宅からはメールがここんとこ来てないな……どうしたんだろうか。4 月 21 日から 28 日まで 66379 円 1 日 8297 円。オートバイの修理代がかかったので高くなっている。

2005 年 4 月 30 日土曜　はれ　シドニー

　ゆうべ雨が降っていたのか庭が濡れている、しかし朝はカラッとした晴れになった。クロのおやじさん（岡野さん）……クロは犬の名前らしい。そのクロさんが夕方東京ビレッジに着いた、550 キロ走ってきたという……少し疲れている感じだ。夕食前にネット屋に行き 19 時頃からクロのおやじさん、パピさん、3 人で夕食をとりながら途中からとなりのコリアンの人たちの中に入れてもらって 11 時頃まで雑談。

2005 年 5 月 1 日日曜　快晴　一時くもり　はれ　シドニー

　気持ちのいい天気になった……10 時頃からマツイさん、パピさん、クロのおやじさん、松尾 4 人で市内をツーリングしようときのう決めた。オペラハウスから東海岸に出て……魚市場まで。時にはグループで走るのも楽しいものだなーと思う。魚市場でひるめし。さかなのあげもの、さしみ、寿司など

みんなで少しずつ分けて食べる。ここではビールも平気らしい……テーブルでだれでも飲んでいる。ビールは宿からもってきた。さぁーあしたから天気が良ければシドニーから斜めに走って直接北のダーウィンに向かって走ろう。

東京ビレッジに泊っている日本人４人でシドニー市内をツーリング

2005 年５月２日月曜　朝小雨　くもり　くもり　シドニー～ナインガン

　朝起きると雨がパラパラ降っている……うーんダーウィン行き今日はダメかも。今６時だ、とりあえず支度だけしておこう。ゆうべおにぎり７個つくった。バイクのバックに積み込んだ。６時半になって雨もやみ空も明るくなってきた……大丈夫だ。パピさんは起きている、そして６時 50 分出発しようとしたらクロのおやじさんも起きてきた。ありがとうございます……ではお互いに気をつけて……バイバイ。雨が降ってもいいように雨具をつけて東京ビレッジを出発。

　すんなり４号線に乗ることができた、ダーウィンまで斜めに走るルートだ。青く山が見えるらしいがゆっくり山などながめる余裕はない。「ブルーマウンテン」を通り過ぎて……小さなカーブが続く……山なので仕方ないのか。でも寒いなー標高が高いのか冷たさを感じる。40 ～ 50 キロのスピー

ドになる、まぁ、あわてないで行ける所まで行こう。途中から平坦になってきた。スピードも 100〜120 キロに戻った。オレンジ？を通過……ダボー、Narromine を過ぎて Nyngan で泊ろう……インフォメーションでキャンプ場を聞き無料のキャンプ場に泊ることにした。川のそばにキャンプ場、シャワーなし……。きょうは無理かと思ったが走行距離約 600 キロは予定通りの場所に来た。

2005 年 5 月 3 日火曜　はれ　ナインガン〜チャールビル

　野営キャンプ朝 7 時に出て……いきなり 200 キロの直線になっている……Bourke……Cunnamulla……コンナムラ？チャールビルに泊る。狭いここのキャンプ場……8 ドルでどうか、いや 11 ドル……いやいや 10 ドルで……10 ドルで OK になった 850 円。きょうはシャワーを浴びる。

もうすぐ太陽が沈む……草むらの農地の片隅に泊らせてください……ここにも鉄線が張ってある

2005 年 5 月 4 日　はれ　チャールビル〜ウィントン

　いいのだろうかこんないい天気が続いて……7 時にキャンプ場を出発。200 キロ走ったところでおおきな T 字路に出た。あれーっ、幹線道路はあと 100 キロ走ったところにあるはずだがな……距離計算を間違ったのか。地図で確かめる……大丈夫のようだ。ここから左に曲がる。Longreach に 2

時に着いた。どうする……ここに泊るかあと 200 キロ走るか……。よしあ
と 200 キロ走ろう。道がいいので走りやすい……120 キロイーブンで走る。
でも無理をしないで、無理をしないで気をつけて気をつけて。

　無理してないか、自分に言い聞かせる。ウィントン Winton に 4 時に着い
た。ガススタンドでキャンプ場とビール屋を聞く。キャンプ場はとなりにあっ
たがビールを買ったお店で無料のテント場を教わった。ガススタンドでニワ
トリのから揚げを買ってそのまま無料のキャンプ場へ進むが場所がわからな
い。太陽もあとわずかで沈むところだ……適当な場所に入りこんで……地面
は固いがテントを張る。ハエも寄ってきたが太陽が沈むといなくなった。冷
たいビールはこたえられない……きょうは 800 キロ走った。7 時におやすみ。

危ない！ダチョウが突然走り出して目の前通り過ぎる
2005 年 5 月 5 日木曜　はれ　はれ　ウィントン〜カムウィール
　テントをたたみ出発ジャスト 7 時。すでに太陽は背中をさしている……
ウィントンから走ってきて前回通ったクロンカリ Cloncurry に 11 時……
470 キロ。予定まであと 550 キロ、地図を見直すと……なーんだここ……
クロンカリの予定だったんだ。1 日早めに着いたのだ。さっき……ダチョウ
を右手に見えていた……なにを思ったのかダチョウが急に走り出してオート
バイの方にかけてきた……あれれー、ブレーキをかける。

　おっ尻尾がさわった……もうちょっとのところで衝突するところだった。
ダチョウは左の平原に走り去った……あぶなかったなぁ。マフラーの音にお
どろいたのかなぁ。どこの国だか忘れたが大型犬がおれのオートバイめがけ
て一目散に走ってきた……オートバイに近づいたら蹴っ飛ばしてやろうと
……用意した。犬はスピードを出しすぎてもう少しのところで自ら滑ってし
まったこともあった。犬は俺のオートバイの音が気になるのかな……。マウ
ント・アイザを通る、なかなかいい名前の町だこと。大きな煙突が建ってい
る工場群……前回通った街でもある。カムウィール Camooweal に泊る。こ
このキャンプ場は 5.5 ドル、あと 1 ドルコインが足りない……「ソーリ、オー
ルマネー」といったら許してくれて「OK」になる。早めの 3 時半に着いた

ので洗たくしてシャワーを浴びて日記を書くさぁービールだ……今ジャスト
5時。この先260キロ無給区間になっている。

キャンプ場がなく……きょうも草原の中でテント泊……

2005年5月6日金曜　青空　はれ　いい天気　カムウィール〜ダンマラ

　起きたけどまだ暗いな……時間は6時前……支度しているうちに明るく
なるだろう……6時半ごろになると一気に明るくなってきた。7時ジャスト
スタート。きょうは260キロ区間、ガソリン・スタンドがない。用意した
予備ポリタンクがあるので気は楽だ。3時間ノンストップで走りぬけ予定通
り10時にバークレイ Barkly 到着、スチュアート Hwy にはいった。ここは
南のエアーズロックと北のダーウィンに向かう交差点。今度は北の方に走る
幹線道路で広い道かと思ったが途中からカーブの多い道になる。

　620キロ走ってきた……あと100キロ走って寝るところを見つけよう。
ダンマラ?Dunmarra のキャンプ場に泊る。ここはガススタンドとレストラ
ンをかねて営業している。ニワトリ半分6ドル500円、ビール3本120ド
ルは高いので1本だけ買ってきのうの残り3本を飲もう、芝生の上にテン
トを張ってさっそく夕食……うん……やっぱり冷たいビールはうまい。

超高層アリ塚４メートル以上ありそう

2005年5月7日土曜　はれ　快晴　ダンマラ〜ダーウィン

　暗いうちから出発準備、このあたりに来て朝は冷えなくなった。太陽が出てきそうないい天気、7時15分出発。カッパは着ずにズボンと上着はジャケットだけで走る。これでも寒さは感じない。西に向かって走るとT字路交差点キャサリンに着いた11時だ。パンとしょうが漬でひるめし。横になって背中を伸ばす……休憩5分。あと320キロでダーウィン……相変わらずアリ塚が出てくる。

わたしの見たアリ塚では一番でかかった……4ｍぐらいはあるだろうか。もうすぐダーウィンの近くで……。人間も顔負け超高層アリビル

　オーでかいなーこのアリ塚……4mを越えるような高さのアリ塚……写真をとって……ダーウィンの市内に入った。最初のバックパーカーでユースホステルを聞くと300m先にユースはあった。4時を過ぎている……ユースホステルの「メンバーカード」の期限が切れてしまっていた。で通常の25ドルとスタッフ。「ええー」いままで「OK」だった……あきらめかけていたら笑顔でメンバー料金の20ドルにしてもらいOKになる、ありがとう。

中庭には大きいプールがあり何人か泳いでいる。この街に入ったら店の庭先にテーブルを出しでビールなど飲んでる観光客がいっぱいだ。

仲間の悲しい知らせ

土曜だからかもしれない……オートバイを裏のガレージの隅に入れて旅を解く。洗たく、シャワーをすませて……いやその前にとなりの居酒屋みたいなお店で冷たいビールを1杯飲んで元気を出そう。冷えすぎて……味はいまイチだった。スーパーで3日分の食料、ビールワンケース24本買い込む。6時から夕食に。女性が声をかけてきた……シドニーの東京ビレッジで会ったコリアンの人だった。いっしょに夕食をとる。8時過ぎネット屋に行くと元浦和車掌区でいっしょだった子島利夫さんが5月1日亡くなったと家内からの連絡だった。たしか4歳上66歳。

うーん早すぎる人生だな。「子島さんお世話になりましたね」ご冥福お祈りいたします。管理者にはならないとお互いに決めて労働運動・平和運動、社会党運動ひとすじ・最後は全労協事務局長を務めた子島さん。メーデーの日に亡くなるとは子島さんらしい。ご苦労さまでした……安らかにおやすみください。家族ぐるみで付き合いだったのでお通夜、葬式には家内が出席するとあった。それにしても残念だ。11時ベッドに入る……部屋には日本人男性が泊っていた。

2005年5月8日日曜　朝くもり　ザーッと雨　はれ　はれ　ダーウィン

蒸し暑い夜だった……扇風機の弱、エアーコンはついていたが冷えない風だった。

11時にベッドに入ったが、今までと時間がずれてしばらく寝付けなかった。朝8時起きる……雨雲がありザーッと雨になった。一時的で雨はすぐにやむ。午前中に日記を書こう……イギリス人女性が話しかけてくる……名刺を見せて旅の話。これまで世界をオートバイで走ってきたことをこの時とばかりに自慢の旅を話す。その国々の食べものことなどを日本語英語で話す、南米ブラジル、アマゾン川で食ったピラニアの「サシミ」にはおどろきなが

ら彼女はうなずきながら聞いてくれる。

11 時過ぎにひるめしの支度、支度といっても肉を焼くだけ……あとはビールを呑んで 14 時頃までかかる。昼寝して 5 時頃からオートバイで市内をひとまわり約 1 時間……街が意外と小さかった、歩いても回れるダーウィン。ゆっくり走って 18 時にホテルに戻る。となりのネット屋は 19 時までやっている……30 分程ネットをうち 20 時から夕食に日本人、大学卒業したばかりの東京・葛西のタナカ君と 11 時すぎまで話し込む。

ダーウィンのユースホステル……街の規模は違うが雰囲気としてはアメリカのフロリダに似てるかな。

2005 年 5 月 9 日月曜　はれ　はれ　ダーウィン

夜に雨が降ったのか庭が濡れている。

①手袋の修理

②フイルムを買う

③オイル交換のためのレンチを買う……高かったらオートバイ屋で交換しよう。

きょうやる仕事だ。8 時半に起きて手袋の修理→チベットで転倒して薬指を骨折した。その時の粘着テープが残っている……手袋をひっくり返して破

れているところに張り付けた。表からも貼りつける。これでしばらく大丈夫
だろう。

　オイル交換だけで1万円近くかかるので自分でオイル交換してみよう、
どこかで失くしたスパナ「レンチ」を買いに行く。あった17Aドル1400円。
オイルも17ドル1400円トータル34ドル2800円。もっと早くレンチを買っ
とけばよかったな。ところでオイルはどこに捨てるのか……奥まった荒地に
穴を掘って埋めました……ゴメンナサイ。フイルムはあした。夕食はコリア
ン女性ジオングさん、日本人男性タナカさん3人いっしょで11時頃まで話
ながら過ごす。

2005年5月10日火曜　はれ　はれ　ダーウィン

　あと1泊の料金21Aドル1800円朝支払う。いつでも出発できるように
気持ちよく走れるようにオートバイを洗車した。海辺なので天気は晴れてい
るがなんとなく蒸し暑く……すぐに雲が出てきたりして落ち着かないダー
ウィンだ。夕方ネットを打ちにいく7時半ごろから夕食に取りかかる。あ
したからの弁当のおにぎりを作らねばならぬ。夕食は愛知の女性イイダさん、
きのうのタナカさん3人でとる。

　10時過ぎておにぎり6個……サケを焼いていたので中に入れる。このサ
ケ3枚は800円もするわたしにとっては高級品だ。食堂のシャッターは10
時半で閉まってしまう。作ったおにぎりも冷蔵庫に入れておくことにした。
5月1日から10日まで10日間で75488円……1日7550円使ってるなー。
オーストラリアは物価が高い。

2005年5月11日水曜　はれ　はれ　ダーウィン～カナナラ

　6時に起きて出発準備。部屋の荷物を廊下に全部出してから洗面する。タ
ナカさん、イイダさんも起きてきて「気をつけて」と「励まして」見送って
くれる。7時にスタート……真っ赤な太陽が昇ってきた。途中までは来た道
を戻る……左手には国立公園の案内板も出てきたが通過、途中から右に入る。
キャサリンに予定通り10時半。ビクトリアハイウェイの入り口はキャサリ

ン町の過ぎたところだと思っていたが違った。町を過ぎたところにインフォ
メーションがあった。Uターンして聞いてみた……何と「ビクトリアハイウェ
イ」はキャサリンの町の中心から入るとのこと……。インフォーメーション
で聞いて……よかったなー。おにぎりで早めの昼飯……やわらかく炊いたう
まいおにぎり2個食った、きゅうりと玉ねぎのオシンコ……塩からくなっ
ていた。さー本番、ビクトリアハイウェイに入って行く……570キロ走った。

あのスペインのバルセロナ・建築家ガウディさんも顔負け……アリさんが造った現
代の10所帯集合住宅。アリ塚

　チバクリークで3時、カナナラ？ Kununurra まで260キロ。さーどうす
るか……太陽が沈むのは7時と聞いている。よし行ってみよう……途中給
油しなかったので予備タンクを使うはめになった。13時を過ぎると暑いの
がやわらぐ。カナナラに18時前に着いた。さっそくガソリンを満タンにい
れ……スタンドで売っているニワトリのから揚げを買う。ビールを買って近
くの公園に入る。

「テントはダメ」の標識。もうすぐに陽が暮れるので……すみません。湖の
まわりに申し分ない芝生のある絶好の場所、葉っぱがチョコチョコと生え

た大根みたいな姿した初めて見る珍しい大きい樹木がそばに立っている。ペットボトルの水で顔を洗い……テントから出て晩飯に……ビールはうまい……。湖の水辺には町の街灯の光が映っている。そう言えば……オーストラリアの道端には花らしい草花が少なく感じるな……。

初めて見たパオパブの木

2005 年 5 月 12 日木曜　はれ　いいんだろうか…真っ青のいい天気だ　カナナラ〜フィッツロイ・クロッシング

　6 時 5 分前に起きたが外は真っ暗……星も出ている、1 時間半の時差だからなのだ。少しずつ出発準備を始める。自慢するために大樹の木をバックに撮らねば……7 時になって太陽が出てきた……大体の準備はできた。大樹の木のそばにオートバイを移動させて……朝日を受ける大樹といっしょに自動シャッターで撮った。果たしてうまくとれたかどうか……。気にしながら目立たないようにして公園から道路に出る。

初めて見る……おどろいた大根の親分みたいな大樹の木。幹の周り 10m ぐらいはあるのかな。あとから「パオパブの木」だよとライダー仲間・滝野沢優子さんが教えてくれた

　ホールズクリーク 350 キロ駆けぬける。ここらあたりは山、大樹の木が

時々出てきたりしてそのあとは岩山ばかりが出てくる……今までと違って風
景がガラッとかわり退屈しなくなって写真も撮った。フィッツロイ・クロッ
シング？ Fitzroy Crossing に 4 時に着くが、時差ここでは 2 時半なのだ。
洗たくもあるシャワーも浴びよう。早いが泊ることにする。テントを張って、
洗たくを終わらせシャワーを浴びて日記も書き終わる。17 時 10 分。ビー
ルとつまみを買わなきゃ……めしはまだおにぎりが残っているので安心だ。

朝日とともに出発、青空の下を走り……夜は星と寝る

2005 年 5 月 13 日金曜　はれ　快晴　フィッツロイ・クロッシング〜サン
ドファイア

　そとは真っ暗 6 時過ぎから出発準備……夜明けとともにスタート。背中か
ら朝の太陽の光を受ける。ノーザンハイウェイを走る……走る。真っ青な空
は気持ちがいい。ブルーム Broome の方面から左に入っていく。最初左に曲
がって……その先にスタンドがあると思っていた。もしかしたらここから「無
給区間」かも……気になったので戻ってスタンドでちょっと聞いてみよう。

　ここから次までガソリンスタンドまでは 300 キロはないとのこと。そ
うかここで給油しなければならないのか、聞いてよかったなー。Sandfire
Road house 290 キロでガススタンドに着いた。満タンに入れてきたのでど

うにかギリギリで予備タンクを使わずにすんだ。きょうはここに泊る。芝生がなくて……地面にそのままテントを張る。となりの柵にはラクダ、牛がいっしょに飼われている、アヒルもガーガー。朝は真っ赤な太陽……真っ青の昼の空……テントの夜は満点の星空……夜は寒くなくてちょうどいい。

料金が15ドルとキャンプ場にしては高かった。となりの広場から続いていたキャンプ場に入り泊らせてもらった……ごめん

無断のキャンプ場テント泊

2005年5月14日土曜　きょうもいい天気　はれ　サンドファイア〜カラサ

　朝日とともに走りだす……ポートヘッドランド Port Hedland の町に入る。給油して走りだすと……うん、道が違うようだ、方向音痴になった。大きな工場の敷地に入ってしまった……警備の人が「ストップ、ストップ」……。「カラサ」「カラサ」に行きたい……。警備の人はちんぷんかんぷんお互いに言葉が通じない……。マイカーが通りかかった……その人は10キロ……バックして……「OK」と、こっちでないことがわかった。約6キロ戻ったところに……アーこれだ、1号線と95号線分岐点に出た。急にでっかいトラックが走るようになってきた……ダンプ5台つなげて走っている感じである。追い越しは難しい……カラサ Karratha を過ぎたところのガス・スタンドと併設のキャンプ場に入ろう……。いくらですか15ドル1300円、エエー。ビールだ

け……これも 15 ドル高けー……ビール買ってちょっと走ったところで野宿し
よう。キャンプ場のそばは広ーい空き地の広場になっている。

　隣の広場からキャンプ場には、たやすく入れる。だまってキャンプ場に入っ
て芝生にテントを張らせてもらおう。隠してた性格が出てしまったー、エヘッ
ヘ……せこいぜー。ビール買ったので許してもらおう。ごめん。

2005 年 5 月 15 日日曜　はれ　はれ　カラサ〜エクスマウス

　きょうも暗いうちに出発準備。暗さの中出発……道路をライトが照らす。
1 回目のガススタンドについた……地図を出してエクスマウス Exmouth に
行くのだけれども……近道の道は「大丈夫」かと聞く。アスファルトで「OK」
だと教えてくれる。次のスタンドまで 280 キロだけど……大丈夫かいな
……。まぁポリタンクに 4 リッターは入っている。エクスマウス……地図
で見るとオーストラリアの最西端にある場所だ。12 時に着いた。

　インフォメーションで安ホテルを聞く、ユースホステル 20A ドル 1700
円入口も敷地も広ーい。高級ホテル並みである。部屋には日本人女性が多
い。7 人部屋で男はわたし 1 人である……気が引けるな。部屋の中にはブラ
ジャーなど女性の下着をいっぱい干してある。トイレ、シャワーも部屋の中
なので気を使うな……おそらく、お互いに気を使うことだろう。NHK にレ
ポートはローマ字で報告した。

2005 年 5 月 16 日月曜　はれ　エクスマウス

　ゆっくりした 1 日を過ごす……きれいと言われる「夕陽」を見に行って
みる。6 時に太陽が沈む……。夕陽の時間になってどうしたことか……便意
をもよおして……我慢できない状態になってきた。近くの茂みにしゃがむ
……太陽の沈む方向を見ればいいのに反対のこっちを見られているように感
じる……そんなこと構っていられない……すばやく紙でふき……すませた
……ちり紙はいつもリュックに入れて携帯している。夕陽は期待していたが
赤くにはならなかったなーここ夕陽の丘は左から背中まで 360 度ぐらい海
が見渡せる珍しい場所だった。オートバイに着けている温度計……朝 20℃

……昼間 40℃ぐらいまで温度は上がる。

きれいな道で天気もよし……オーストラリアの道……もうすぐスタート地点パースに着くとオーストラリア一周になる

2005 年 5 月 17 日火曜　はれ　快晴　エクスマウス～デナム

　ジャスト 7 時にスタート……その前に荷物をくくりつけている時、オートバイが倒れてしまった……壁の方に倒れたのでガリガリとフロントが割れて半分になってしまった。あ～まぁ走るのには支障がない。東に走るので太陽の光がまぶしい。途中から岬のデナム Denham に向かう。海は静かで波もおだやかなところ。夕暮れになってきた……キャンプ場を探そう。高台を見つけた車は入れないがオートバイは楽に通れる場所だ。歩いて場所を探す。よし、よし絶好の場所がある。

　ジョッキングの女性が近づいてきた「ナイスジョッキング」とお世辞を使いながら……東屋のそばにテントを張る。目の前に夕陽が沈むが「紅く」にはならなかった。7 時寝る……が「蚊」がテントに入っている。タバコの煙で全滅させた。

　ここに来る途中きのうパースは台風がきて被害が出ているとガススタンドの人が新聞を広げ見せてくれた。どうりで途中の道は水たまりが多いなーと思いながら走ってきたのだ。

無事オーストラリア一周半走行終わる
2005 年 5 月 18 日水曜　快晴　デナム～パース

　朝日がきれい……夕陽より朝日の方が紅(あか)くてきれいだ。7 時に出発……きょう中にパースにまで走ることができるかどうか……。ジェラルトン Geraldton を通過、大きな街のバイパスを走る。ずーっと先の方にはイヤな黒い雲が立ち込めている。まさか雨じゃないだろう……あの雲は大丈夫だ。パースまであと 200 キロの地点で給油。長そで 1 枚では寒い……ジャンバーを着こむ……あと 77 キロのところで雨になってきた。とうとう最後の最後で雨にあってしまった。パーフェクトでは終わらなかった。

　シベリア出発点、ウラジオストックから走りだして 1 年半……宿に入ってからはどしゃ降りになったことは何回かあったが「走っている時」には雨に会わなかった。まぁぃいか……。カッパを着てかなり強い雨になってきた。あーあと 50 キロだったのになぁー。パース市内に入った、雨で標識が見えない……。オートバイを停めて何回かマイカーの人に「パース・シティ」「セントラル」「どっち」と聞きながら……どうにか……ようやく……何回か通ったことのある「スワンの橋」まで来た。

　よしここまでくれば OK だ。前回泊まった B&B バックパーカー HAY ST に着いたのは 5 時 45 分。前回、お世話になった管理人がいたのでよかった、6 時になると自宅に戻るのだ。雨でぬれた手袋で手の平まで真っ黒汚れてしまった。まぁー無事に着いてよかった、よかった……。とりあえずオーストラリア一周は終わったのだ……2 月 21 日パースをスタートしたので 3 カ月かかり一周したことになった……正確には 83 日間になる。ニュージーランド 5 日間はのぞいてのこと。

パースの宿についてオーストラリアを一周半走り終え、なんとなく満足した気持ち
になった。

2005 年 5 月 19 日　くもりのちはれ　雲が多い　パース

夕べなにが悪かったのか戻した。そのあと寒気がして毛布 2 枚それにシュ
ラフと 2 枚重ねたがガタガタ震えた。明け方には熱くなってきたやっぱり
パースは寒いのかな。安宿ロッジ・ハウスのアドレスを見せて場所をレセプ
ションに聞いてみた。午後からでも天気がよければ行ってみよう。安宿「シェ
ビオ・ロッジ」に行ってみる 10 分もかからない静かな所だった。オーナー
がいなかったので泊っている日本人女性に「あしたいきますからよろしく」
と頼んで戻る。

2005 年 5 月 20 日金曜　くもり　はれ　パース

朝 10 時前にバックパーカーを出て「シェビオ・ロッジ」に向かう。ドミ
トリー 7 日間 75 ドル 6400 円と安かったが開いてなくて 208 号室 2 人部屋
105 ドル 9000 円に泊ることになった。日本人オザワさんといっしょ……。
バックパーカーを出るとき日本人中高年の夫婦にあった……東京・東久留米
の出身と話されていた……いっしょに写真を撮って別れる。ここ「シェビオ・

ロッジ」宿はほとんど日本人でヨーロッパの人は少ない。

お世話になった・パースのバックパーカー宿のスタッフ

　コリアンの人も泊っている。いつの間にか作ってくれていた……夕食を
いっしょに食べる、楽しい夜になったのでビールを出した。なんとなく集まっ
た男女日本人5、6人は2階のロビーで「人の生き方」みたいなこと真剣になっ
て12時頃まで話し合った……若い人は頭が柔らかい……話はたのしかった。

2005年5月21日土曜　昨夜から朝方まで雨　パース
　午前中洗たく……昼めし食って昼寝。コリアンの人にバリカンで髪を刈っ
てもらう2ドル。夕方ネット屋へ。5月11日から20日までの経費104070
円……うーん1日1万円。やっぱりオーストラリアは物価が高いな。

2005年5月22日日曜　朝から快晴　夕方どしゃ降りの夕立　パース
　なかなか洗濯物が乾かない……きょうは大丈夫だろう。午前中オートバイ
に「ごくろうさん」と言いながらオートバイを洗車。以前泊っていた宿の近
くのスーパーに買い物に……戻ってきて夕方昼寝していたら雨になった……
かなりのはげしい雨になってきた。オートバイにカバーをかける……しかし

洗濯物は間にあわなかった……どしゃ降りは1時間ぐらいでやむ。

「シェピオ・ロッジ」には日本人が多く泊っていた

2005年5月23日月曜　午前中朝だけ青空　しかし曇ってきた　パース

　雨が降ってきそうなので早めにビールの買い出しへ……近くのショップは
チト高いのでいつものショップ店に。午後「格安航空券店」に行ってアフリ
カまでの飛行機のチケットの料金聞きに行く。片道10万円ぐらいだがビザ
がどうなっているのか……あしたアフリカ大使館に聞いてみるとのことだっ
た……。なかなか親切な応対だった。またオートバイを日本へ送るのに日本
郵船に電話してみたらこれもあした24日見積もりを出すとのことだった。

オーストラリアから日本船輸送5万5千円
2005年5月24日火曜　朝はれ・いい天気　午後もいい天気　パース

　夕方急に冷え込む寒かった。格安航空券のチケットのこと……アフリカの
ビザがどうなっているのか聞きにゆく。南アフリカでは片道のチケットでは
「ダメ」との返事だった、とのこと。いったん宿に戻り昼飯。15時頃からネッ
ト屋へ……17時頃まで。岐阜のナベさん、シブヤさん、他の宿から2人全
部で5人夕食はいっしょに11時頃まで食べながら過ごす。

イヤー急に冷えてきた寒い、寒い。そうだ日本への船輸送。午前中オートバイの輸送について「見積もり」は1400Aドル12万円と高いものだった。最初オートバイの受け取りに手伝ってもらった「IN　City」オートバイ屋に行ってみた。日本人の奥さんノリさんがいるところ。ここでの日本までの輸送は650Aドル5万5千円と日本郵船の半分以下だった。その場で日本への輸送を頼んだ……日本まで26日間かかるらしい。5月30日にオートバイを預けることになる。

2005年5月25日水曜　青空　はれ　パース

パース市内をぐるっと……スワン川をひとまわり……おだやかな1日であった。午後ネット屋へ。

2005年5月26日木曜　はれ　パース

いつものように起きてオートバイに乗りたいと頼まれていた泊っているマユミさんをオートバイに乗せて市内を見渡せる山に上がって走ってきた。夕方あしたからツーリングに向かうためおにぎりを作っていた……ノリを巻こうとしたらノリがなくなっている。タバコを吸いに外の出た4、5分の間になくなっていた。近くにいた外国人に包丁を持って「あんたじゃないかと」脅かした。

しばらくして……おにぎりを握っているところへ……おまわりさんがやってきた。日本人など泊っている人も何事かと集まってきた……パスポートを出して見せる……事情を話した。脅かした人は関係ない人だった……「外国の人」に「すみませんでした」と謝る……イヤな夜になってしまった。ノリは見つからず、白いおにぎりになった。

オーストラリア最後のツーリング
2005年5月27日金曜　はれ　パース

朝7時40分宿を出発……3日間の予定でパースから97号線を北へ北へ走る。朝はかなり冷えていたのでジャンバー来てちょうどいい……これまで走ってきた平原とは違って丘陵地帯約600キロ走ったところのキャンプ場に入る。

オーストラリア最後のツーリング……パースまで1020km

闇夜で鉄線がわからず引っ掛かる

2005年5月28日土曜　はれ　はれ　パース〜ミーカサラ

　日の出とともにスタート……きょうもさらに北へ走る……ここにきて平原地帯になってきた。29日までに宿に戻れる範囲のところまで走ろう。30日はオートバイを送るため「シティ・イン」オートバイ屋まで届けなければならない。約350キロ走ったミーカサラ Meekatharra の町で折り返す。きのう泊まったキャンプ場を過ぎて100キロの場所でテントを張ろうとブッシュに入りこんだ……。

　夕方で鉄線が見えず……そのまま突っ込んで鉄線に引っ掛かってしまった。倒れはしなかったがうしろに戻れなくなってにっちもさっちもいかない。キャンプ代10ドル850円をけちったばかりにこんな目に会うんだ。本線に戻って助けを求める、小形トラックが止まってくれた。「ソーリ」「アクシデント」……オートバイのところまで来てもらった。前輪が鉄線にくい込んでいる。

　鉄線は頑丈にできている……留め金を外して……ゆるめてどうにか前輪を外してもらった。しかしラジエターのホースが破れて水が漏れている。ホースを切り取って直してもらった……「サンキュウ……」「どうもすみませんでした」「ありがとうございました」地元の人は何も言わずに去って行った。エンジンはかかったのですぐそばの空き地にテントを張った。蚊が多いな——……曇っていてすぐに夕暮れになる。地面が冷たいが持ってきた簡易毛布でしのぐ。

張りめぐらされた鉄条線にタイヤをとられて地元の人に助けてもらった……そのあとテントですごす

ラジエター水トラックからもらう
2005年5月29日日曜　はれ　快晴　パース

　7時と思って起きたが……曇っていて6時だった。ゆうべは雲が出ていたのできょうは雨の中を走るのかと覚悟していた。東の空には朝日が真っ赤に照らし始めている。もっていた水をラジエターから漏れた水の補充して7時にジャストスタート。これで大丈夫だろう……10分ほど走って赤ランプがつく……あれーッ、ラジエターに水がないのだ。再び走るが赤ランプがついてしまう……ダメだ。

　水をもらおう……反対側から走ってきたトレーラートラックを道路の真ん中に立って止め「ソーリ、ウォーター」「ウォーター」トラックの水タンクからペットボトルに入れてもらった。ラジエターのふたを開けて 1.5 リッターを入れたがまだ足りない……ちょっと濁ったような水だがそんなこと言ってられない……2 回目水をもらって 3 リッター入れて満杯になった。これで大丈夫だろう……トラック運転手さんありがとうございました。

　走り始めて 30 キロを 1 時間かかっている。少しずつスピードを上げて行く。赤ランプはつかない……大丈夫のようだ。いつもの 100 キロ〜120 キロのスピードに戻して走る。きょうもおだやかな快晴で気持ちがいい、ありがとう、太陽さんに感謝。パースのバックパーカー「ストリート・HAY」15 時ちょっと前に着いた。あしたオートバイを送るためこれからはオートバイを使わなくてもネット屋、買い物など便利な場所に泊ることにした。

どこに行っても広々として走りやすかったオーストラリア……お世話になりました

　先日おどかしイヤな思いをした「シェビロット・ロッジ」17 時過ぎにデポジットを受け取っていなかったのでとりに行く……迷惑をかけた思いがあり入りにくかった……そのときいた日本人のおじさんもいたがあいさつなし

……やっぱり気まずい思いだ。外人もわたしの顔を見て「ヲウー」と両手をあげて脅かしたわたしの「しぐさ」した……気になるなー。すぐにホテルに戻りネットを見て腹が減っていたので夕食だ。

タイヤにも白い線が入って危なかった
2005 年 5 月 30 日月曜　はれ　さわやかな天気　パース

　ゆうべラジエターの水を入れ替えようか……オイル交換もやってしまおうかと考えていたが出来なかった。10 時に日本に送るためシティ・モータサイクル、オートバイ屋に持って行く。その前にホテルの水道でオートバイを洗車してやった「ごくろうさん」と声をかけた。アレーうしろのタイヤ真ん中に白い線がはいっている？さわって見るとタイヤがすり減っているのだ。おおーこれじゃあぶなかったなー。

　前のタイヤは片べりがひどいし……日本に帰ってからタイヤ交換、ラジエター、オイル交換をしよう。日本に着いてからの受け取ったあと輸送をどうするのか、オートバイ屋のノリさんに日本の運送会社に電話を入れてもらう。晴海ふ頭か、横浜から浦和までの陸送通関込みで 4 万円……通関だけは 1 万 8 千円と聞く。港で引き取ってもいいがバッテリーが古くなってエンジンがかからない場合も考えられる。

　その間手間どってしまうので陸送を浦和レッドバロン、オートバイ屋まで頼もう。手続きの「カルネ」を渡した。すべてを頼んでホテルに戻る。11 時を過ぎていた。夕方航空券の予約のため HIS に向かう。自分がもっている帰りの半年有効チケットはブルネイ経由航空券……ここでは飛行機の予約は出来ないから、直接ブルネイ航空会社に電話するように教えてもらった。電話番号も教えてもらった。ありがとう。

　戻る途中バス停で……ひとり旅で出来ている四国のミキさんに「もう帰ってこられたんですか」と声をかけられる……26 日包丁で外人を脅かした時にもいた女性だ。気にしていたので声をかけられたことでホット気持ちが落ち着いた。「オーストラリア最後です」と夕方 2 時間位ネットをあっちこっ

ちに送信する。ホテルの電話を借りて飛行機会社に帰りの開いている飛行機を電話で聞いてみた。6月9日12時50分発バンコク行の予約ができた。

2005年5月31日火曜　くもり　肌寒い　パース

　曇って肌寒いがシャツ上着を洗濯する……このシャツは2001年3月頃ヨルダンで買った赤シャツ……ジーパン2本とシャツ1枚でたしか700円か800円で買ったものだ……意外と長く持ったな。5月21日から30日まで経費103470円。プラスオートバイ輸送代52500円、計155970円

2005年6月1日水曜　くもったり　はれたり　パース

　9時前に散歩に出る……スワンレイク川1周約2時間半かかる。芝生の中をゆっくりゆっくりぐるっと歩いた。散歩している人はそんなには多くない。午後、繁華街まで買い物、肉、トマトなど買った。その足で日豪センターにあるネットを1時間2ドル打つ。きょうは家内の誕生日61歳。もうここまで来たら誕生祝いもなかろう……と思ってメールもしなかった。夜泊っている外人たちと食事したあとみんなで雑談。

　9人のうちアイルランド出身が5人……オーストラリアはどこに行っても「どこの国から……フロムカントリー」来たの「アイルランド」と応える人を多く見かける。いつもお世話になっているので日本の歌「四季の歌」「五木の子守唄」もちろん日本語で歌った……。内容はわかったかな……握手はしてくれたが……。今日はお母さんの誕生日。

2005年6月2日木曜　くもり　はれ　くもり　パース

　ぐずついた天気が続くな……午前中ネットを打ちに日豪センターのネット屋へ。12時過ぎまで過ごして昼寝したあと再び日豪センターにいく。最初パースに着いた2月中旬ごろ、ここのB&Bホテルはベッドも満杯でプールで泳ぐ人や中庭のテラスにもいつも人がいてにぎやかだった。今6月に入ると観光客もぐっと減って6人部屋に2人だけになった。

　気温もだんだん下がって夜は毛布2枚をかけている。もちろんプールに

入る人はいない……。晩めしはきのう買ったマグロの半分残していたので手
巻きのりにして喰っておわり。

2005年6月3日金曜　朝小雨　くもり　くもり　パース

　きのう歩いたスワン川をきょうも歩いてみようと9時前にホテルを出た
がすぐに雨が降ってきたのでホテルに戻る。夕方日豪センターにネットを見
に行く……なんと3時間もいた。ホームページにフランスで会ったヤベサ
チさんが「お帰りなさい」「あきらめない・なげださない」の「おかえりな
さい会」の幹事を引き受けると書いてくれた。ありがたい、うれしかった。
まさまささん、永原さんからのメッセージもあった。ありがとう……。

2005年6月4日土曜　くもり　くもり　パース

　きのうと同じ朝9時前散歩に出る……フリーマントル行きのバスが来な
かったら散歩を続けよう……バス停で少し待ってみた。来た、来た2、3分
で103号のフリーマントル行きのバスだろう。3ドル250円払った……行
き先がすぐには出ずに「あのーその……シーサイド」「ラスト……ファイナル」
運転手さん「フリーマントルか」「あーそうだ、そうだ」約1時間乗ってフリー
マントルに着いた。

　海岸に出て釣りをする人……婦人もいる。食事のおかずにするのだろうか
……。小さいアジが数匹釣れていた。1時間位ぶらぶらして帰りは電車で戻
ろう。バスと同じ3ドル250円のチケットを買った……15分おきに出てい
る。11時発に乗ってパースに30分で着いた。ホテルに戻り夕方ネット屋
へ「オートバイの輸送」の手続きまだ終わっていないのだろうか……。のり
さんから連絡がない、催促してみよう。

　それにしても銀行残高のお金が少なくなってきた……自宅に帰ってから
が大変になりそうだ……すっからかんになってしまいそう……。月々年金9
万円じゃなー……10月からは15万円程度にはなるが……それまでどうす
るか。帰ってからタイヤの交換、車検代、その他もろもろの支払いがあるだ
ろうから……ちょっと憂うつだなー。

2005年6月5日日曜　久しぶり朝から快晴　はれ　パース

　9時すぎスワンレイクを歩き市内を一望できる高台まで上がって見た。近道はかなりの急な坂道でらせん状の階段もある……なるほど見晴らしのいい展望台だった。ホテルに戻る途中日豪センターによって日曜は13時から17時まで……オープン時間を確かめる。オートバイ輸送はどうなっているのか「オートバイ屋」にメールを入れる。日本人ライダー光君もネット屋に来ていた。

　大阪出身の光君は関西の学生である。これまでもシドニー、ケアンズのB&Bで会っている精かんな顔で好青年だ。あす日豪センターで11時に会うことにした。昼夜ともきのう作ったカレーをくった……日本のカレー具5ドルを買って作ったものでうまかった。まだ半分残っている……まだあと1回分はつくれそうだ。泊っているドイツの青年、アイルランドの青年はオートバイに興味がありそうだった。

　わたしの走った世界地図を見せて自慢げに話をした。ウラジオストック～シベリア～モスクワまでの距離など聞いてきた。2人の持っている国際免許証のサイズはわたしのと同じ様式になっている……初めて見たが……そうなのか国際免許証は世界共通のサイズになっているんだなー当然なのか。11時にベッドに入るがカレーを食いすぎたのかなかなか寝つかれない。

2005年6月6日月曜　くもり　はげしい雨　雨　夜も激しい雨　パース

　11時過ぎた……日豪センター光君がオートバイでやってきた。きょう月曜は州の祭日で……2軒しかお店が開いてない。ハンバーグ屋でコーヒを注文……庭先のテーブルであれこれ話しながら過ごす。ひかる君は大学の自動車部のキャプテンだった……どうりでしっかりした受け答えをしてくれる。12時過ぎにわたしの泊っているB&Bホテルに移動。いつものニワトリと玉ねぎの煮込み鍋をつくった。

　残していた日本カレー具も鍋に入れた。ひかる君とビールを飲みながら再び話を続ける…………クロのおやじ（岡野）さんとエアーズロックのキャン

プ場でいっしょになったとか……そのあとクロさんと2人でしばらく走ってきたとも話す。クロのおやじさんはインドで会ったライダーである。ネットで打ち合わせしながらクロさん（岡野）、荒木（滝野川）優子夫婦、鉄馬美女（杉野）さん、のちに「鉄馬B女」。

　彼ら4人はアフリカを走り終えてわたしはチベットから……インドで落ち合うことになったいきさつがある。クロさんはダーウィンに上がって行ったようだ……。雨が激しくなってきた、雨がひとまず小止みなったころひかる君はオートバイでシェビロット・ロッジに帰った。きょうもオートバイ屋のりさんから返事が来ない、どうなっているのだろう。

オートバイを日本に送る手続き終了
2005年6月7日火曜　くもりのあと青空なってきたがくもったりはれたり
　パース
　夕べははげしい雨……カミナリも鳴っていた。朝10時には青空が出てきたが……。オートバイの輸送はどうなっているのか……午前中ネットを見に行った。「オートバイは6月3日に送った」運送会社で手続き中……とメールがはいっていた。ということは船会社まで運んだということだろうな……。あしたまで「カルネ」と「オートバイのカギ」受け取ることができるかな。午後もネット屋に行った。だれからもメールは来ていなかった。

　あしたまでの分、肉、マグロを買って……ビールもちょっと足りないなー……24本で25ドル・30本30ドル・どうするかと考えた……残った場合は長期滞在者の人にあげてもいいしと30本買ってホテルに戻る。部屋に戻るとゆうべ4人泊っていた3人とも夜に出て行った。残ったのはわたし1人になってしまった。この時期になると観光客も少なくなるのだろうか。ノリがまだ残っているので手巻きにして食おう。ご飯が残ったのでおにぎりにした。

宿でお別れパーティ
2005年6月8日水曜　朝　はれ　パース
　朝は晴れているがどうなるか……さぁーきょうでオーストラリアは最後に

なる。2月9日にここパースに着いたのでちょうど4カ月になる。オースト
ラリアの人はやさしい人ばかりだったなー。緑の多い広い公園……それも手
入れがされてきれいな気持ちのいい公園。この環境の中で過ごしているから
気持ちも豊かになるのだろう。わたしなどうわべだけ……本当のやさしさは
持ち合わせていないからなぁ。

　だからわたしのようなものはあんまり長居すべきではないと最近思う。
オーストラリアの人たちに迷惑をかけ、オーストラリアの人たちまで汚して
しまいそうな気がする。自分勝手に……a厚かましく、図々しい行動、「こ
とばだけ」ですみませんでした。もし、今度来れるとしたら少しは気持ちだ
けでも豊かにして出直します。（忘れるなよ）午後オートバイのことがどう
なっているのか気になり City　Motor　cycle にバスで行ってみた。

皆さん陽気な人たちばかり最後の宿でお別れパーティ。パースB＆B
みなさんお世話になりました。ありがとうございました。

　日本への輸送手続きは終わっていたので「カルネ」をもらって帰る……「カ
ギ」はオートバイに「着けたまま」とオーナーボブさんのはなし……大丈夫
かな。これでひとまず安心だ。さぁーあしたオーストラリアにさようならだ

な……。散歩する時いつもネコが風邪ひいたような「ゲァ、ギー、ガァ」となんとも書きようのないカラスの「鳴き声」ともお別れだ。夕方部屋をノックする人あり……管理人といっしょにひかる君がやってきたのだ。

　さっそくキッチンで肉を焼いて、残りの物全部使おう……。そとは雨が降ったりやんだり……2人でビールを飲みながら……そして途中から外国人ともいっしょになり最後の夜を過ごす……最後は写真をとって記念にしよう。

最初の宿そして最後の宿もパースのB&B・HYA

オーストラリアお世話になりました。さようなら
2005年6月9日木曜　くもり　雨　パース～ブルネイ～バンコク
　予約していたエアーポート行きバスは9時5分前ホテルの前まで来た……うしろには荷物だけ載せて車をけん引している。国内線の飛行場に寄ったりして国際エアーポートに着いた。やっぱり3時間前に飛行場に着くバスを予約して正解だった。ホテルのひとは10時のバスで充分と話していたが途中のホテルに寄ってお客を拾っていくのだ……直接だと20～30分で

着くのだがこのバスは1時間かかったのだから……。

　チケット・カウンターでいつものように「一番うしろの席」を確保。カウンター女性に「魚が見える」「一番うしろ」の席をと……片言日本語英語で話したら笑って「OK・OK」と対応してくれた。きょうも激しい雨……降ったりやんだり。12時50分発ブルネイ経由バンコク行き飛行機だ。早めにチェックインする11時……。朝、紅茶いっぱいだけ飲んで来たので腹が減っている。

オーストラリア約5カ月間……お世話になりました。

　ウィスキーをひとくち入れたりして発着の飛行機を眺めたりして時間を過ごす。お世話になっている石井さんにワインを買って行こう。またバンコクでお世話になるのだから……搭乗の時間が来た、きょうは順調に出発できそうだ。13時にパース市内を大きく旋回しながら中心街を飛んでいく。オーストラリアお世話になりました……上空からはこんもりした森がどこまでも続くのはマレーシア大陸だ。

　こんな森の中で過ごしている動物ってどんな動物だろうか……深い、深い森の中……高い山はないようだけど、うっそうとした森林で歩けるような道

はないように見える。ブルネイ空港に18時30分到着……インドネシアの一角にブルネイはある……この国の名前もこれまで知らなかった。この空港で乗り換えだ、いったん待合室に入っていく。バンコク行きは19時50分。カウンターでゲートを聞いておこう。NO3だとおしえてくれた。うん……チェックインが始まった、ロンドン行きのゲートだ……係り員に聞くと、となりのNO4でバンコク行きのチェックインも始まったと。係官「そこだ」と指さした。

　なーんだ……カウンターの女性はチケットも見ないで「NO3と言って……」そう言えばニュージーランドに飛んだ時もチェックインのゲートを間違って記入されていたこともあったっけなー。こんなことがあるから早めにチェックインしておかないとわたしは安心できないのだ。バンコク空港には2時間半ぐらいで着いた。時差1時間なのでバンコク時間10時30分である。カオサンまでタクシーを使おう。空港内でのタクシー600バーツ〜700バーツと客引きの声が言い寄ってくる。タクシー乗り場に並び……カオサンまで350バーツとか言ってたが250バーツで折り合う……700円ぐらいだろうか。

バンコクに到着
　結構走るなー……45分ぐらいかかってカオサン通りに着いた。前回、前々回も泊ったトップホテルへ……とりあえず1泊分250バーツ支払う。トップホテルはカオサン通り、前回も前々回も泊った宿だ。シャワーを浴びていつもの居酒屋に直行。ビール2本焼き魚を注文……ビールがちょっと苦く感じる、今までのオーストラリアに比べたら味も落ちるかな……。ホテルに戻ったのは0時半……となりのレストランの音楽は静かになっていた。

　扇風機はかけっぱなしでベッドに入る。バンコクはむし暑いなぁ飛行機の機内テレビでバンコクは29℃と伝えていた。
　*5月31日から6月8日まで9日間……生活経費18624円

2005年6月10日金曜　バンコク
　8時過ぎに散歩がてら……もっと安くて居心地のいいホテルはないかと探

しに出かける。1軒、2軒、3軒……7、8軒部屋を見て回る。170～220
「バーツホテル」は明るくて静かな、いい部屋が見つかった……よし移ろう
トップホテルをチェックアウト三輪車タクシーを使ってホテルへ……受付に
行くともう一杯になったと……「エー」つっけんどんの受付嬢だ……。よし
あと1軒のホテルへ、1泊220バーツ600円は1週間連泊するので200バー
ツ540円でどうか……すぐ「OK」になった……ここに決めた。ニュージア
ムゲストハウス? New Siam Guest House。ちょっと静かでいい。

　荷物は荷物専用のエレベーターで5F・505号。部屋から目の前に大きな
お寺が見える。その向こうがカオサン通りだ。午後日本までのチケットを探
しに行く。前回も安かった裏通りの格安チケットの店である。兄弟2人でやっ
ている小さいお店だ。バングラッシュ飛行機でタックス込み21470円があっ
た……毎週金曜出発らしい。さっそくホテルに戻り「ドルをバーツ」に交換
して6月16日発のチケットを買った。チケットは「出発の前日」受け取り
になっている。その足でネット屋へここは冷房が効いて最初は寒いぐらいの
部屋だ。1時間30分90円ぐらい打った。18時過ぎてカオサンから近道の
お寺の中庭を通りホテルに戻る。

　お寺の中庭を歩いていると「アー」「マツオさん」うん?誰だ……最初わ
からなかった……ネパールであったニシヤマさんだった。さっきネットで
10日に「バンコクに着く」とメールがついていた。わたしはホテルの電話
番号をメモしてネットで返事しようと戻るところだったのだ。「へえーびっ
くり」「元気でなにより」ちょっとやせてる感じに見えた。こんなところで
会うとは……。彼女は友だちのところに向かう途中だった。時間が合えばあ
したでも会うことで別れる。髪を染めにトコヤへ300バーツ約1000円。

2005年6月11日土曜　バンコク
　どんよりした天気……カオサン通りなどぶらぶら……夕方ネット屋へ。

2005年6月12日日曜　はれ　くもり　バンコク
　午前中古本屋にいって新史太閤記・司馬遼太郎を買う。ネットを30分

やって夕食は屋台でニワトリの炭焼きを買ってその場で食べる……ニワトリ
30B100円、ビール45B110円。日本人女性が通りかかった……同じホテル
に泊っている静岡出身だと話す。10時頃まで話しをする。その前にタイ式
マッサージ1時間180B、550円を受けた……久しぶりで気持ちがよかった。

2005年6月13日月曜　はれ　バンコク

　近くの川から出ている船に乗って観光することをきのう静岡、富士宮の女
性と約束している。10時頃船着き場にゆき10B30円……払って川を下って
行く。地元の人たちが途中の乗り場で降りる人乗る人の表情も興味がある
……周りの景色も珍しい……適当な場所で降りて引き返そう……。午後本を
読んで夕食に出る。

2005年6月14日火曜　くもったりはれたり　バンコク

　一日中本を読んでおわり……夕食はいつもの屋台で静岡の女性マリさんと
いっしょにたべる。

2005年6月15日水曜　バンコク

　きょうも一日中本を読む……ネットをやったあとマリちゃんと夕食もいっ
しょ……。石井さん宅に電話であした日本に帰るからオーストラリアで買っ
たワインを「渡したい」と伝える。あした6時にホテルに来てくれるとの
返事だった。

2005年6月16日木曜　バンコク

　朝10時に飛行機のチケットをとりに行くが11時にならないと開かない
ととなりの店の人……ネットを終わらせて昼飯を屋台でとっていたらマリ
ちゃんたちが通りかかった……友だちを空港まで迎えに行った帰りらしい
……わたしはチケットをとりに向かう。ホテルに石井さんが迎えに来てくれ
た……日本人街の飲み屋に連れて行ってくれるという……冷房の利いた和
風の飲み屋で久しぶりに刺身とお酒を飲ませてもらった。イヤーうまかった
……腹いっぱい今回もいただいた……ごちそうさまでした。運転手つきのワ
ゴン車でそのまま飛行場まで送ってもらった。ありがとうございました。

日本に到着
2005 年 6 月 17 日金曜　バンコク～日本

　日本に近づいても雲の上……成田に着いた……蒸し暑いかなと思ったがそうでもない。荷物を受け取り京成電車で日暮里へ。自宅に着いたのは 13 時頃だったろうか。家内は仕事でいない……ビールとわたしの好物のマグロ、生梅の塩漬けを用意してくれている。ありがたい……。風呂に入りさっそくいただく……。あっという間に終わったなー。これまで 4 年 9 カ月間の旅……あーあっという間に過ぎてしまったような感じがする。

　あとアフリカだけが残っている……。あ、東南アジアも残っている。一時休憩とするか。

　　　　　　　　　　　　アジア・オーストラリアの旅……おわり

あとがき

「オートバイ地球ひとり旅」5冊目「インド・ネパール・ヒマラヤ・チベット・アジア・オーストラリア編」最近のように思っていたけれど走ったのは2004年60才だから20年も過ぎ去ってしまっている。そうなんだぁ。もっとも自分は80才になってしまっているもの。笑い。

　ヒマラヤ越えてチベット、ポタラ宮・カイラス山・そして走れるものではないと思っていたエベレストベースキャンプ5150mに立った瞬間味わったことのなかった充実感を味わうことができた。

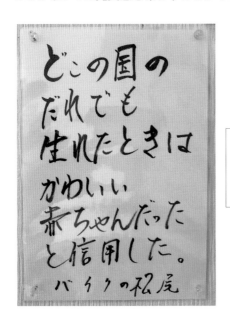

いつも国境越えるときは
「どこの誰でも生まれたときは
かわいい赤ちゃんだったはず」と
その国の人を信用して走ってきた。

　インド、ネパール、チベット、オーストラリアの国のみなさんにはお世話になりました。旅の途中カルネ再発行、オートバイ部品の支払いなど家族には迷惑をかけました。ありがとうございました。出版に当たって無理な注文して今回も鳥影社のスタッフのみなさんにはお世話になりました。感謝申し上げます。

2024年6月26日

オートバイでこれまで走ってきたルート 19 年・140 ヵ国・39 万キロ

地図の左側にもアメリカ大陸を描いた「世界合併地図」
アフリカと南米が意外に近いことが分かる

南米ブラジルにいたとき、旅人とあった。「アフリカ」からやってきたと話す。「なんでわざわざ遠い所から来たの！」と真剣に私は話した。世界地図は日本が真ん中にあるのが私の頭に浮かぶのでした。で合併地図を作ったのです。言ってる意味わかってもらえるでしょうか。

訪問国一覧

1	日本出国 Japan Start	2000-10- 9	
2	マレーシア Malaysia	10-11	
3	オランダ Netherlands	10-13	
4	ベルギー Belgium	11- 6	
5	フランス　カレー France ドーバートンネル列車	11- 8	
6	イギリス England	11- 8	フェリー
7	フランス　パリ France	11-19	
8	スペイン Spain	12- 6	
9	ポルトガル Portugal	12-12	
10	スペイン Spain　ジブラルタル	12-24	フェリー
11	アフリカ・モロッコ Africa-Morocco	12-24	フェリー
12	スペイン Spain	12-26	
13	アンドラ Andorra	2001- 1- 5	
14	フランス（南フランス）France	1- 7	
15	モナコ Monaco	1-10	
16	イタリア～シシリ島 Italy ～ Siciliana　パーリ	1-10	フェリー
17	ギリシア Greece	1-29	フェリー
18	トルコ Turkey	2- 8	
19	シリア Syria	3- 3	
20	ヨルダン Jordan　アカバ	3- 7	フェリー
21	エジプト　ヌエーバ Egypt	3-12	
22	イスラエル Israel　ハイファ	3-28	フェリー
23	キプロス Cyprus	4- 9	フェリー
24	ギリシャ Greece	4-11	
25	ブルガリア Bulgaria	4-15	
26	マケドニア Macedonia	4-22	
27	アルバニア Albania	4-24	
28	モンテネグロ Montenegro	4-25	
29	クロアチア Croatia	4-26	
30	ボスニア・ヘルツェゴビナ Bosnia and Herzegovina	4-28	
31	クロアチア Croatia	4-30	
32	ユーゴスラビア（セルビア）Yugoslavia（Serbia）	5- 1	
33	ルーマニア Romania	5- 3	
34	ウクライナ Ukraine	5- 9	
35	ハンガリー Hungary	5-13	
36	クロアチア Croatia	5-18	
37	スロベニア Slovenia	5-18	
38	イタリア　ベネチア Italy	5-20	
39	オーストリア Austria	5-23	
40	スロバキア Slovakia	6- 1	
41	チェコ Czech	6- 2	
42	ポーランド Porland	6- 2	
43	リトアニア Lithuania	6- 7	

44	ラトビア Latvia	6-10	
45	ロシア・モスクワ Russia サンクトペテルブルク	6-14	
46	エストニア Estonia　タリン	6-22	↓ フェリー
47	フィンランド・ヘルシンキ Finland	6-23	
48	ノルウェイ Norway	6-28	
49	スウェーデン Sweden	7-14	
50	デンマーク Denmark	7-27	
51	ドイツ Germany	7-30	
52	オランダ Holland Netherlands	8- 1	
53	ルクセンブルク Luxembourg	8- 5	
54	ドイツ Germany	8- 6	
55	チェコ Czech	8- 7	
56	ドイツ Germany	8- 9	
57	オーストリア Austria	8-10	
58	スイス Swiss	8-10	
59	リヒテンシュタイン Liechtenstein	8-11	
60	スイス Swiss	8-14	
61	フランス・リヨン France	8-26	
62	オランダ Holland Netherlands	9- 5	
63	アメリカ・ニューヨーク America USA	9- 6	
64	マンハッタン Manhattan 同時ビル爆破事件	9-11	
65	日本帰国 Japan Back	9-17	
66	アメリカ USA ニューヨーク 10/30 キーウェスト	10-15	
67	メキシコ Mexico	11-19	
68	グアテマラ Guatemala	11-28	
69	エルサルバドル El Salvador	11-29	
70	ホンジュラス Honduras	12- 1	
71	ニカラグア Nicaragua	12- 2	
72	コスタリカ Costa Rica	12- 3	
73	パナマ Panama	12- 6	
74	コロンビア Colombia	12-11	
75	エクアドル Ecuador	12-15	
76	ペルー Peru　クスコ、1/1 マチュピチュ	12-22	
77	ボリビア Bolivia　チチカカ湖	2002- 1- 7	↓ フェリー
78	ペルー Peru　チチカカ湖	1- 9	
79	チリ Chile	1-10	
80	アルゼンチン Argentina　1/25 ウシュアイア	1-21	↓ ヨット
81	チリ Cheli　プエルト・ウィリアムズ	2- 3	↓ ヨット
82	アルゼンチン Argentina	2- 6	
83	ウルグアイ Uruguay	2-27	
84	ブラジル Brazil	3- 1	
85	パラグアイ Paraguay	3- 3	
86	ブラジル イグアスの滝 Brazil ブラジリア、アマゾン川	3-14	
87	ベネズエラ　5/12 カラカス Venezuela	5- 8	

88	コロンビア　ボゴタ Colombia	5-17	
89	メキシコ メキシコ Mexco ➡ 6/4 カリフォルニア半島	5-17	フェリー
90	アメリカ　サンディエゴ USA	6- 8	
91	カナダ トロント Canada 7/12 ニューファンドランド	7- 2	
92	アメリカ アラスカ USA（交通事故）〜 8/24 ハワイ	7-27	
93	日本帰国 Japan Back	10-10	
94	日本➡トルコ Japan → Turkey	2003- 3- 4	
95	トルコ➡ヨルダン Turkey → Jordan	3- 5	
96	ヨルダン➡イラク Jordan → Iraq	3- 9	
97	イラク➡ヨルダン Iraq → Jordan	3-11	
98	日本帰国 Japan Back	3-12	
99	日本出国 Japan Start 富山・伏木港	6-20	↓ フェリー
100	ロシア Russia　ウラジオストック	6-22	
101	モンゴル Mongolia　ウランバートル	7- 6	
102	ロシア Russia　ウランウデ	7-15	
103	カザフスタン Kazakhstan　8/16 アルマティ	8-12	
104	キルギス Kirghiz　ビシュケク	8-21	
105	ウズベキスタン Uzbekistan　9/5 サマルカンド	8-27	
106	タジキスタン Tajikistan　ドウシャンベ	9-19	
107	ウズベキスタン Uzbekistan　ブハラ	9-21	
108	トルクメニスタン Turkmenistan　アシガバード	9-25	
109	イラン Iran　10/3 テヘラン	9-29	
110	アゼルバイジャン Azerbaijan　10/6 バクー	10- 5	
111	グルジア（ジョージア）Georgia	10- 9	
112	トルコ Turkey	10-11	
113	イラン Iran　タブリーズ	10-13	
114	パキスタン Pakistan　10/29 イスラマバード	10-20	
115	中国・北京 China Beijing	12-15	
116	日本帰国 Japan Back	12-15	
117	日本➡中国北京 Japan → China Beijing	2004- 3-22	
118	パキスタン Pakistan（P.10）	3-22	
119	インド India（P.10）	5-13	
120	ネパール　カトマンズ Nepal Kathmandu（P.25）	5-22	
121	中国　チベット（西蔵）China Tibet（P.115）	9-1 〜 9-30	
122	ネパール　カトマンズ Nepal Kathmandu（P.165）	9-30	
123	インド India（P.184）	10-26	
124	タイ　バンコク Thailand Bangkok（P.224）	12-12	
125	日本帰国 Japan Back（P.228）	12-18	
126	タイ Thailand Bangkok（P.230）	2005- 2- 2	
127	ブルネイ Brunei（P.233）	2- 9	
128	オーストラリア Australia Perth（P.234）	2-10	
129	ニュージランド New Zealand（P.278）	3-31	
130	オーストラリア Australia（P.285）	4- 5	
131	ブルネイ Brunei（P.335）	6- 9	
132	タイ　バンコク Thailand Bangkok（P.337）	6- 9	

133	日本帰国 Japan Back　次期待機中（P.340）	2005- 6-17	
134	日本出発　Japan Start	2007- 6-19	
135	中国　上海 China Shanghaig	6-19	
136	モルジブ Maldives	6-20	
137	南アフリカ　ダーバン South Africa Durban	6-20	
138	スワジランド Swaziland	7-12	
139	モザンビーク Mozambique	7-25	
140	ジンバブエ Zimbabwe	8- 2	
141	モザンビーク Mozambique	8- 7	
142	マラウイ Malawi	8- 8	
143	タンザニア Tanzania	8-16	
144	ケニア Kenya	8-31	
145	エチオピア Ethiopia	9-12	
146	ケニア Kenya	9-21	
147	ウガンダ Uganda	10- 3	
148	ルワンダ Rwanda	10-10	
149	ブルンジ Burundi　タンガニーカ湖	10-16	↓ フェリー
150	タンザニア Tanzania	10-27	
151	ザンビア Zambia	10-28	
152	ジンバブエ Zimbabwe	11-10	
153	ボツワナ Botswana	11-11	
154	ナミビア Namibia	11-18	
155	南アフリカ　喜望峰 South Africa ケープタウン	11-29	
156	ナミビア Namibia　ナミブ砂漠	12-16	
157	南アフリカ アグラス岬 South Africa ケープタウン	12-23	
158	レソト Lesotho	2008- 1-16	
159	南アフリカ South Africa	1-18	
160	ヨハネスブルグ～ケニア～ガーナ	1-28 1-29	
161	ガーナ Ghana Accra	1-29	
162	トーゴ Togo	3-13	
163	ベナン Benin	3-20	
164	ニジェール Niger	3-24	
165	ブルキナファソ Burkina Faso	3-30	
166	マリ　バマコ Mali Bamako	4- 4	
167	セネガル Senegal Dakar	4-11	
168	モーリタニア Mauritania　ヌアクショット	4-18	
169	西サハラ Western Sahara	4-22	
170	モロッコ　カサブランカ Morocco Casablanca	4-27	
171	スペイン　バルセロナ Spain Barcelona	4-30	
172	スイス Swiss	5-11	
173	タイ　バンコク Thailand Bangkok	5-12	
174	ベトナム Vietnam	5-25	
175	日本帰国 Japan Back	5-26	
176	日本出発 Japan Start　下関港	11- 4	↓ フェリー

177	韓国プサン Korea　一周	11-5 ～ 11-22	フェリー
178	日本帰国 Japan Back 次期待機中	2008-11-22	
179	日本出国 Japan Start	2011- 8-22	
180	中国　北京 China Beijing 経由	8-23	
181	朝鮮民主主義人民共和国（北朝鮮）North Korea	8-23	
182	日本帰国 Japan Back　次期待機中	2011- 8-27	
183	日本出国 Japan Start	2014- 2-16	
184	中国　南京 China Nanjing	2-16	
185	中国　昆明 China Kunming	2-17	
186	アラブ首長国連邦 United Arab Emirates（UAE）	2-18	
187	オマーン Oman	3- 1	
188	アラブ首長国連邦　ドバイ United Arab Emirates（UAE）	3- 3	
189	オマーン Oman Muscat	3- 5	
190	アラブ首長国連邦　ドバイ United Arab Emirates（UAE）	4-27	フェリー
191	イラン Iran	5- 3	
192	アルメニア Armenia	5-16	
193	ジョージア（グルジア）Georgia	5-26	
194	アゼルバイジャン Azerbaijan	6-20	
195	ジョージア（グルジア）Georgia	6-24	
196	ロシア　コーカサス山脈 Russia Sochi Musscat	6-29	
197	ベラルーシ Belarus	7-22	
198	リトアニア Lithuania	7-27	
199	ポーランド Porland アウシュビッツ	7-30	
200	ウクライナ Ukraine チェルノブイリ	8- 6	
201	モルドバ Moldova	8-13	
202	ハンガリー Hungary ブダペスト	8-20	
203	オーストリア Austria	8-26	
204	ドイツ Germany	8-29	
205	ベルギー・フランス Belgium-France	8-30	
206	イギリス England	8-31	フェリー
207	アイルランド Ireland	9- 1	フェリー
208	イギリス・スコットランド Scotland	9-17	
209	フランス France	9-21	
210	ベルギー Belgium	9-21	
211	ドイツ　ミュンヘン Germany	9-23	
212	スイス Swiss	9-29	
213	イタリア　ミラノ Italy Milan	10-10	
214	モナコ Monaco	10-13	
215	フランス・ニース France Nice	10-13	
216	イタリア　ミラノ Italy Milan	10-29	
217	日本帰国 Japan Back	2014-11- 4	
218	日本出国 Japan Start	2015- 2- 2	
219	イタリア　ミラノ Italy Milan	2- 3	フェリー
220	アフリカ・チュニジア Africa Tunisia	2-22	フェリー

221	イタリア　シシリ島 Italy Sicily	5- 8	フェリー
222	ギリシャ Greece	5-10	
223	トルコ Turkey	5-12	フェリー
224	レバノン Lebanon	5-22	フェリー
225	トルコ Turkey	6-11	
226	ブルガリア Bulgaria	6-25	
227	マケドニア Macedonia	6-26	
228	コソボ Kosovo	6-26	
229	セルビア Serbia	6-28	
230	ボスニア・ヘルツェゴビナ Bosnia and Herzegovina	7- 1	
231	クロアチア Croatia	7- 3	
232	スロベニア Slovenia	7- 3	
233	ハンガリー Hungary	7- 5	
234	スロバキア Slovakia	7- 5	
235	ポーランド Porland	7- 6	
236	リトアニア Lithuania	7- 7	
237	ラトビア Latvia	7-18	
238	ロシア　モスクワ Russia	7-19	
239	モンゴル Mongolia	8- 4	
240	日本帰国 Japan Back	8-11	
241	モンゴル Mongolia	8-18	
242	ロシア　サハリン Russia Sakhalin	8-20	フェリー
243	日本帰国　稚内 Japan Back	2015- 9- 8	
244	日本出国 Japan Start	2017- 4-26	
245	タイ　バンコク Thailand Bangkok	4-26	
246	ミャンマー Myanmar	5-19	
247	タイ　タチレク Thailand	6- 6	
248	ラオス Laos	6-19	
249	カンボジア Cambodia	7- 3	
250	ベトナム Vietnam	7- 6	
251	カンボジア Cambodia	8- 7	
252	タイ Thailand	8- 8	
253	日本帰国 Japan Back	8-20	
254	日本出国 Japan Start	9- 1	
255	フィリピン Philippines Manila	9- 1	
256	パプアニューギニア Papua New Guinea	9- 3	
257	フィリピン Philippines Manila	9- 9	
258	マレーシア Malaysia	9- 9	
259	シンガポール Singapore	9-11	
260	スリランカ Sri Lanka	9-14	
261	マレーシア Malaysia	9-22	
262	タイ　バンコク Thailand Bangkok	9-29	
263	ネパール Nepal	10- 4	
264	ブータン Bhutan	10- 7	
265	ネパール Nepal	10-12	

266	マレーシア Malaysia	10-12	
267	日本帰国 Japan Back	2017-10-13	
268	日本出国 Japan Start	2019- 6-27	
269	メキシコ Mexico	6-27	
270	ドミニカ Dominican	6-28	
271	スパニオラ Hispaniola	6-29	
272	ジャマイカ Jamaica	6-30	
273	パナマ Panama	7- 2	
274	キューバ Cuba	7- 2	
275	メキシコ Mexico	7- 9	
276	日本帰国 Japan Back	2019- 7-11	
277	日本出国 Japan Start	2019- 9-10	
278	タイ　バンコク Thailand Bangkok	9-11	
279	カタール Qatar	9-12	
280	クウェート Kuwait	9-13	
281	バーレーン Bahrain	9-15	
282	トルコ　イスタンブール Turkey Istanbul	9-15	
283	スウェーデン　ストックホルム Sweden Stockholm	9-15	
284	ノルウェイ　オスロ Norway Oslo	9-15	
285	アイスランド Iceland	9-15	
286	チェコ Czech	9-20	
287	ロシア　モスクワ Russia Moskva	9-20	
288	タイ　バンコク Thailand Bangkok	9-22	
289	日本帰国 Japan Back	2019- 9-23	

〈著者紹介〉

松尾清晴（まつお　きよはる）

1943 年（昭和 18）10 月 15 日

佐賀県嬉野市嬉野町吉田両岩生まれ

鹿島実業高校（定時制）卒業

国鉄・肥前鹿島駅・東京駅・浦和車掌区・上野要員機動センター

などを経て、2000 年 10 月退職

家族：妻・長女・長男・次男

住所：熱海市下多賀 431－3－805 号

メール：bikenomatsuo@gmail.com

**オートバイ地球ひとり旅
アジア・オーストラリア編**

定価（本体1600円＋税）

乱丁・落丁はお取り替えします。

2024年7月17日初版第1刷印刷
2024年7月17日初版第1刷発行

著　者　松尾清晴

発行者　百瀬精一

発行所　鳥影社 (www.choeisha.com)

〒160-0023　東京都新宿区西新宿3-5-12トーカン新宿7F

電話　03-5948-6470, FAX 0120-586-771

〒392-0012　長野県諏訪市四賀229-1(本社・ 編集室)

電話 0266-53-2903, FAX 0266-58-6771

印刷・製本　シナノ印刷

© MATSUO Kiyoharu 2024 printed in Japan

ISBN978-4-86782-102-2　C0095

松尾清晴 著　全 7 巻予定

ワルキューレ 1500cc

オートバイ地球ひとり旅

笑われて・笑わせて・道に迷い・親切に泣いた！
駆け抜けた 19 年・140 ヵ国・39 万 Km ！

①巻　ヨーロッパ編　（既刊）

2000 年 10 月〜 2001 年 8 月
西欧、南欧と巡り、中東も経由して東欧、北欧へ

②巻　アメリカ大陸編　（既刊）

2001 年 9 月〜 2002 年 10 月、2003 年 3 月
NY で 9.11 同時爆破テロに遭遇、アラスカで大怪我
中米・南米最南端、北斗七星と南十字星を一緒に見る

③巻　シベリア横断・中央アジア編　（既刊）

2003 年 3 月〜 2004 年 5 月
シベリアを横断し、中央アジアへ
パキスタンに長期滞在し、フンジュラブ峠を目指す

④巻　アジア・オーストラリア編　（本書）

2004 年 5 月〜 2005 年 6 月
エベレストで人生最高の感動を味わう

⑤巻　アフリカ編　（既刊）

2007 年 6 月〜 2008 年 4 月
決死の覚悟でサハラ砂漠を突っ走る

⑥巻　朝鮮半島編　70 歳記念編

2008 年 10 月（韓国）・2011 年 8 月（北朝鮮）
2014 年 2 月〜 2015 年 9 月（走り残した国を中心に）
70 才を記念して各地をめぐり再度のシベリア横断へ

⑦巻　東南アジア編

2017 年 4 月〜 2019 年 9 月
最後の地・東南アジアへ

鳥影社